JN099291

公認心理師
スタンダード
テキストシリーズ

15

［監修］
下山晴彦・佐藤隆夫・本郷一夫
［編著］
下山晴彦・森田慎一郎

心理学的支援法

ミネルヴァ書房

● 監修者のことば

　多様化する社会のなかで，「心」をめぐるさまざまな問題が注目されている今日において，心の健康は誰にとっても重要なテーマです。心理職の国家資格である公認心理師は，まさにこの国民の心の健康の保持増進に寄与するための専門職です。公認心理師になるためには，心理学に関する専門知識および技術をもっていることが前提となります。

　本シリーズは，公認心理師に関心をもち，これから心理学を学び，心理学の視点をもって実践の場で活躍することを目指すみなさんのために企画されたものです。「見やすく・わかりやすく・使いやすく」「現場に出てからも役立つ」をコンセプトに全23巻からなる新シリーズです。いずれの巻も広範な心理学のエッセンスを押さえ，またその面白さが味わえるテキストとなっています。具体的には，次のような特徴があります。

① 心理学初学者を対象にした，学ぶ意欲を高め，しっかり学べるように豊富な図表と側注（「語句説明」など）で，要点をつかみやすく，見やすいレイアウトになっている。
② 授業後の個別学習に役立つように，書き込めて自分のノートとしても活用でき，自分で考えることができるための工夫がされている。
③ 「公認心理師」を目指す人を読者対象とするため，基礎理論の修得とともに「臨床的視点」を大切にした目次構成となっている。
④ 公認心理師試験の準備に役立つだけでなく，資格をとって実践の場で活躍するまで活用できる専門的内容も盛り込まれている。

　このように本シリーズは，心理学の基盤となる知識と臨床的視点をわかりやすく，学びやすく盛り込んだ総合的テキストとなっています。心の健康に関心をもち，心理学を学びたいと思っているみなさん，そして公認心理師を目指すみなさんに広くご利用いただけることを祈っております。

　　　　　　　　　　　　　　　　　下山晴彦・佐藤隆夫・本郷一夫

編著者まえがき

　皆様は，本書のタイトルである「心理学的支援法」という言葉でどのようなことを連想するでしょうか。カウンセリングや心理療法を思い浮かべる人が多いのではないかと思います。しかし，カウンセリングや心理療法は，心理学的支援法の一部でしかありません。なぜならば，それらは個人の"心"に働きかけることで問題解決の支援をする技法だからです。それに対して心理学的支援法は，個人の"心"だけでなく，身体や行動，集団やシステムなど，「人間の"心"が関わるすべての現象」に働きかけて問題解決を支援していくための方法なのです。

　人間の"心"は，決して個人の内面にのみ存在するものではありません。"心"のあり方は，身体や行動を通して表現されます。また，"心"のあり様は，集団，家族，地域（コミュニティ），社会，さらには文化とも深く関連して変化していきます。そこで，心理学や臨床心理学が発展する過程で次々に新しい心理学的支援の方法が開発され，その有効性が研究されてきています。

　本書は，このように多様な形で発展してきている最新の心理学的支援法を解説しています。学部のテキストとしては，やや専門性が高い内容ですが，理論紹介だけでなく，どのように実践するのかといったそれぞれの技法の使い方についても，事例などを交えて具体的に説明しています。本シリーズ第3巻『臨床心理学概論』で解説されている臨床心理学の方法についての基礎的知識も踏まえたうえで，学習していってください。

　公認心理師の仕事に関心をもつ多くの皆様が，本書を通して心理支援の専門技能について学び，心理職としての第一歩を踏み出すことを期待しております。

　2023年1月

編著者を代表して　下 山 晴 彦

目　次

❨　本書の使い方　❩

❶ まず，**各章の冒頭にある導入文（この章で学ぶこと）**を読み，章の概要を理解しましょう。

❷ 本文横には書き込みやすいよう罫線が引いてあります。気になったことなどを自分なりに書き込んでみましょう。また，下記の項目についてもチェックしてみましょう。

　・**語句説明**……重要語句に関する説明が記載されています。

　・**プラスα**……本文で解説している内容に加えて，発展的な学習に必要な項目が解説されています。

　・**参照**……本文の内容と関連するほかの章が示されています。

❸ 本文を読み終わったら章末の「**考えてみよう**」を確認しましょう。

　・**考えてみよう**……この章に関連して調べたり，考えたりするためのテーマが提示されています。

❹ 最後に「**本章のキーワードのまとめ**」を確認しましょう。ここで紹介されているキーワードはいずれも本文で取りあげられているものです。本文を振り返りながら復習してみましょう。

公認心理師
スタンダードテキストシリーズ

心理学的支援法

臨床の視点

　公認心理師は，支援を必要とする人やその関係者に対して，どのような支援を実践していくのでしょうか。今日の支援では，カウンセリングや心理療法を実践することだけでなく，支援対象者を尊重する視点に基づき，アカデミックな心理学あるいは心理学以外の専門家と連携することも重要となっています。このため，本書ではまず第1・2章で心理学的支援の全体像および基本となるコミュニケーション技法，さらに方法の選択と適用の限界を解説します。続く第3〜13章で，代表的なカウンセリングや心理療法の諸理論を解説しますが，それらは支援を必要とする個人に働きかけるものから，その関係者あるいはコミュニティに働きかけるものまで多様なラインアップとなっています。これらの理論を幅広く理解したうえで，目の前にいる支援対象者にとって望ましい支援のあり方を個別に考えていくことが，公認心理師には求められています。

第1章 公認心理師の心理学的支援と基本技能としてのコミュニケーション

この章では，公認心理師の心理学的支援の実践について学びます。実践に関する大まかな流れと必要な技能について把握したうえで，臨床心理学における多様な理論や技法を現場でどのように活用していけばよいかを理解しましょう。さらに実践のための基本技能であるコミュニケーションと，その発展技法についても解説します。

1 心理学的支援の全体像

1 心理学的支援とは何か

　心理学的支援とは心理学の知見に基づく支援を意味します。心理学のなかでも，とりわけ支援との関連が深いのは臨床心理学ですから，心理学的支援について学ぶことは臨床心理学を理解するためにも重要です。皆さんのなかには，心理学的支援と聞いて，カウンセリングや心理療法という言葉を連想する人も多いでしょう。しかし心理学的支援とは，それだけに限らない広い概念です。

　諸外国（特に英国や米国）では，カウンセリングは，ロジャーズ（Rogers, C. R.）が提唱した人間性を重視する活動として，心理学に限らず，広い領域に開けた人間援助の総合学を目指します。また**心理療法**は，特定の理論を前提として，その理論に基づく実践を行うことを目指します。そしてそれらの上位に，実証的研究に裏づけられたアセスメントに基づく介入が重視される学問である「臨床心理学」が位置づけられています。これに対して日本では，カウンセリングや心理療法が臨床心理学そのものであるかのようにみえるほどそれらの比重が大きく，その結果として，日本の臨床心理学とアカデミックな心理学との間には溝ができていました。

　しかし社会のなかで心理的問題が多様化・複雑化している現在，心理学的支援にも**インフォームド・コンセント**[*]が強く求められるようになりました。すなわち，どのような支援を受けるかについては，支援対象者自身に決める権利があるという，個人の尊厳と自己決定を尊重する考え方が重視されるようになったのです。そこで心理学的支援を実証的研究に裏づけることが必要になり，ア

語句説明

インフォームド・コンセント

支援対象者に対して支援の内容を説明し，支援対象者が納得し同意できる支援方法を選んでもらうこと。

カデミックな心理学とも連携する機運が高まりました。さらに現実生活に生きる人々を支援するためには，個人のみではなく，家族や学校などの社会的要因を支援対象として考慮する必要性も増してきました。こうした支援を行う場合には，心理学以外の専門家とも連携することが必要になります。

　このような社会的要請のもとで生まれた資格が公認心理師です。したがって，公認心理師の行う心理学的支援では，インフォームド・コンセントを重視し，多様な理論や技法のなかから個々の事例に即したものを選択すること，さらにはアカデミックな心理学や他職種と連携することが強く求められています。

2　心理学的支援の実践の流れ

　心理学的支援は，実際どのように進めていくのでしょうか。図1-1の上半分に全体の流れを示します。心理学的支援を必要とする人（以下，クライエントと呼びます）が公認心理師のもとを訪れたと仮定しましょう。このとき最初に行うのはアセスメントの作業です。アセスメントとは，簡単にいえば，クライエントの抱えている問題とは何であるかを査定することです。公認心理師は，クライエントの語りから得られた情報はもちろん，家族などの同伴者の語りから得られた情報や，面接場面でクライエントや同伴者を観察して得られた情報，さらには，クライエントに対して行う心理検査によって得られた情報を集め，それらを分析することによって，クライエントの問題がどのように成り立っているかについて仮説を立てるのです。

　アセスメントの次には，介入を行います。介入とは，簡単にいえば，クライエントの抱えている問題の解決や改善を目指して，何かしらの対処を行うことです。公認心理師は，アセスメントによって得られた仮説に基づいて，介入の方針や方法を定めます。そしてクライエントにその方針や方法を説明し，同意が得られれば介入をスタートします。このような，アセスメントの情報をもとに介入の方針や方法を定める作業は**ケース・フォーミュレーション**とも呼ばれ，日本語の「見立て」に相当するものです。なお，ケース・フォーミュレーションや介入の際には，図1-1の下半分の「参照する理論モデル」も参照します（第2節で詳述）。介入の具体例としては，カウンセリングや心理療法がありますが，それ以外にも，心理教育[*]，サポートネットワークの

語句説明

心理教育
クライエントや家族に対して，問題が生じる仕組みやその支援方法などの情報を説明し，共有すること。

図1-1　心理学的支援の実践の流れ

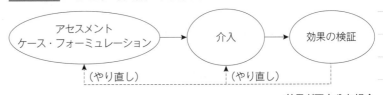

参照する理論モデル

個人の内面への介入	個人の行動への介入	社会や集団への介入
人間性アプローチ 精神力動理論	認知行動理論	コミュニティアプローチ システムズ・アプローチ 集団療法

出所：下山，2009をもとに筆者作成

語句説明

デイケア
さまざまな集団活動を
通して，生活レベルで
の心理学的支援を行う
活動のこと。

形成，デイケア*などさまざまな方法があります。

　介入を始めて一定期間が経過したら，当初の方針や方法のもとで行った対処が効果的であるかどうかを検証する必要があります。介入の効果が認められないのであれば，再度アセスメントやケース・フォーミュレーションを行い，介入の方針や方法を見直すことも重要です。実際の事例では，介入が始まった後に，最初のアセスメントでは知ることのできなかった重要な情報が得られることも珍しくありません。このようなときも含めて，公認心理師には，絶えず効果を検証し，必要に応じてアセスメントやケース・フォーミュレーションをやり直しながら，クライエントにとって最適な支援法を探っていく姿勢が求められます。

3　心理学的支援の実践における3つの技能

　心理学的支援の実践は，アセスメントに始まり，ケース・フォーミュレーションを経て介入に至り，最後に効果を検証する（そして必要があればアセスメントやケース・フォーミュレーションをやり直し，方針や方法を修正したうえで再度の介入を試みる）という，複数のステップで構成される流れのなかで行われます。公認心理師が，こうした流れに沿って心理学的支援を実践するためには，まずはいずれのステップにおいても必要となる3つの基礎的な技能を習得することが重要です（図1-2）。そして現実の支援場面では，個々の事例に即して，これらの技能を適宜組み合わせていく必要があります。

①コミュニケーション

　まず基本技能として必要になるのが「**コミュニケーション**」の技能です。コミュニケーションとは，公認心理師とクライエントとの間のやりとりのことです。したがって，このコミュニケーションの技能は，公認心理師がクライエントと初めて出会った瞬間から必要となり，その後のアセスメントや介入などの

プラスα

協働関係
ここでいう協働関係とは，公認心理師とクライエントの間の「目標を共有して力を合わせて取り組んでいく」という関係。

ステップのなかでも不可欠です。図1-2の「コミュニケーション」には，各ステップにおいて必要なコミュニケーション技能を示しています。このなかで「協働関係を形成する技能」の中心にあるのが，いわゆる「カウンセリング技法」や「共感的技法」と呼ばれるものです。これについては，第4節で詳しく説明します。

　なおコミュニケーション技能

図1-2　心理学的支援の実践活動を構成する3つの技能

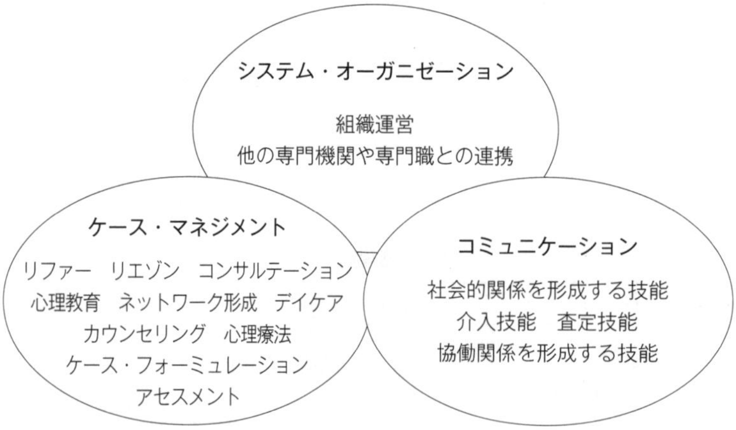

システム・オーガニゼーション
組織運営
他の専門機関や専門職との連携

ケース・マネジメント
リファー　リエゾン　コンサルテーション
心理教育　ネットワーク形成　デイケア
カウンセリング　心理療法
ケース・フォーミュレーション
アセスメント

コミュニケーション
社会的関係を形成する技能
介入技能　査定技能
協働関係を形成する技能

出所：下山，2014を一部改変

は，共感的技法だけにとどまりません。たとえばアセスメントの場面では，アセスメントに必要なさまざまな情報を的確に聞き出す「査定技能」が必要になります。介入の場面では，ケース・フォーミュレーションを通して採用された方針や方法について説明し，同意を取り，実践していく「介入技能」が必要になります。さらには場面に関係なく，社会人として，クライエントや同伴者のみならず，他の公認心理師や他職種の人たちに対しても，必要に応じて協調的に関わったりリーダーシップをとったりする「社会的関係を形成する技能」も必要になります。

②ケース・マネジメント

　次に中核的技能として必要になるのが「**ケース・マネジメント**」の技能です。ケース・マネジメントとは，アセスメントやケース・フォーミュレーションにより得られた方針をもとに介入する作業を通して，ケース（事例）全体をマネジメント，すなわち運営していく技能です。

　ケース・マネジメントを適切に行うためには，個人を対象とした心理的アプローチ（たとえば，クライエントと1対1で行うカウンセリングや心理療法）だけでなく，集団や社会を対象とした心理社会的アプローチ（たとえば，サポートネットワークの形成やデイケア）も含めた多様な理論や技法を幅広く理解していることが重要です。なぜならそれらを理解していれば，ケース・フォーミュレーションを通して，問題の解決や改善に効果をもたらす可能性の高い理論や技法を見極め，それに基づいた介入をクライエントに提案することができるからです。

　なお公認心理師が，問題の解決や改善のために，他の専門機関や専門職に対してクライエントを紹介すること（リファー*），連携体制をつくること（リエゾン*），専門的観点からのアドバイスを行うこと（コンサルテーション*）なども，ケース・マネジメントの重要な技能です。これらの技能は，以下に示すシステム・オーガニゼーションの技能とも重なり合うものです。

③システム・オーガニゼーション

　最後に，発展技能として必要になるのが「**システム・オーガニゼーション**」の技能です。システム・オーガニゼーションとは，心理学的支援を適切に運営する社会システムをつくり，それを維持していく技能です。心理学的支援が社会活動として認められるためには，その運営主体の内部における，規約，責任体制，役割分担などを明確にする必要があります。さらには，運営主体と保健医療，福祉，教育，司法・犯罪，産業・労働などの諸領域を含む他の専門機関との間で，社会的かつ専門的な協力ができる体制を整える必要があります。加えて今後は，アカデミックな心理学を専門とする諸機関との連携も大切になります。システム・オーガニゼーションを行うために，公認心理師は，ネットワーキングなどのコミュニティアプローチを中心とした心理社会的アプローチ

語句説明

リファー
問題の解決や改善に効果をもたらす可能性が高いと判断されたアプローチを専門的に行っている機関や専門職に，クライエントを紹介すること。

リエゾン
クライエントの支援を他の専門機関や専門職と連携して行うこと。コラボレーションとも呼ばれる。

コンサルテーション
他の専門機関や専門職が抱えている問題が効果的に解決されるように，専門的観点からアドバイスするなどして支援すること。

（第7〜11章参照）を理解していることが重要です。

　ケース・マネジメントの技能として紹介したリファー，リエゾン，コンサルテーションなどは，システム・オーガニゼーションの技能によって他の専門機関との間で協力体制が整えられていれば，より実現性の高いものになります。さらに現実の支援場面で協力体制を整えて連携を行う際には，コミュニケーションの技能の1つとして紹介した「社会的関係を形成する技能」を用いて，他の専門機関の人たちと協調的に関わったり，リーダーシップをとったりすることが重要になります。このように，コミュニケーション，ケース・マネジメント，システム・オーガニゼーションの3つの技能は，互いに重なり合いながら心理学的支援の実践を構成しています。

2 心理学的支援における理論と技法の多様性

　前節の「ケース・マネジメント」の箇所でも述べたとおり，公認心理師が事例に取り組むためには，多様な理論や技法を幅広く理解している必要があります。表1-1には代表的な理論モデルを示しています。各理論モデルでは，心理的問題の原因についてのとらえ方が異なっています。したがって公認心理師は，ケース・フォーミュレーションや介入を行う際に，各事例における問題の原因や成り立ちを理解するための参照枠として，これらの理論モデルを活用することができます（図1-1の下半分）。

　理論モデルの活用は，クライエントの問題のどこに着目するか，介入対象は何かなどに即して行うことが重要です。たとえば，個人の内面に着目する場合には人間性アプローチや精神力動理論，個人の認知や行動に着目する場合には認知行動理論，家族を含む社会集団に介入する場合にはシステムズ・アプローチやコミュニティアプローチ，集団療法（9章）などを活用することが考えられます。これら以外にも，社会構成主義の考え方の影響を強く受け，クライエントが自己について語ることによって自己を再構成することを目的としているナラティヴ・アプローチ（8章），主に子どもを対象とし，遊びを通して問題の改善を目指す遊戯療法（12章），森田療法や内観療法に代表される日本独自の心理療法（13章）なども，事例によっては活用することができます。理論モデルの詳細は，第3〜13章を参照してください。

参照

人間性アプローチ
→3章

精神力動理論
→4章

認知行動理論
→5・6章

システムズ・アプローチ
→7章

コミュニティアプローチ
→10・11章

語句説明

社会構成主義
唯一の客観的事実というものを想定せず，社会的現実は人々の語りや交流によって生成する相対的なものとみなす考え方（下山，2010）。

| 表1-1 | 各理論モデルにおける心理的問題の原因論 |

人間性アプローチ	**クライエント中心療法**：人間は，一人ひとりが基本的に健康で，成長と自己実現（self actualization）に向かう可能性をもった存在である。心理的に不健康な状態とは，自己実現という本来の傾向に従わないでいる場合であるので，その人の潜在力と主体的能力を尊重し，内在する自己実現傾向の促進的風土を提供することが介入の目的となる。
精神力動理論	**精神分析療法**：乳幼児期の体験で意識に統合されなかった事柄が無意識の領域へと抑圧され，その結果，心的葛藤が生じ，症状が形成される。したがって，無意識の抑圧の解除と葛藤の意識化が介入の目的となる。
	分析心理学：心は，自己を中心とする無意識と意識の相補性によって全体が構成されている。意識と無意識のバランスが崩れ，相補性が保てない場合に心理的問題が生じるので，自己を中心に無意識の深層を意識に統合し，心の全体性を回復することが介入の目的となる。
認知行動理論	**行動療法**：不適応行動も，適応的な行動と同様に学習の原理に従って特定の状況のもとで学習された反応である。したがって，学習訓練手続きを用いることによって，不適応行動を消去し，それに替わる好ましい行動を新たに形成するような働きかけを行うことが介入の目的となる。
	認知行動療法：人は，刺激－認知過程－反応という図式で示されるように認知的過程で情報処理を行い，行動を決定する。心理障害の症状は，その認知過程における認知の歪みに媒介されて発生し，維持される。したがって，認知の歪みの修正が介入の目的となる。
システムズ・アプローチ	**家族療法**：心理障害を個人の問題としてではなく，その個人が属する家族システムの問題としてとらえる。したがって，家族システム特有の問題があると考え，システムを全体として変化させることが介入の目的となる。
コミュニティアプローチ	**コミュニティ心理学**：人の行動は，社会的物理的環境と切り離された状況で発生するのではなく，その人が生きている社会的物理的環境との相互作用のなかで成り立つものである。したがって，環境から切り離して個人の心的内面や行動のみを取り上げるのではなく，人と環境の相互関係システムの全体をとらえ，人と環境の両面に働きかけることが介入の目的となる。

出所：下山，2010を一部改変

3　心理学的支援における留意事項

　第1節では，心理学的支援の実践の大まかな流れと必要な3つの技能を説明しました。さらに第2節では，心理学的支援における多様な理論や技法の概要とその活用指針について示しました。これらを習得することによって心理学的支援の実践は可能となりますが，初心者が見落としがちなことを留意事項として以下に強調しておきます。

　1点目は，個々の事例におけるクライエントの特性や状況に応じて，理論や技法を選択したり，調整したりすることです。公認心理師は，ケース・フォーミュレーションを通して介入方針を立てる際に，多様な理論や技法を参照枠として用います。このときに，クライエントの特性や状況（たとえば，パーソナリティ，診断名，文化的背景など）をよく考慮して，介入に用いる理論や技法を選択し，場合によってはクライエントに合わせてアレンジする必要があるということです。

　2点目は，介入前あるいは介入後いずれの場合もありえますが，常に心理学

的支援の限界を自覚して，必要とあらば，他の支援法（たとえば，薬物療法）へ切り替えるための橋渡し役を担うことです。こうした心理学的支援の方法の選択と適用の限界についての詳細は，第2章を参照してください。

　3点目は，心理学的支援全般に関わることですが，クライエントのプライバシーへの配慮を欠かさないように留意する必要があります。法律的にも，個人情報保護法によって，**プライバシーへの配慮**が義務となっています。とりわけ「システム・オーガニゼーション」の技能が必要とされる，他の専門機関や専門職と連携する場面では，細心の注意を払わねばなりません。クライエントの支援のために他者と連携する際には，情報の共有は不可欠です。ただしそれは，プライバシーを含むすべての情報を共有することを意味するわけではありません。公認心理師は，こうしたプライバシーの問題に常に配慮し，必要に応じて，第三者（公認心理師とクライエント以外の者。他の専門職スタッフはもちろん，家族などのクライエントと近い間柄の者も含まれる）に対する情報開示に同意するか否かをクライエントに確認しながら，事例に取り組むことが求められます。こうしたプライバシーへの配慮についての詳細は，本シリーズ第1巻『公認心理師の職責』で確認してください。

4 ｜ 良好な人間関係構築のためのコミュニケーション

1　作業同盟（協働関係）を確立するための傾聴と3つの条件

　「良好な人間関係構築のためのコミュニケーション」とは，第1節におけるコミュニケーションの技能のなかの「協働関係を形成する技能」と重なるものです。カウンセリングや心理療法においては，公認心理師とクライエントの間の協働関係のことを**作業同盟**とも呼びます。似た言葉としてラポールがありますが，ラポールが単に両者間の信頼関係のみを意味するのに対して，作業同盟は両者による目標の合意を前提とした協力的関係を意味します（岩壁, 2007）。したがって作業同盟（協働関係）は，あらゆる心理学的支援の基盤となるものであり，それが確立されていれば，心理学的支援の効果も出やすくなることがわかっています。

　それでは公認心理師がクライエントとの間で作業同盟を確立するには，どうすればよいのでしょうか。一般に，こうした場面で公認心理師に必要とされるのは「傾聴」の技法です。傾聴とは，相手の話に耳を傾けて聴くこと，つまり，話の「内容」だけでなく，その話を通して表現される「気持ち」を丁寧に聴いていくことです（諸富, 2015）。

語句説明
個人情報保護法
関連5法の1つであり，氏名，生年月日，住所等などの個人を特定できる情報の適正な取扱いを定めている。

プラスα
傾聴の重要性
臨床心理学の多様な心理療法に共通して認められるコミュニケーション・スキルを整理したマイクロカウンセリング技法（福原, 2007）も，土台は傾聴である。

傾聴に関する代表的理論であるクライエント中心療法では，傾聴のための 3 つの条件として「無条件の肯定的関心*」「**共感的理解***」「自己一致*」をあげています。ロジャーズは，一般の人間関係においては自己一致が最も大切であるが，カウンセラーとクライエントとの関係においては共感の方がはるかに重要であると結論づけています（大谷，2004）。したがって，公認心理師がクライエントとの作業同盟を築く際にも，共感的理解はとりわけ重要であるといえます。

2　作業同盟を確立するためのコミュニケーション技法

上記の 3 つの条件は，技法というよりは公認心理師のとるべき態度に近いともいえますが，表1-2は作業同盟の確立に役立つ具体的なコミュニケーション技法です。クライエントの語りを何も考えずに聞いているだけでは，真の意味での共感的理解はできません。「なぜクライエントはそのように考え，感じるのだろう」などの語りを聞きながら生じてきた疑問をきっかけにして，クライエントの語りを読み解く作業が必要になります。そのためには，クライエントに質問することも重要な技法です。そしてクライエントからの回答によって何らかの読みが形成されたのであれば，たとえば「……したのは……だからなんですね」といった解釈をクライエントに伝え，協働しながら，その読みの妥当性を確認していきます。

表1-2　作業同盟（協働関係）を確立するためのコミュニケーション技法

雰囲気作り	クライエントの語りを尊重していることを態度で示す（例：適度な相づちをしたり，適度な間を取り，語りを待つこと）。
反 射	クライエントの語った発言をクライエントの気持ちの流れに沿うように語り返す（例：「……ですね」）。
明確化	クライエントの語った内容を要約し，語りの要約を明確化する。明確には語られてはいないが，語ろうと意図されていると理解できる内容を明確化する（例：「お話しされようとしたことは……ということですね」）。
純粋性	クライエントの語りを聴いていて公認心理師側に生じてきた気持ちを，聞き手の純粋な感想として伝える（例：「お聴きしていて……私としては……という感じがしました」）。
解 釈	クライエントの語った内容の意味についての解釈を伝える（例：「には……という意味があるように思われます」「……したのは……だからですね」）。
質 問	クライエントの問題についての語りを一貫性のあるものとして理解するために必要な情報を得る。クライエントとの協働関係を促進するためにも，「……ということはわかったのですが，……の点についてもう少し詳しくお話しください」というように，公認心理師側の理解度や質問の意図などをクライエントと共有できるような質問の仕方が望ましい。

出所：下山，2014をもとに作成

3　非言語的コミュニケーション

公認心理師とクライエントは，言語的なものだけではなく，非言語的なもの

語句説明

無条件の肯定的関心
クライエントに対する条件付きの思いやりや受け入れ態度ではなく，クライエントの全人格をありのままに肯定・受容する態度（大谷，2004）。

共感的理解
カウンセラーが，クライエントと同じ価値観をもち，同じ感じ方や考え方をしているつもりになって，クライエントをその内側から理解していくこと。その際，カウンセラーの理解が正しいのか，クライエントに確かめてもらいながら話を聴いていく（諸富，2015）。

自己一致
カウンセラーが，自己のうちに流れる感情や思考といった即時的経験に対して防御的にならずオープンである態度（大谷，2004）。

プラスα
2種類の質問
質問には，閉ざされた質問（クライエントが「はい」「いいえ」のように単純に回答することが可能な質問）と，開かれた質問（「……について話してください」のような，クライエントからの自由な回答を求める質問）がある。公認心理師はクライエントが回答しやすいように，この2つを組み合わせて質問する必要がある。

（身振り，表情，声の高さや大きさ，話すスピードなどの話しぶり，涙，発汗，赤面，あくび，ため息などの生理反応など）も介してコミュニケーションを行っています。そうした**非言語的コミュニケーション**は，クライエントによって意識的にコントロールされた言語的コミュニケーションよりも，クライエントの無意識的な心理状態を反映しやすいのです。たとえば公認心理師は，語られている内容が幸せそうなものであっても，クライエントの表情が暗ければ，クライエントが幸福であるとは考えないでしょう。クライエントも，公認心理師が発している非言語的な情報をもとにさまざまな推測を行っており（例：「この先生は，しかめっ面で腕を組んだまま喋ってるから，何だか近寄りがたいなあ……」），それらは作業同盟が確立されるか否かにも影響を与えていると考えられます。公認心理師は，クライエントに脅威を与えず，かつ「あなたの話をしっかり聴いています」と伝わるような視線や表情や姿勢を保つことが重要です。

　一方，身振りなどに関しては，文化背景や個人差などの要因を考慮しなかった場合は，誤った解釈の原因になりやすいことにも留意しておく必要があります（大谷，2004）。

プラスα

身振りの文化差
同じ身振りであっても，それが意味するものは文化や人によって異なることがある。

5 ┃ コミュニケーションの発展技法

　作業同盟を確立するための傾聴技法が，クライエント中心療法の考え方に基づいていることはすでに説明しました。近年，動機づけ面接やコーチングにおいては，クライエント中心療法の考え方を重視しながらも，カウンセラーがクライエントとのコミュニケーションの方向づけをより積極的に行う技法が発展してきています。これらは，公認心理師の心理学的支援においても活用できるものなので，以下に紹介します。

プラスα

動機づけ面接の効果
飲酒問題を抱える人を対象とした大規模研究では，自らの飲酒問題の治療に対する動機づけが低く，周囲から治療することを強制されて腹を立てているようなクライエントには，動機づけ面接が特に効果的であると報告されている（Miller & Rollnick, 2002）。

OARS
動機づけ面接では，開かれた質問（Open question），是認（Affirming），聞き返し（Reflective Listening），要約（Summarizing）などの傾聴技法（まとめて OARS と呼ぶ）が重要となる。

1 動機づけ面接

　動機づけ面接は，クライエントが特定の方向（例：健康になる，成長する）に変化することを目指して，クライエント自身の変わりたいという気持ち（変化への動機づけ）を引き出すことに焦点を当てた面接法です。動機づけ面接は，当初，アルコールや薬物などの依存症患者を対象とした医療分野での面接や，保護観察官による司法分野での面接，すなわち，問題点は明確であるのに変化への動機づけが低いクライエントが多い分野における面接で広まりました（北田・磯村，2016）。こうした分野では，カウンセラーは拒否されたり反発されたりすることも多く，受容と傾聴のみの面接では限界があったためです。

　それでは，いかに「変化への動機づけ」を引き出すかということですが，カ

ウンセラーが「あなたは変わるべきだ」とクライエントを諭すようなことはしません。なぜなら、そのようなことをすれば、クライエントは反発を強めてしまうかもしれないからです。動機づけ面接では、クライエント中心療法の考え方に基づき、今この時点でクライエントが求めていることや心配していることに焦点を当てます。

　具体的には、クライエントの「変わりたい（例：禁酒したい）」と「変わりたくない（例：現状のまま飲酒を続けたい）」という相反する気持ちを同時に抱えている状態（こうした状態を、両価性（アンビバレンス）と呼ぶ）が解消されることを目指して、面接中のクライエントから「変わりたい」という方向の言葉（チェンジトーク）が出てきたら、それを丁寧に拾い上げ、なかなか出てこないときは引き出すような工夫（表1-3）をして、チェンジトークが現れる頻度を上げるようにします。またクライエントから「変わりたくない」という方向の言葉（維持トーク）が出てきたら、現状を維持することのメリットを尋ねた後、現状維持のデメリットを尋ね、さらに変化のメリットを尋ねていく技法（ランニングヘッドスタートと呼ばれる）などを用いて、維持トークが現れる頻度を下げるようにします。このようにして、クライエントの語りに占めるチェンジトークの割合を徐々に上げていき、最終的には、クライエントのなかで「変わる」ことへの準備が整い、変化を実現するための計画を立てられるようになることを目指します。

表1-3　チェンジトークを引き出すコミュニケーション技法
喚起的な質問（引き出す質問をする） 例：「このままだと何が心配ですか？」「何か助けになりそうなことはありますか？」「今のこの状況をどのように変えたいですか？」「○○すると（○○をやめると）どんないいことがありますか？」「それでこれからどうしますか？」「まずは、どこから初めてみたいですか？」
極端なことを質問（最悪または最善の結果を質問する） 例：「このままゲームばかりしていると最悪、どうなると思いますか？」「理想的にはどんな家族になりたいですか？」
過去を振り返る質問（問題が起きる前はどうだったかを質問する） 例：「ギャンブルにハマる前はどんな様子だったのですか？」「学生時代にはどんな人生を思い描いていましたか？」
未来を展望する質問（将来起きることを展望する質問） 例：「このままだと、○○年後はどうなっているのでしょうか？」「○○年後、どんな生活をしていたいですか？」
尺度化の質問 例：「あなたにとってこの血圧の薬を飲むことはどれくらい重要ですか？　まったく重要ではないが0、非常に重要が10としたら何点でしょうか？」

出所：北田・磯村，2016をもとに作成

2　コーチング

　コーチングには多くの流派とさまざまな定義がありますが、それらにほぼ共通しているのは、クライエントとの協働関係のもとで、問題解決や個人的成長などの「変化」に必要な方法をクライエントが「学習」できるようコーチが支援することです。ここで重要なのは、クライエントが「学習」することによって、徐々に独力で解決したり成長したりできるようになることです。

　たとえば「コーアクティブ・コーチング」と呼ばれる流派では、クライエントにはもともと問題を解決する能力があると考え、コーチはクライエントが、いわば自分自身のなかにすでにもっている問題の「答え」に到達できるように

プラスα
維持トークへの対応
これ以外にも維持トークへの対応にはさまざまな技法があり、北田・磯村（2016）に詳しい。

コーチングの歴史
コーチングは、1990年代に主にアメリカで発展し、現在も産業分野を中心に利用が広がっている（O'Connor & Lages, 2007）。コーチングの多くの流派は、クライエント中心療法（人間性アプローチ）の影響を受けており、コミュニケーションスタイルの基盤には受容や共感などの傾聴技法がある。

表1-4　新たな気づきをもたらす開かれた質問の例

期待に関する質問
例：「夢は何ですか？」「これの何が，あなたをワクワクさせますか？」「あなたの望みが叶ったとしたらどうですか？」

可能性を探る質問
例：「どんな可能性がありますか？」「あなたがまだ探っていないのは，どの部分ですか？」「いろいろな角度から見たらどう見えますか？」

選択肢を広げる質問
例：「他にどんな選択肢が考えられますか？」「思いっきり大胆になったらどんな選択肢がありえますか？」「もしも選べるとしたら，何をしますか？」

核心を突く質問
例：「何が問題なのですか？」「最大の障害は何ですか？」「何があなたを引き留めているのですか？」

行動を促す質問
例：「何をしますか？」「いつそれをしますか？」「次のステップは何ですか？いつまでにそれをやりますか？」

学びを深める質問
例：「何を学びましたか？」「この学びを覚えておくためにどうしますか？」「他にどのようなやり方があったと思いますか？」

出所：CTIジャパン，2014をもとに作成

支援を行うことが求められます。したがって，コーチがクライエントの問題についての話を聴くときには，クライエントのおかれた状況に関する質問（例：「どのような状況だったのですか？」）だけでなく，クライエントを主語にした，クライエントの気持ちを尋ねる質問（例：「あなたはどう思っていたのですか？」）も意識的に行います。こうした質問によって，コーチが問題よりもクライエントという人間に対して関心をもっていることが伝わると，クライエントは安心して，自分のことをもっと話すようになり，以前よりも柔軟に問題を検討できるようになっていきます。なおコーアクティブ・コーチングでは，クライエントに新たな気づきをもたらす可能性のある質問として，開かれた質問を重視しています（表1-4）。

考えてみよう

親に連れられて公認心理師のもとを訪れたクライエントから，相談に乗り気でない雰囲気が伝わってくるとき，公認心理師はどのようにクライエントや親との関係をつくり，心理学的支援を実践していけばいいでしょうか？　コミュニケーションのさまざまな技法と，ケース・マネジメントやシステム・オーガニゼーションの技能を用いた実践を考えてみてください。

🪶 本章のキーワードのまとめ

心理療法	特定の理論を前提として，その理論に基づく実践を行うことを目指すもの。特定の学派の理論の習得と訓練が目標となるため，私的な研究所での長期間の教育が訓練の中心となることが多い。
コミュニケーション	公認心理師がクライエントとの間でやりとりを行う技能のこと。具体的には，「協働関係を形成する技能」を基盤とし，「査定技能」「介入技能」「社会的関係を形成する技能」なども必要となる。
インフォームド・コンセント	支援対象者に対して支援の内容を説明し，支援対象者が納得し同意できる支援方法を選んでもらうこと。
ケース・フォーミュレーション	アセスメントでの情報をもとに問題の成り立ちについての仮説を立て，心理学的支援に関する多様な理論や技法を参照枠として活用しながら，介入の方針や方法を定める作業のこと。日本語の「見立て」に相当する。
ケース・マネジメント	アセスメントさらにはケース・フォーミュレーションを通して得られた方針をもとに介入を実践し，ケース全体をマネジメントすなわち運営していく技能のこと。リファー，リエゾン，コンサルテーションなどの技能も含まれる。
システム・オーガニゼーション	心理学的支援を適切に運営する社会システムをつくり，それを維持していく技能のこと。運営主体の内部を整備したうえで，医療，教育，福祉，産業，司法などの専門機関やアカデミックな心理学の諸機関と連携することが重要である。
プライバシーへの配慮	公認心理師に求められることの一つ。たとえば，公認心理師は必要に応じて第三者（公認心理師とクライエント以外の者）に対する情報開示に同意するか否かをクライエントに確認しながら，事例に取り組むことが求められる。
作業同盟	カウンセリングや心理療法などの心理学的支援における，公認心理師とクライエントの間の「目標を共有して力を合わせて取り組んでいく」という協働関係のこと。
傾　聴	相手の話に耳を傾けて聴くこと，つまり，話の「内容」だけでなく，その話を通して表現される「気持ち」を丁寧に聴いていくこと。作業同盟（協働関係）を確立するために必要不可欠な技法である。
共感的理解	クライエント中心療法における傾聴のための3条件の一つ。カウンセラーが，クライエントと同じ価値観をもち，同じ感じ方や考え方をしているつもりになって，クライエントをその内側から理解していくこと。
非言語的コミュニケーション	公認心理師とクライエントの間で行われる，非言語的なもの（例：身振り，表情，話しぶり（声の高さや大きさ，話すスピードなど），生理反応（涙，発汗，赤面，あくび，ため息など））を介したコミュニケーションのこと。
動機づけ面接	クライエントが特定の方向（例：健康になる，成長する）に変化することを目指して，クライエント自身の変わりたいという気持ち（変化への動機づけ）を引き出すことに焦点を当てた面接法のこと。
コーチング	クライエントとの協働関係のもとで，問題解決や個人的成長などの「変化」に必要な方法をクライエントが「学習」できるようコーチが支援すること。クライエントが徐々に独力で解決したり成長したりできるようになることを目指す。

第2章 心理学的支援における方法の選択と適用の限界

この章では，エビデンスに基づいて，支援介入技法を選択する基準について解説します。クライアントの相談内容には，その改善方法について効果研究が存在するものもしないものもあります。少なくとも効果研究が存在するものについては，そのエビデンスの信用度を把握したうえで，支援の参考にする必要があります。また心理療法のプロセスにおける限界についても触れます。

1 臨床心理学的支援と要支援者の特性や状況

1 クライアントの多様な特性と主訴に応じた支援

公認心理師は，医療，教育，福祉，司法，産業などの領域で，専門職として働くと公認心理師法で規定されています。ここからわかるように，非常に幅広い背景と多様な主訴をもったクライアントやその関係者の相談を受けることになります。**援助要請***が高い人なら自分で相談に来ますが，援助要請が低い人の場合は支援が必要なのに相談に行かず，問題を悪化させてしまうことがあります。また，本人が困っている場合と，本人は援助を求めていないものの周囲の人が困っている場合があります。さらに，他害や犯罪行為をしてしまった場合は，弁護士等から進められて心理支援を受けに来ることもあります。

公認心理師が行う支援のなかでわかりやすく典型的なのは，たとえばうつや不安の症状があるクライアントに対して，症状を軽減させる介入を行うようなタイプのものです。私たちが困ったり苦痛を感じたりする心理的症状は，うつや不安以外にも，トラウマ症状，強迫症状，身体化症状，精神病症状，発達障害の症状などいろいろあります。このような症状に対する支援は，分類するなら臨床心理学的な支援ということになります。心理的症状や，それに伴う不適応*を特定し，これを改善させることがねらいとなります。

一方，より軽い悩みや，恋愛の相談，学校選択やキャリア選択といった進路の相談など，心理的症状や精神疾患というよりは，生活のなかで誰でも経験するような問題についての相談もあります。また，家族やペットが病気になったり亡くなったりした時には，多くの人が落ち込み，一時的に抑うつのような症

<語句説明>
援助要請
問題を抱えているときに，専門家や非専門家の援助を求めようとすること，またその傾向。

<語句説明>
不適応
社会生活のなかで，環境に適応できず，機能が障害されている状態。たとえば，学校に行けない，仕事ができない，家事ができない，重要な人間関係に問題が生じている等。

状が出ますが，もちろんこれは精神疾患ではなく健康な人間の通常の反応です。このような種類の相談に対しては，クライアントの健康な面，強み，もっている資源に注目しながら，人格的な成長を目指して，傾聴や共感を主として対応します。こちらは分類するなら，**カウンセリング心理学的な支援**となります。カウンセリング心理学的な支援は基礎的な方法であり，臨床心理学的な支援はより専門性の高い方法です。国によっては，この2つは別々の資格になっています。日本の公認心理師は，臨床心理学的な支援まで行える専門性をもつことが期待されていると考えられます。

2　手法の選択とエビデンス

　クライアントの心理的問題に対して，どのような支援技法を用いるか決める際に，まずは**生物―心理―社会モデル**のことを思い出す必要があります。心理的・行動的問題のようにみえても，身体的な要因から発生していることもあります。生物学的要因が関与している可能性を常に念頭におきながら，必要なら適切な機関にリファーできるようにしておく必要があります。

　さて，心理的問題に対する**エビデンスベイスト・アプローチ**の重要性はこれまでにも学習してきたと思います。しかし，それほど単純にいかない部分もあります。上述した臨床心理学的な支援は，利用可能なエビデンスに基づいて支援方法を決めることが比較的容易な領域です。精神疾患，心理的症状，特定の不適応状態などは定義しやすく，測定することが可能で，したがって，測定されたスコアの改善を検討して**効果研究**を行うことが可能です。また実際に多くの効果研究が行われています。精神疾患等への介入という場面では，心理療法は，薬物療法やほかの医学的治療と同様に扱うことができ，その治療効果と持続性，経済性，安全性，クライアントの満足度などを比較することもできます。いくつかの団体が，このような効果研究の結果を踏まえたうえで，それぞれの心理的問題や精神疾患に対して，第一選択となる治療法をまとめています。このようなリストは頻繁にアップデートされますが，心理療法としては，認知行動療法や対人関係療法がリストアップされることが多くなっています。

　それでは，カウンセリング心理学的な支援法についてはどうでしょうか。心理的症状や精神疾患とはされないような，より軽い生活上の悩みごとは非常に多岐にわたっており，何が問題になっているかや，どうなったら改善したといえるのかを定義し測定するのはとても難しいことです。そして，傾聴や共感を中心として積極的な介入をせずに対応しているうちはまだよいのですが，クライアントの人格的な成長を積極的に目指していく場合はさらに難しくなります。不適応や症状が改善した状態というのはイメージを1つに定めやすいのですが，人格的に成長した状態というのは多様な姿があるでしょう。クライアントがどうなったら，カウンセリング的対応によって高い効果がみられたといえる

のかを定義するのは困難です。また，人格的な成長というのは，価値観と結びついており，Aさんからみたらクライアントの変化は自分の気持ちをより表現できるようになって成長したと感じられるが，Bさんからみたらわがままになった（悪化した）と感じられてしまうようなことも起きます。このような理由から，改善効果を定義するのが難しいカウンセリング心理学的な支援の場合は，エビデンスによる手法の選択自体がそもそも難しいともいえるでしょう。また，倫理的な観点から考えると，クライアントの苦痛を軽減することはまったく問題ありませんが，セラピストが考える「より良いあり方」に導くことは，クライアントの自律性を損なってしまう危険があります。マイナスからゼロを目指すことには全力を注ぐべきですが，ゼロからプラスを目指すときには，セラピストはかなり慎重になるべきでしょう。

2 ｜ エビデンスの強さを考慮して手法を選択する

1 エビデンスの格付け

　さて，私たちは，どのようなエビデンスに基づいて支援技法を選択すればよいでしょうか。いろいろな特定の問題や症状を対象とした心理学的介入については，多くの研究が行われるようになっています。私たちはどの研究結果を重視すればよいのでしょうか。また研究結果と著名な専門家の意見とでは，どちらを信じればよいのでしょうか。

　さまざまな種類の研究デザインをエビデンスの信用度でランク付けすると，おおむね図2-1のように整理できます。最も信用度の高いエビデンスは，システマティック・レビュー*と呼ばれる研究結果の収集方法を用い，集まった研究結果をメタ分析*と呼ばれる統計手法によって統合したものです。このように，関心のあるテーマについて現在入手できる多くの効果研究をまとめて概観することによって，現時点での最良の手法選択の根拠にすることができます。

語句説明

システマティック・レビュー
研究テーマを明確に定義し，それを扱った過去の研究論文を系統的かつ明示的な方法で収集して作成するレビュー論文のこと。

メタ分析
複数の研究結果について定量的に統合する手法のこと。たとえば収集した研究結果の平均値，分散，サンプルサイズから，統合された効果量を算出する。

図2-1 研究デザインとエビデンスの信用度

信用度が高い

システマティック・レビューによるメタ分析
ランダム化比較試験（RCT）
非ランダム化比較試験
コホート研究などの前向き研究
ケース・コントロール研究などの後ろ向き研究
事例報告，ケース・シリーズ
専門家の意見

信用度が低い

16

2 ランダム化比較試験（RCT）

① RCTの概要

　メタ分析のように数多くの研究結果を総合すると，当然エビデンスとしての信用度は高まりますが，個別の研究についてはどのように判断すればよいでしょうか。個別の研究の支援効果や効果の持続，安全性について最も強力なエビデンスを提供してくれる研究デザインは，**ランダム化比較試験**（Randomized Controlled Trial：RCT）と呼ばれるものです。RCT の概要（図2-2）について理解しておくことは，公認心理師が研究論文などをみて，支援技法を選択する際に非常に重要になります。RCT では，効果をみたい支援法を実施するグループと，従来の支援法（通常治療。Treatment As Usual：TAU）を実施する比較対照グループとに，研究参加者をランダムに割り付けます。このように比較するグループ（アームと呼ばれます）は２つであることが多いですが，３つ以上を設定することもあります。そして，支援の実施後に，その結果（アウトカムと呼ばれます）をアーム間で比較し，予測因子（支援法の種類）と効果の違いとの因果関係に関する結論を出します。

　この研究デザインは医学や健康科学の領域で発展してきたものです。伝統的な心理学研究法の用語でいえば「実験法」に似ていますが，実験法に加えていくつかの条件を備えている必要があります。大きな違いは，出版バイアス*を防ぐために研究計画の事前登録と公表を行うこと，また研究者がさまざまな形で結果を歪めてしまうことを防ぐために，１人では行わず，複数で研究グループを組み，研究の重要な部分を適切に分担することなどです。RCT のおおまかな流れは，図2-2に示したとおりです。

図2-2　ランダム化比較試験（RCT）の流れ

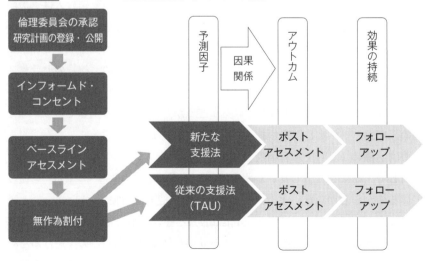

語句説明

出版バイアス

効果が高く副作用が少ないといった研究者にとって都合のよい結果は積極的に出版・公表され，その逆の研究者にとって都合の悪い結果は引き出しのなかにしまわれてお蔵入りになってしまうこと。これを防ぐために，実施前の研究計画を登録・公表し，都合の悪い結果を隠せないようにすることが推奨されている。

②支援介入の前段階

　研究計画を立てたら，研究者が所属する機関の研究倫理審査委員会を通します。そして，しかるべき登録サイトに研究計画を登録し公表します。海外ではClinical Trials. gov，日本では臨床試験登録システム UMIN-CTR, jRCT などがあります。次に明確に定義された適格基準※にしたがって，これを満たす研究参加者を募ります。集まった研究参加者に研究の説明を行い，特に，新たな支援法のアームではなく，従来の支援法のアームにランダムに割り付けられる可能性があることも含めて十分に理解してもらったうえで，研究参加への同意を得ます（インフォームド・コンセント）。

　次に，ベースラインアセスメントを行います。改善させたい変数のことをアウトカム指標と呼びますが，これを支援介入の前と後に測定します。たとえば，抑うつ症状を改善させるための新たな支援法の効果をみる場合には，抑うつ症状の面接評価尺度や自己記入式評価尺度を実施します。「尺度得点が○○点以上である人」など，ベースラインでのスコアが適格基準の一つとなることもあります。

　次に2つのアームに，参加者をランダムに割り付けます。改善しやすそうな人を新たな支援介入法に故意に割り付けるなどということが起こらないように，割り付け作業は研究チームと関係のない人や機関が行うのが望ましいとされています。

③支援介入の実施

　割り付けが終わると支援介入の段階に入ります。新たな支援介入法は，従来から行われているものと同等の効果があるか，または優れている必要があるため，比較対照群として何もさせず待機させるのではなく，TAU を実施しておくことが普通です。具体的には，たとえば抑うつ症状であれば，支持的なカウンセリングや，抗うつ薬投与などが考えられます。2種類の支援介入は支援期間，回数，セッションの長さなどを揃えておく方が結果の説得力が増すでしょう。支援介入の手法はかなり厳密に定義しておき，それぞれの手順書を作成しておく必要があります。個人的な力量差の影響を減らすため，複数のセラピストや支援者が実施する方がよりよいです。それぞれのセラピストが，きちんと定義された支援介入法を実施しているかどうか，一部を抜き出してビデオ等で別の人がチェックする作業もあった方がよいでしょう。

　薬物治療の RCT では，研究参加者，治療者，アセスメント実施者の3者に対して，効果を検証したい新薬を使っているのか，偽薬（プラセボ）を使っているのかをわからないようにします。この手続きは盲検化（blinding）と呼ばれますが，近年ではマスク化（masking）と呼ばれることもあります。これは，研究者効果※や，参加者の期待による効果が結果に影響するのを避けるためです。ところが，心理支援は，参加者が内容を理解して取り組むことが重要で

語句説明

適格基準
外的妥当性について議論できるようにしておくため，年齢，性別，診断などの研究参加者の条件を明確に定めたもの。条件に当てはまる人が参加できる包含基準と，条件に当てはまる人は参加できない除外基準とからなる。

語句説明

研究者効果
研究者の期待や言動などが参加者に伝わってしまい，結果に影響を与えること。

あり，また支援者も内容を理解して実施する必要があるため，マスク化することが難しくなっています。3者のうちの2者にマスク化ができない状況ですが，残ったアセスメントの担当者には，その参加者がどちらのアームに属しているかを知らせないまま評価が行われます。

④支援介入の終了後

支援介入期間が終了したら，割り付けを知らない担当者がポスト・アセスメントを行います。これにより，支援介入前から後にかけてどのくらいアウトカム指標が変化したのかを分析することができます。また，改善は支援介入後の一時的なものにとどまるのではないのかという批判に対して応えられるように，3カ月後，1年後などに再度アウトカム指標のアセスメントを行うこともあります。これをフォローアップと呼びます。

ランダム割り付けによって，新たな支援介入を受けられなかった人たちの不満に対応できる方法の一つとしてクロスオーバー法があります。これは，支援介入が終わったら，一定の期間をおいた後に，2つのアームをひっくり返し，TAUを受けていた人たちに新たな介入を受けてもらうという方法です。

⑤ドロップアウトについて

RCTのプロセスのなかでは，必ずドロップアウト（脱落）が起きます。薬物治療と比べて，何度も通ってもらい時間をとってもらうような心理的支援ではなおさらです。ドロップアウトはなるべく起きないようにしたいと考えたくなりますが，一方で，実際に新たな支援法を現実場面で実施する際にも，必ずドロップアウトが起きます。そういう意味で，RCTにおけるドロップアウトは，実際の世界を反映しているともいえます。研究参加者のなかで，最終段階まで完遂した人たちのデータを使用して結果を出すことをパー・プロトコール解析（Per-protocol analysis）と呼びます。一方ドロップアウトした人も含めて，最初の段階で研究に参加しようとした人たち全員のデータを使用して結果を出すことをITT解析（Intention-to-treat analysis）と呼びます。パー・プロトコール解析よりもITT解析の方が現実場面に近く，推奨されています。しかしドロップアウトした参加者は，ポスト・アセスメントやフォローアップに来ないため，事後のアウトカムデータが得られないという問題があります。これを防ぐために，心理的支援の途中でドロップアウトした場合でも，ポスト・アセスメントやフォローアップには参加してもらうよう連絡を試みるのがよいでしょう。

3　非ランダム化比較試験

RCTは，単一の研究としては因果関係に関する最高レベルのエビデンスを提供しますが，大規模な研究チームを組む必要があり，時間とお金がかかります。まだ有望かどうかの見通しが立たないような萌芽的な研究テーマの場合は，

RCT のパーツをいくつか外して簡略化した研究デザインから始めるのが普通です。

非ランダム化比較試験は，RCT におけるランダム割り付けの部分を簡略化した研究デザインです。たとえば中学生のいじめに対する介入の場合，個人をランダム割り付けすることはコスト的に難しく，学級ごとに割り付ける方が現実的であるといったことがよくあります。この場合に問題となるのは，ほかの関連要因を排除できないことです。たとえば，介入の効果ではなく，クラスごとの担任教員の影響が強かったのかもしれないという疑念を払拭できません。このデザインは，伝統的な心理学研究法では，準実験と呼ばれています。

4 その他の研究デザイン

エビデンスとしての信用度はさらに下がりますが，もっと簡略化した研究デザインもいくつかあります。介入をせずに，自然のままの状態をみる研究を観察研究と呼び，その一つにコホート研究があります。コホートという言葉のもともとの意味は，古代ローマの軍隊における数百人の集団のことですが，健康科学研究においては，ある時点から前向きに追跡していく集団のことを指すようになりました。たとえば，うつ病の診断を受けている人で，たまたまある支援介入法を現在どこかで受けている人と，受けていない人とに研究に参加してもらい，ベースラインのアセスメントをして，抑うつ症状の重症度を把握しておきます。この人たちの経過を追跡して，たとえば3カ月後，1年後などに再度抑うつ症状をアセスメントし，両群で差がみられるかを検討します。このように研究者が介入せずに，縦断的に追跡する研究デザインをコホート研究と呼びます。

研究期間があまりとれない場合には，ケース・コントロール研究を行うこともできます。過去にうつ病の診断を受けた人たちのなかで，現在回復している人（ケース）と回復していない人（コントロール）とを集めて研究に参加してもらいます。この人たちが過去にどのような支援介入法を受けたのか，あるいは受けていないのかを調べ，特定の支援介入法と現在の回復が関係していそうかどうかを検討します。ある状態になっているケース（事例・症例）とそうなっていないコントロール（比較対照）の過去の予測因子（たとえば支援法の種類）を比較するため，ケース・コントロール研究と呼ばれます。

1つまたは少数の事例についての研究は事例報告と呼ばれます。そのなかでも，少しでも偏りを減らすために，来談したクライアントの中から恣意的に取り上げるのではなく，ある期間に来談した人を順番に全員取り上げて分析する研究をケース・シリーズと呼びます。

図2-1に示したように，専門家の意見というのは上記のどの研究よりも信用度が低いと考えられています。しかし，臨床上のすべての疑問に対して，研

究が実施されているわけではありません。実際の臨床は専門家の意見を参考にして進めなければいけない場面も多くあります。

　ちなみに，ここまで支援法の種類といった「予測因子」と，抑うつスコアといった「アウトカム」という用語を使ってきましたが，これは伝統的な心理学ではそれぞれ独立変数・従属変数と呼んでいたものに相当します。独立変数と従属変数は，もともとは統計解析の用語ですが，統計モデル上での独立変数・従属変数と，研究デザイン上での独立変数・従属変数とが一致しないこともあります。そのため，研究デザイン上では，予測因子とアウトカムという用語を使う方が適切であるとする立場もあります。

　RCT については CONSORT，介入を行わない研究については STROBE，システマティック・レビューについては PRISMA，事例報告については CARE といったチェックリストが用意されています。そうしたチェックリストを含む研究報告のためのガイドラインが The EQUATOR Network という団体の主導によりまとめられており，インターネット上で参照することができます。これらに沿った情報が十分に記載されている研究論文は，信用に足ると判断することができます。今後卒業論文などの研究に取り組んでいく人は，研究費，時間，エネルギーの許す範囲内で，なるべくエビデンスレベルの高い研究を実施してみてください。

プラスα
The EQUATOR Network
https://www.equator-network.org/
英語のサイトだが，サイト内の一部のガイドラインには日本語訳も掲載されている。

3 ｜ 心理療法の適用の限界

　心理療法のプロセスのなかで，セラピスト─クライアント関係にマイナスの側面が出てくることがよくあります。このようなことは精神分析や力動的心理療法の領域で特に重視されてきました。クライアントがセラピストに対して何らかの感情をもつことがあります。たとえば，母親に対して憎しみをもっているクライアントが，母親と同じような年齢・性別であるセラピストに対して憎しみをもってしまう，などです。このように，過去の重要な他者に対する感情を，セラピストに対して移しているという意味で，このような現象を転移と呼びます。敵意や憎しみのような負の感情が向けられることを陰性転移，賞賛や好意などの正の感情が向けられることを陽性転移といいます。

　一方，セラピストがクライアントに対してもつ感情や反応のことを**逆転移**と呼びます。もともとは転移への反応のことでしたが，現在ではより広く，セラピストがクライアントに対してもつ感情や態度全般を指すこともあります。クライアントの陰性転移に対して，セラピストが陰性の逆転移を起こしてしまう，つまり，怒りに対して怒りを，敵意に対して敵意を向けることで両者の負の感

参照
転移と逆転移
→ 4 章

情が増幅されてしまい，心理療法が失敗することがあります。失敗ケースについての研究を行っていたストラップ（Strupp, 1993）はこの現象を negative complementarity と名付け，岩壁（2007）はこれを**負の相補性**と訳して紹介しました。

　このようなセラピスト−クライアント関係のネガティブなスパイラルは，ラポール*を形成する力が未熟な初心者のセラピストにはよく起きます。また負の相補性を提唱したストラップは，新フロイト派のサリヴァン（Sullivan, H. S.）の影響を受けたセラピストですが，深い部分の感情を扱う力動的な心理療法では特に起きやすいことだといえるでしょう。一方，セラピーの見立てや方針についてクライアントと共有して同意をとりながら進めていく認知行動療法では，比較的起きにくい現象だとも考えられます。

考えてみよう

自分の関心のある研究テーマについて，ランダム化比較試験，コホート研究，ケース・コントロール研究をそれぞれ実施するとしたら，どんな研究計画になるかを考えてみてください。またそれぞれの研究デザインを用いた論文を検索してみてください。

語句説明

ラポール
セラピーに良い影響を与える温かくリラックスしたセラピストとクライアントとの間の信頼関係のこと。ラポール形成は，公認心理師の基本的なスキルである。

🪶 本章のキーワードのまとめ

カウンセリング	クライアントの強みを活かし人間的成長を目指すような相談や心理支援のこと。精神疾患の治療というよりも，日常的な悩みやつまずきに対する相談支援を指すことが多い。
エビデンスベイスト・アプローチ	効果や安全性についてのエビデンスに基づいて支援介入技法を選択するアプローチのこと。エビデンスとは根拠のことで，主に研究結果のことを指す。
生物─心理─社会モデル	メンタルヘルスに関する問題やクライアントの状態を，生物学的観点・心理学的観点・社会的観点から総合的に検討する考え方のこと。
システマティック・レビュー	研究テーマを明確に定義し，それを扱った過去の研究論文を系統的かつ明示的な方法で収集することで作成するレビュー論文のこと。
ランダム化比較試験	研究参加者を 2 つ以上のグループにランダムに割り付け，支援介入法などの効果を検証する，非常に強力な研究デザイン。
メタ分析	複数の研究結果について定量的に統合する手法のこと。たとえば収集した研究結果の平均値，分散，サンプルサイズから，統合された効果量を算出する。
効果研究	支援介入法の有効性を検証する目的で行われる研究のこと。支援介入の有効性を社会に示し，理解を得るために，ますます重要になっている。
援助要請	問題を抱えているときに，専門家や非専門家の援助を求めようとすること，またその傾向。支援を求めることは重要な能力であり，メンタルヘルスの問題を考える際に注目されている。
逆転移	クライアントの転移に対するセラピスト側の反応や態度のこと。より広くは，セラピストがクライアントに対してもつ感情や態度全般を指すこともある。
負の相補性	クライアントとセラピストのやりとりにおいて，お互いに対する怒りや敵意が増幅してしまうこと。心理療法の失敗の原因の 1 つとされる。

第3章 人間性アプローチに基づく支援：クライエント中心療法

本章では，人間性アプローチの歴史とそのなかで展開されてきた心理療法を学びます。具体的には，クライエント中心療法をはじめ，ロゴセラピー，フォーカシング，ゲシュタルト療法を取り上げ，その基本的理論と代表的な介入技法を学びます。さらに，その後の発展形の1つとして感情焦点化療法についても紹介します。

1 | 人間性アプローチの歴史と主要な理論

　人間性アプローチは，人（クライエント）を「一人ひとり異なった個別的な存在」として理解し，「個々のもつ**自己実現傾向**と資質」を尊重する心理療法です。歴史的にみると，精神分析的アプローチや行動療法的アプローチが依拠している（と考えられがちであった）人間観や介入手法（たとえば，機械論的・決定論的・画一的な人間理解，クライエントが有している個性や資質や意志（選択）の軽視，介入におけるセラピストからの指示性など）へのアンチテーゼとして発展してきたという経緯があります。そのため，人間性アプローチに基づくさまざまな心理療法では，その共通基盤として，①一人ひとりの人間は個別的な存在であり，②それぞれがもつ自己実現欲求や資質を促すことでそれぞれの困難を乗り越えていける存在であること，という人間理解の基本的発想を有しています。

　こうした特徴を有する人間性アプローチですが，その主な源流としてまずあげられる心理療法が，カール・ロジャーズ（Rogers, C. R.）が提唱し発展させてきた「クライエント中心療法」です。そこで本章でも，まず（第2節で）クライエント中心療法について詳しく紹介します。

　また，人間性アプローチに位置づけられることの多いその他の心理学的支援法としては，クライエント中心療法の発想や技法を背景に，独自のアプローチを発展させたユージン・ジェンドリン（Gendlin, E.）の「フォーカシング」，ヴィクトール・フランクル（Frankl, V. E.）が提唱した「ロゴセラピー」，フレデリック・パールズ（Perls, F. S.）が提唱した「ゲシュタルト療法」なども有名です。加えて，人間性アプローチの発展形の一つであるレスリー・グリーン

自己実現傾向

人間性心理学者の一人，アブラハム・マズロー（Maslow, A. H.）が提唱した「自分の持つ資質や可能性を最大限活かしながら自分らしい生き方をしていこう」とする欲求（傾向性）のこと。マズローによれば，人間に元来備わっている欲求は5つあり，それらには階層性がある。人はまず，日々を送るために必要な「生理的欲求」や「安全の欲求」を満たそうとする。その後，周囲の人との関係における「所属と愛の欲求」や「承認の欲求」も満たそうとする。そしてそれらが満たされることで，最終的な欲求である「自己実現」に向け，自分を成長させていこう（させたい）とする傾向が発揮されていくと考えた。

バーグ（Greenberg, L. S.）の「感情焦点化療法」も注目されています。そこで，第3節では，これらの心理療法についても取り上げ，その特徴を概説します。

2 | クライエント中心療法

1 クライエント中心療法の特徴

　クライエント中心療法は，1940年代にロジャーズによって提唱されました。クライエント中心療法の心理支援ではまず，（直接的な助言や変化を促すようなセラピストの関わりの意義も一定程度は認めつつ）クライエントが安心して自分のことを話し，相談できる受容的な関係性（を経験できる場）が重要であると考えます。そして，そのような関係性をいかに育むべきか，そのためにセラピストの態度として何を意識すればよいのかについて理論を精緻化し，発展させていきました。

2 クライエント中心療法の基本的理論

　クライエント中心療法は，「人は自分自身の可能性を模索することができ，自分が目指したいと思える道を見つけて，その道に向かって努力し，成長していくことのできる資質をもともと兼ね備えている」という人間観に依拠しています。そのため，何かしらの困難や問題を抱えている場合であっても，クライエントのなかにある資質に気づき，それらが適切に発揮されていきさえすれば，困難や問題をクライエント自身の力で乗り越えていくことができる（ので，それを支えることがセラピストの大事な仕事である）と考えます。

　またクライエント中心療法では，人は日常生活において，程度の差はあれ，「経験」と「自己概念」との間にギャップを感じていると考えます（図3-1）。「経験」とは自分に生じる素直で率直な経験（例：「（理不尽なことを言われて）むかついた」という感覚）です。一方，自己概念とは「自分はこんな存在だ」という自分自身に対する認識（例：「自分はどんなことを言われても冷静でいられる人間だ」）です。そして，このギャップが大きくなりすぎると，

プラスα

自己概念と経験の一致

この経験と自己概念の概念図（図3-1）は，クライエント理解だけでなく，セラピスト自身（後述の「一致（自己一致）」）の理解にも役立つものである。

図3-1　クライエント中心療法の適応観・不適応観

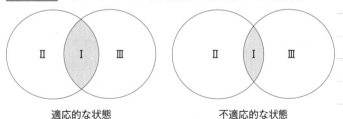

適応的な状態　　　　　不適応的な状態

Ⅰ＝自己概念と経験が一致している状態
Ⅱ＝自己概念
Ⅲ＝経験

苦痛や困難を伴うとともに，ギャップを経験している自分自身や自分に生じる経験それ自体を認めにくくなり，自分の資質を見失ったり，発揮しにくくなり（何をどのようにしていけばいいのかがわかりにくくなり），時に不適応状態に陥ると考えます。

3 クライエント中心療法の支援技法

こうした人間観や適応―不適応観に依拠するクライエント中心療法では，先述のとおり「クライエントが安心して自分のことを話せる関係性（を経験できる場）」を提供することの重要性を強調しました。そして，ロジャーズは，そうした場を提供するためのセラピストのあり方を「**必要にして十分な条件**」としてまとめ，セラピストは次の3つの条件を満たす態度であるよう努力していくことが大切であると主張しました。なお現在では，これらの関係性を重視する態度は，人間性アプローチに限らず，すべての心理療法の土台となるものであり，アプローチ法の種類に限らない共通要因として重要視されています。

①**無条件の積極的関心**

坂中（2015）によると，**無条件の積極的関心**（無条件の肯定的配慮）[*]とは，「クライエントの体験しているあらゆる面を，カウンセラーの枠組みから否定，肯定せずに，なんの条件もなく，一貫してそのまま温かく受けとめていく態度であり，クライエントをかけがえのない一人の個人としてありのままのその人を尊重し，心の底から大切にする態度」とされています。もう少し嚙み砕いた表現にするならば，「特定の条件（思いや状況）の時だけ相手を受け入れる」のではなく，どのような条件（状況）であっても，相手の思い（見方や考え方）や行動を否定することなく，まずは「そう思う（考える，感じる，行動する）のも無理からぬ（自然な）ことなのではないか」と相手の体験に対して肯定的な立場（価値判断せず受け入れる立場）で積極的に聴き，理解するように努めて関わる態度ともいえます。日頃の人間関係では，条件付きの関心に基づく聴き方ややり取りがされている場合が多く，無条件に肯定的関心をもって聞いてもらえる場は，それ自体が援助的な意味をもつ行為となります。

②**共感的理解**

三國（2015）に基づけば，**共感的理解**[*]とは「あたかもその人のように，でも「あたかも」の感覚を決して失わずに，正確にそして，感情的な構成要素と意味を持って，他者の内的照合枠を正確に経験すること」です。そして，その経験をクライエントに伝え返し，フィードバックを得ながら，いっそう正確に経験していこうとする一連のプロセスと考えられます。もう少し嚙み砕いた表現にするならば，クライエントがおかれた状況や心境を具体的にイメージしながら話を聴き，「もし自分が相手の状況や心境であったらどう思うだろうか」と，自分自身の実感と照らし合わせながらクライエントの体験を具体的に理解

語句説明

無条件の積極的関心（無条件の肯定的配慮）

「unconditional positive regards」の訳で，「無条件の肯定的関心」「受容」「ありのままの受容」と表現される場合もある。

語句説明

共感的理解

「Empathic Understanding」の訳で「共感」と表現される場合もある。

していこうとする関わり方といえます。もちろん，クライエントと自分は別の人生を歩み，別の経験をしてきた別の価値観をもつこともある人間です。ですので，クライエントのおかれた状況やそこで生じている心境と同様のものを自分のなかに完璧にイメージしたり，実感することは厳密には難しいものです。しかしながら，そうした限界を理解したうえで，できるだけ実感が伴うようにクライエントのおかれた状況や心境を想像し，そこでの理解を言動で伝え返していこうとする態度が共感的理解といえます。

③一致

本山（2015）は，**一致**＊（自己一致）を「セラピストがクライエントとの関係のなかで自分自身であろうとする態度」であり，その関係の中で「自分自身の感情をありのままに受容し，共感的に理解しようとする態度」と表現しています。仮に一般的に望ましくないような（たとえば，無条件の積極的関心を十分に保持できず，クライエントの言動にイラついたり，異議を唱えたくなるような）感情や考えがセラピストに浮かんだとしても，それをセラピスト自身が受け止めることのできる状態です。もう少し違った角度から表現をするならば，「自分自身が本心で思っていないことや感じていないことを口先だけで言わない」態度ともいえます。つまり，"自分の本心（経験）を意識し，それと矛盾しないでいられる自分でいるようにする"ことです。たとえば，相手がどのようにつらいのかを具体的にイメージもできていないのに，表面的に「つらかったよね。わかるよ……」と口先だけで言うのは，一致ができていない聴き方です。もし本心からイメージができていない場合には，「（みた感じでは）つらそうだね……ただ（自分の実感を伴う形では），どんな風につらいのかを私（セラピスト）はまだ十分に理解できていないように感じているので，もう少し具体的に聞かせてもらえるかな……」などと率直に話を続けます。そのうえで，相手のつらさが自分の実感としてわかってきた際に「○○という状況だったら，さぞつらかっただろうね……」と伝える方が，より自己一致を体現している態度になります。クライエントにとっても「セラピストが口先だけで言っている」「本心とは違うことを言っている」という思いを抱く関係性より，「セラピストがその人自身として，目の前にいてくれている（自身の経験に純粋でいてくれている）」「この人は本心から発言してくれている」と思える関係性を実感できてこそ，セラピストを信じ，安心して相談できるようになります。それとともに，クライエント自身が「私も自身の経験に純粋でいてよいし，素の思いも大事にしていいんだ」という感覚を養っていくきっかけにもなります。しかしながら，誤解を避けるために補足すると，自分が感じたことや思っていることを無配慮にクライエントに伝えればよいということではありません。たとえば，相手が傷つきそうな内容や言動を自分自身に感じた場合には，それらとどのように付き合うべきかを真剣に考える必要があります。そのうえで，クライエントのた

語句説明

一致
「congruence」の訳で，「自己一致」「純粋性」「純粋さ」と表現される場合もある。

プラスα

セラピー関係における一致
セラピストが自分の感じたことを歪曲せずにそのまま受け止めて，それを安心して体験できる一致した状態のことを「体験に開かれている」と表現することもある。セラピストは「セラピー関係のなかでその場，その時において自分自身であること（体験に開かれていること）」が大切とされる。

セラピスト自身の意見や感じることの伝え方の工夫
たとえば，「私は○○と感じたのですが……」という"私"を主語にした伝え方，「自分の理解がずれているかもしれないので，そうだったら教えてほしいのですが……」という前置きをしながらの伝え方，「私は○○と感じましたが，あなたの実感はどうですか？」という問いかけ形式にする伝え方など，「クライエントが自身の経験に開かれた態度でいられる」ようにするさまざまな工夫や配慮がなされる。

めに，もしくはクライエントと自分の関係のために伝えることに意義があると感じられた場合には，どのように伝えるべきかについて自分のなかで精査し相手に伝えていくことが望まれます。

④必要にして十分な条件のもつ意義

①〜③で紹介したクライエント中心療法が重要視した態度であろうとすることによって（そして，それにより体現される面接での関わりによって），「クライエントが，安心して自分のことを話し，相談できる受容的な関係性（を経験できる場）」を提供することができます。そして，こうした関係性を経験することは，クライエントにとって次のような意義があります。

（1）自分の"経験"を受け止めてもらえる場を通して，自分に生じる思いを「そう感じても構わないものなんだ」と受け入れやすくなるとともに，「自分の思い（経験）に関心をもって聴いてもらえるくらいに，自分は尊重され価値のある存在だと思ってもらえているんだ」と感じ，自分自身を認めやすくなります。

（2）「人に理解してもらえるものなんだ」と感じられることで，一人で抱えていたつらい気持ちが解きほぐされ，すっきりしたり気が楽になることや，「自分の気持ちを誰かに話しても大丈夫なんだ」と感じ，安心して相談することができるようになります。

（3）相談において，自分の思いを伝え，受け止めてもらえる経験のなかで，自分の思いやこれまでの経験に丁寧に向き合い，それを実感したり，整理したりしながら，多面的な自分の思いやそのなかでみえなくなっていた気持ちに気づきやすくなります。

（4）「どのようにしていきたいのか」「何をしていけばいいのか」について自分のなかで感じたり，考えていく余地も生まれていきます。こうしたプロセスを経ることで，自分の"経験"と"自己概念"との間にどのようなギャップがあり，どのように埋めていきたいのか（どのように自分らしさを大切にし，発揮し，過ごしていきたいのか）が明確化されていきます。

そして必要性があれば，（5）今陥っている不適応状態に対する具体的な解決策も（相談のなかで）自分自身で見つけていくことがしやすくなります。

3 人間性アプローチの多様な展開とその特徴

次に，クライエント中心療法とは異なる代表的な人間性アプローチとして，フォーカシング，ロゴセラピー，ゲシュタルト療法を取り上げます。また，人間性アプローチの発展形の一つとして感情焦点化療法についても紹介します。

プラスα
技法よりも態度を大切に
クライエント中心療法の技法（面接での関わり）としては，「非指示的応答」が有名である。具体的には「ありのままの受容」を行い，クライエントの話に対して「表現内容の繰り返し」をしながら，クライエントの「感情の反射」を行い，クライエントの体験を「明確化」していくことがあげられる。しかし，ロジャーズ自身は，これらを技法として「使う」ものではなく，あくまで3つの態度の結果として体現されるものと位置づけていた。

クライエント中心療法を含めた，これらの人間性アプローチに位置づく心理療法の共通点の1つに「クライエントの"今・ここ"での主観的体験」を大切にする点が挙げられますが，それぞれ着眼点は異なります。そこで着眼点の違いから人間性アプローチの多様性を理解してもらうとともに，それぞれの特徴・基本的な理論・援用される代表的な支援技法について学びます。

1　フォーカシング

①フォーカシングの特徴

　フォーカシングは，ユージン・ジェンドリンが提唱したアプローチです。ジェンドリンは，ロジャーズから心理療法を学び，その研究チームに加わることで，クライエント中心療法の発展に貢献しました。その過程において，「体験と象徴（言葉・概念）の関係」に関心を抱き，クライエント中心療法の発想をベースにしながらも，ロジャーズとは別の視点からフォーカシングという技法を開発し，新しいアプローチを発展させていきました。

②フォーカシングの基本的理論

　関係性を育むために必要なセラピストの態度に言及した点からみてロジャーズが"セラピスト目線"であったのに対して，ジェンドリンは"クライエント目線"で，関係性が育まれるなかで生じるクライエントの体験に着目しました。すなわち，自己実現に向かう良質な面接では，クライエントが自分自身の実感（感じていることや考えていること）を十分に味わえており，それを（何度も言い直しながらも）表現していくことができている点に着目しました。そして，そうした面接場面で経験されるクライエントの内的プロセスを体験過程として理論化し，それを実現していく技法を「フォーカシング」と名付けました。

③フォーカシングの支援技法

　人は自分自身が感じていることであっても，まだ十分には体験しきれておらず，言葉や概念になっていないことがあります。たとえば，誰かの発言を聞いて，「なんか嫌な感じがするけれど……でも，なんでそう感じるのかまではうまく言葉にならない」といった経験をしたこともあるでしょう。フォーカシングでは，この「まだ十分に言葉になっていないながらも，そこに感じられた感覚」を「フェルトセンス」と呼び，自分の体験を理解する足掛かりとして重視していきます。具体的にはまず，フェルトセンスに注意を向け，そのフェルトセンスをそのままじっくり味わっていきます。そして，その感覚に伴うイメージやそこに感じられる意味を味わいながら，今感じられているフェルトセンスに「ぴったりの言葉（表現）」が見つかるのを待ちます。もしまだ十分に表現できていない感じがしたら，別の言葉（表現）とも照合しながらよりぴったりするものを味わい，探していくことを試みます。こうしたプロセスを経ることで，自分の体験（自分が言語化・意識化しきれていなかったものの，実は感じてい

プラスα

フォーカシング指向心理療法
クライエントがフォーカシングできていることを大切にしながら臨床活用していく面接を，総称して「フォーカシング指向心理療法」と呼ぶ。

たことや思っていたこと）を十分に実感できるようになり，自己理解がすすんでいきます。

さらに時には，自分の体験を十分に味わえてうまく言語化できることで，その体験自体の意味も変化していくこともあります。たとえば，理不尽な言い方で注意をされた際に，「不快だ」と感じてはいるものの「不快な理由を言語化できずに，自分全体がもやもやして混乱している状況」のクライエントがいるとします。フォーカシングを経て混乱している心境を十分に言語化できた場合，「自分はあの理不尽で一方的な言い方に納得できなくて，今回はもやもやしていたんだな……。ただ，あの言い方にはむかついたけれど，内容としては自分に役立つこともあるから，その点は自分の改善点として受け止めることもできるかな。とはいえ，やはりあの理不尽な言い方やこちらの事情を聴かない形での決めつけは不快でやめてほしいから，もしまたそういう言い方をされたら「その言い方はやめてほしい」と伝えることにしようかな」などと，「不快さ」の整理がつくとともに混乱も収まり冷静な自分を取り戻せる（それによって必要な対処もとりやすくなる）などの変化もあり得ます。

2 ロゴセラピー

①ロゴセラピーの特徴

ロゴセラピーは，ヴィクトール・フランクルが提唱した心理療法で，実存的心理療法*の一つとしても位置づけられています。ロゴセラピーが強調するのは，人間のもつ“精神（ロゴス）”の力とその影響（意義）です。ロゴセラピーが想定している“精神”とは，心身の状態や環境がどのような状況であっても，そこに（自らの人生に）意味を見出そうとしていける力や，自らの責任で意思決定していくことのできる力を指しています。ロゴセラピーでは人のもつこうした“精神”の力に着目します。そのため，たとえば不安症などのいわゆる神経症に対しては，問題維持における心身の機能と，それらとは異なる（それらからは超越したものとしての）“精神”を分けて理論化し，問題を打破する介入法を精緻化・提供していきました。また，ロゴセラピーはその特徴から，神経症などの不適応状態だけでなく，人間が自分の人生を模索するなかで向き合う「実存的空虚」や「実存的問い」なども主な支援対象の一つに位置づけ，「自分の人生とそれを生きる意味についての問い」に向き合っていこうとしている人々を支援していきました。

②ロゴセラピーの基本的理論

ロゴセラピーでは，（どのような状況にあっても）人間を「自由によって自分を決定していく実存」であると考えます。また，人間を心身の 2 元に還元することに反対し，身体と心と（それらから超越できるものとしての）精神の 3 つの次元を想定しています。人間や人間が抱える問題とは，こうした 3 つの次

語句説明
実存的心理療法
実存的心理療法の中心概念は人間が有する「自由，意思，選択」とされている。フランクルは，ナチスの強制収容所における自分自身の体験やそこにいた人との経験を踏まえ，「どのような場面であっても，生きる意味を見出すことのできる意思（精神）の力」を人間特有のものであると考え，理論を精緻化していった。

元によって構成されるものであり，それらは相互に関連をしながらも，一方で，精神は身体と心から超越できるものであり，精神によって自由な選択と決断ができるところに人間特有の実存的なあり方があると考えます。そのため，こうした精神の働きにより，人間は自らがおかれている環境や問題から超越し，自己自身を客観視したり，制約された自分自身に対しても距離を保つことができ，自分なりの意味を見出していくことができる（問題を乗り越えていける）と考えました。

③ロゴセラピーの支援技法

ロゴセラピーの代表的な介入技法に，「逆説志向」や「脱反省」があります。「逆説志向」とは，本人が不安に思うことや恐れを抱いていることを（それが本人の問題を維持している場合に），自ら積極的に望んでみたり，行っていく技法です。たとえば，「今夜も眠れないのではないか……」と心配することで，実際に寝れなくなってしまっている不眠のクライエントの場合，逆説志向として「今日は寝れなくていい」「むしろ絶対に起きておくことにしよう」と考えてもらうようにすることで，「寝れなかったらどうしよう」という予期不安や心配から自分自身が距離をおくことできるようになります。また時に（一見，本来の目的とは逆のことを目指している）自分に笑えてくるという要素も影響して，結果的に覚醒が和らぎ，寝やすくなる効果が期待できます。

「脱反省」とは，反省から（それが本人の問題を維持している場合に）自らを距離をおく技術です。たとえば，自らの反省ぐせ（反芻）が抑うつの維持要因になっているような場合には，そこに拘泥せずに過ごせるよう支援することで，抑うつの改善が期待できます。なお，フランクルは，こうした技法を用いて，問題維持の悪循環にはまっている自分からも時に距離をおけたり，笑うことさえできる人間の“精神”の力（ユーモアなどを含めた精神のもつ自己超越性）を発揮していってもらうことで，クライエントの成長と問題の改善や克服を支援しました。

また，実存的な問いに対しては実存分析が用いられます。人間が有する「意味への意思（どのような状況であっても生きる意味を見出していくことのできる精神の力）」に注目し，その人固有の意味充足の可能性やその要求を満たすための価値を模索し，その人自らが生きる意味を発見していくことを支援します。

3　ゲシュタルト療法

①ゲシュタルト療法の特徴

ゲシュタルト療法とは，フレデリック・パールズとその同僚によって開発された心理療法です。クライエントの“今・ここ”における体験とそこでの「気づき」を重視するとともに，①精神と身体の調和（精神と身体は一元的なもので，人はそれらが統合された全体的な有機体であること）を強調し，②心理療法の対

プラスα

実存分析における問いの転換

実存分析においてフランクルは，クライエントが立脚しがちな「私は本当は何がしたいのだろう」という自分視点の問いだけではなく，「人生からの問い」という視点の重要性を指摘している。そのうえで，クライエントが「人生は，私に今，何をまっとうすること（乗り越えていくこと，身につけていくこと）を求めている（期待している）のだろうか」「私は，人生から今，何を課されているのだろうか」「人生は，私がどのような成長を遂げることを期待して，今現在の問題と対峙させているのだろうか」という人生からの問いに向き合いながら，自らの人生の意味を見出していくことを支えた。

象に「身体」を含めたこと，などもその特徴とされており，現代の心理療法が心身統合の立場をとるようになった源流の一つとされています。またこうした発想や後述する「エンプティ・チェア」などの介入技法は，その後，人間性アプローチの発展形の一つである感情焦点化療法（後述）や，異なるアプローチ法（認知行動療法の一つに位置づくスキーマ療法など）でも活用され，その有用性が広く認められています。

②ゲシュタルト療法の基本的理論

　ゲシュタルト療法では，人は自らに生じる欲求（どうしたいのか）を感じ，それを（自らの選択で）満たすプロセスを繰り返すなかに生きており，そうした体験を自分のものとして受けいれていると考えます。一方で，自分に生じている欲求が意識できていない，満たされていない，統合されたものとして経験できていない，といった「未解決の問題（未完了の体験）」を抱えている時（たとえば，自分のなかに生じている欲求が何なのかがいまいち意識できていない時，ある欲求を自分のものとして受けいれられていない時やみないようにしている時，複数の異なる欲求が混在していることで自分の欲求を把握できなくなっていたり，欲求充足の切り替えがスムーズに行えない時など）には，人は機能不全に陥ると考えました。そして，こうした未解決の問題は，クライエントの"今・ここ"での経験において表れると考えました。そのため"今・ここ"の経験にフォーカスし，外部領域（環境），中間領域（思考），内部領域（身体）への気づきを促すことで，人は自らに生じている（生じていた）欲求を意識化できたり，心身に元来備わっている自己調節機能を発揮していくことで，問題を乗り越えていくことができると考えました。たとえば，幼少期より親からの厳しいダメ出しを繰り返し経験することで，（親以外も含めた）人前で強い不安や胃の痛みを感じるようになり，人前に出られず困っているクライエントがいたとしましょう。そして，そのクライエントがセラピストに対してこの問題を相談しようとした際にも，不安や胃痛が経験されたとします。ゲシュタルト療法では，こうした場面で（過去のことを言葉で聞き出すこともちろんありますが，それ以上に）クライエントが"今・ここ（セラピストに相談しようとしている場面）"で感じている感情や身体感覚（例では，不安や胃痛）にフォーカスし，それをセラピーの題材にし，足掛かりにしながら，クライエント本人の抱えている未解決の問題やテーマについて気づきを促し，理解を深めていくことが重要だと考えます。

③ゲシュタルト療法の支援技法

　ゲシュタルト療法のなかで開発され，臨床技術としてしばしば用いられている代表的な支援技法の一つに「エンプティ・チェア」があります。いくつか代表的なやり方がありますが，ここではその一例を紹介します。

　2つの（空の）椅子を使った自己対話型のワークでは，自分自身の"今・ここ"の体験（その時生じている感情や身体感覚など）にフォーカスすることで，

プラスα

夢のワーク

ゲシュタルト療法で用いられる代表的な支援技法の１つに「夢のワーク」もある。このワークでは，夢に登場する人物，動物，物はすべて自分の一部を表すモノとしてとらえ，登場したモノが何を意味しているのか（自分のどのような欲求や思いを担ったモノなのか）に気づくためのワークを行う。具体的には，クライエントに「夢に登場したモノ」を演じてもらう方法が用いられる。クライエントはそのモノになりきり，その際に感じる身体感覚や気持ちや欲求を感じ，表現することで，自分自身のなかにあった欲求や気持ちに気づくことができるようになる。

未解決になっている問題（たとえば現在の意識から切り離して，経験できなくなっていたり，気づけなくなっていて，問題維持に寄与している欲求（考えや感情など））を十分に経験してもらい，気づきを促します。たとえば，上述の「幼少期より親からの厳しいダメ出しを経験したせいで，人前で不安や胃痛が生じるクライエント」であれば，「胃の痛み」を題材にエンプティ・チェアのワークをすることが可能です。その場合，一方の椅子にはクライエント自身が座り，もう一方の椅子には擬人化した「（クライエントの一部である）胃の痛み」に座ってもらいます。そして，まずは「（普段の）自分自身」として，（擬人化した胃の痛みが座っている体で）もう一方の空の椅子に向かって「あなたはどうしてそんなに痛みを経験しているの？」と声をかけてもらいます。そのあと，もう一方の椅子に座り直して，今度は擬人化した「胃の痛み」自身として，その質問に答えてもらい，「胃の痛み」が感じているつらさや伝えたい思いを，（自分自身が座っていると想定している）もう一方の空の椅子に向かって喋ってもらいます。こうしたプロセスを繰り返すことで，擬人化した胃の痛みとしての発言から，「人からまたダメ出しされるのではと怖いんだよ……」「自分が無能な存在のように思えてきちゃうから……」「本当は人に自分のことを認めてほしいのに……」「でも，これまで無駄だったように，認めてほしいと伝えたって，きっと誰も自分のことを認めてなんてくれないんじゃないかと思うんだ……だったら，認めてほしいという気持ちなんて感じないほうがまだ気が楽だし，人との関係なんてできるだけ避けたほうがまだ救われる気がするんだよ……」などという「心の声（感情や考えや欲求）」を実感していけるかもしれません。

　このようにして，セラピストとの面接場面で生じた胃の痛み（身体感覚）を題材に，その痛みを演じ実感することを通じて，自分自身の心のなかにあるもののみないようにしていた欲求に気づいていくことができ，これまで満たされずに「未解決の問題」として残っていた「親との関係に対する本人の欲求（本当はこうしてほしい／こうしてほしくない，自分は親にこう接したいなど）」にも向き合えるようになるかもしれません。このようにエンプティ・チェアを用いることで，クライエントは，①内面世界の外在化が行いやすくなり，②部分的（時に両極的）な経験から全体性への移行が支えられ，③葛藤の対話を通して，④統合がなされていく，というプロセスが促され，未解決の問題に向き合い，それを乗り越えやすくなると考えられています。

4　その後の発展：感情焦点化療法

　人間性アプローチのその後の発展形の一つに，レスリー・グリーンバーグが開発した**感情焦点化療法**があります。これは感情にフォーカスした統合的な心理療法とされ，感情にまつわる基礎的研究の知見やエビデンスも重視しながら

プラスα

感情焦点化療法における機能不全の理解と介入

感情焦点化療法では，現在の健康な機能への障害は，問題の体験時に関連する感情スキーマが機能不全であることによって起こっていると考える。そのため，その機能不全の典型例ごとに面接時にみられる「指標」と介入のポイントが整理されており，セラピストは瞬間ごとに変化するクライエントの状態と感情処理過程に気を配りながら，クライエントの変化を支えていくことが求められる。

発展を遂げている点に特徴があります。治療関係においては，クライエント中心療法をベースにしながら共感的にクライエントの主観的体験に波長を合わせ，クライエントの感じ方・考え方を尊重し，肯定することを重視していきます。あわせて，フォーカシングやゲシュタルト療法が発展させたエンプティ・チェアなどの積極的な技法も用いることで，個々の問題（たとえば，過去の喪失，見捨てられ体験，挫折，葛藤，恥，自己批判などのテーマ）を抱えるクライエントに対する有益な感情処理や修正感情体験を促進することを目的としたアプローチ法です。効果研究では，うつ，複雑性トラウマ，カップル療法などに対するエビデンスも確認されています。このように人間性アプローチは現在も発展を遂げており，エビデンスを得ながらさまざまな研究知見やその他のアプローチ法との比較や統合がすすめられるとともに，心理療法の統合的なアプローチの主要な軸として，その理論と臨床技術の精緻化がすすめられています。

考えてみよう

最近，あなたが自分のことを誰かに相談したシチュエーションをいくつか思い起こしてみよう。「安心して自分のことを相談できた」「この人に相談してよかった」と思えた場合もあれば，なかには「この人に相談しても意味がなかった。むしろ逆に嫌な気持ちになってしまった」と感じるような場合もあったでしょう。この違いがなぜ起こったのか（相談相手の態度や聴き方にどのような違いがあったのか）を，クライエント中心療法やその他の人間性アプローチの発想と技術から分析してみましょう。

🪶 本章のキーワードのまとめ

人間性アプローチ	人を「一人ひとり異なった個別的な存在」として理解し、「個々のもつ自己実現傾向と資質」を尊重する心理療法の総称。
クライエント中心療法	ロジャーズが提唱した人間性アプローチを代表する心理療法。個々のクライエントの自己実現傾向と資質を活かすための「関係性」や、その関係性を育むための「セラピストの態度（あり方）」について探究した。
必要にして十分な条件	クライエント中心療法の知見としてまとめられたセラピストがもつべき3つの態度。この態度を保持することができれば、関係性が育まれ、それを土台にしながらクライエントは自らの資質を発揮し、必要な変化を遂げていくことができると考えた。
無条件の積極的関心（肯定的配慮）	必要にして十分な条件の一つ。クライエントの体験しているあらゆる面を、聴き手の枠組みから「良い」－「悪い」と価値判断せず、どのような条件においても関心を示し、一貫してそのまま温かく受け止めようとすること。
共感的理解	必要にして十分な条件の一つ。あたかもクライエントその人のように、でも「あたかも」の感覚を決して失わずに、そして、感情的な構成要素と意味をもって、クライエントの内的照合枠を正確に経験すること。および、そのために必要なやりとりのプロセス。
一致（自己一致）	必要にして十分な条件の一つ。セラピストがクライエントとの関係のなかで"自分自身"であろうとする態度。
フォーカシング	ジェンドリンが提唱した人間性アプローチに位置づく臨床的概念およびその技法。「まだ十分に言葉になっていないながらも、そこに感じられた感覚（フェルトセンス）」を大切にしながら、自分の体験を理解し、臨床活用する手法。
ロゴセラピー	フランクルが提唱した人間性アプローチを代表する心理療法。人は自由と責任のもと、自己超越することが可能な精神（ロゴス）の力を有すると考え、その力を支えることで自らの人生に意味や価値を見出したり、心理的な症状とも距離をとって乗り越えることができると考えた。
ゲシュタルト療法	パールズが提唱した人間性アプローチを代表する心理療法。クライエントの"今・ここ"における体験とそこでの「気づき」を重視する。身体感覚を手がかりにしながら自らの欲求や感情のもつ意味に気づくことで、向き合うべき未解決の問題にアプローチできると考えた。
感情焦点化療法	グリーンバーグが提唱した人間性アプローチに位置づく心理療法。感情にフォーカスした統合的なアプローチ法で、エビデンスも支持されている。クライエント中心療法、フォーカシング、ゲシュタルト療法の知見や、感情に関する基礎的研究の知見を背景にもつ。
自己実現傾向	マズローが提唱した欲求階層説に基づく「自分の持つ資質や可能性を最大限活かしながら自分らしい生き方をしていこう」とする人のもつ高次の欲求（傾向性）。

第4章 精神力動理論に基づく支援：精神分析的心理療法

> 精神分析学から派生した精神力動理論の概念は，個人心理療法だけでなく，集団療法や家族支援においても応用されています。では，実際に力動的モデルに基づく支援をするにあたって，どのようなことを重視し，どのような観点やコミュニケーションによってクライアントの気持ちに共感し，対話をすすめていけばよいのでしょうか？　この章では，精神分析学の考え方や精神力動理論の基本的な概念について，そして子どもや成人に対する心理療法でのポイントを説明します。

1 治療構造の重要性

　精神力動理論とは力動的モデル，つまり，人の心は，無意識や前意識，意識の領域からなり，生物学的要因や環境要因のなかで葛藤しながら，さまざまな精神的エネルギーや力の相補的関係から微妙な均衡状態を保っているとする理論です。精神力動理論による心理療法は，一般に精神力動的心理療法といわれ，米国の自我心理学派が発展させた概念です。しかし，この章では精神分析学をベースにしている共通点があることから，英国の対象関係学派における心理療法も含めた説明をします。精神力動理論に基づく心理支援では，面接を始めるにあたり，治療の「枠組み」といわれる治療構造の設定が重要です。治療構造*（structure of psychotherapy）とは，面接の頻度・場所・日時・休みの期間・料金・部屋の構造も含めたものです。精神力動理論では，同じ曜日・同じ時間・同じ面接場所を設定して面接を行うことが望ましいとされていますが，なぜそのような枠組みが重要なのでしょうか？　それは，そういった枠組みこそがクライアントのパーソナリティと心の骨格を作り上げるからです。セッションの日時を含めた枠組みを継続することは，クライアントの欲求や自己感覚が外的・内的な要因で安易に崩され損なわれることなく，枠組みの中で必ずセラピストに会い対話できることを保証します。つまり，一貫性をもったクライアントの自己の成長を促すことを意味します。そのためにはセラピストが治療構造を守ることが重要です。

1 子どものプレイセラピーにおける治療構造

　初学者にとって，最初に担当するケースが幼児や児童であることは，決して

語句説明

治療構造
フロイトは治療過程をチェスのゲームに喩えており，ゲームにルールがあるように，クライアントとセラピスト相互の取り決めが必要だとしている。治療契約もそのうちの一つである。部屋・カウチ（椅子）・面接の頻度・料金設定・守秘義務・身体的接触をしないことは外的な治療構造である。一方，セラピストが自由連想法を用いること，非評価的態度をとること，禁欲原則，中立的態度をとること，無意識的過程の解釈を行うことは内的な治療構造とされる（小此木，1990）。

参照
遊戯療法
→12章

少なくありません。子どもを対象とした治療では，プレイセラピー（遊戯療法）が選択されます。子どもは大人のように心の機微を言葉で伝えるよりも，遊具を介した遊びや描画などで，心のなかの葛藤，幻想を表現するからです。プレイルームに用意した遊具を介した遊びやセラピストとのコミュニケーションから，子どもの心の様相を丁寧に読み取り気持ちを拾い上げることで，子どもの自己理解を促進し成長を促すのです。そのため，子どもの発した言葉だけでなく，めまぐるしく展開する動きや表現内容から子どもの無意識と意識のレベル，病理性と健全性，コミュニケーションの質，転移を読み解き，なおかつ子どもにわかる言葉でセラピスト側の理解した内容を伝えなくてはなりません。しかも，セラピスト側の心の動きも逆転移として自覚的に振り返りつつの作業です。子どもの表現する遊びに含まれる幻想/空想（Phantasy/Fantasy）を理解するためには，幻想/空想を引き出し得るような遊具を用いる必要があります。無論，治療構造への配慮が必要不可欠です。

①プレイセラピーでの子どもとの関わり

　精神力動理論におけるプレイセラピーでは，環境と子どもの相互作用を大切にし，セラピストと子どもがともに遊ぶというスタイルが奨励されます。対象関係学派では，子どもの象徴的な遊びの展開を定点観察のように見守り，空想や転移の状態，対象関係の質と内容を観察して拾い上げて解釈する，という作業となります。また自閉スペクトラム症（autism spectrum disorder：ASD）などの発達障害の子どもに対しては，「ともに遊ぶ，一緒に遊ぶ，声をかける」というセラピストからの「呼びかけ」（リクラメーション；reclamation）があってこそ，子どもの心が呼び覚まされ，呼応し，生きた健全なコミュニケーションを引き出し得ると考えられています（Alvarez, 2012/2017）。

②遊具の選択と設定

　プレイルームに設置する遊具は，沢山の種類があり多ければよいというわけではありません（鵜飼，2010；平井，2015）。ただし，日本においてはセラピストも組織のなかで働いている現実があります。既存のプレイルームの設置を生かしつつ，子どもの幻想/空想が豊かに展開され，穏やかなまとまりが生み出され，成長を促進するような遊具を選定してもよいでしょう。アセスメントの段階では，子どもが描画できるようなら，その描画内容から無意識のメッセージを読み取ることもできます。たとえば，バウムテストや人物画，動物家族画を描いてもらうことで，子どものアセスメントを行う方法もあります（木部，2019；井口，2019）。ほかにも，セラピストとクライアントの子どもによる相互のぐるぐる描きのことをスクイグル（Squiggle game）といいますが，子どもの描画への意欲が高まれば，次の事例のようにスクイグルから子どもの心を読み取ることもできます。

プラスα

幻想/空想（Phantasy/Fantasy）

精神分析学においてはPhantasyとFantasyの2つの表記がある。クライン派はPhantasyを用いて自我心理学派はFantasyを用いることが多いといわれている。より本能や無意識の影響を受けた具象的で身体的なものがPhantasyであり，白昼夢や意識に近い体験をFantasyととらえる見方がある。

呼びかけ（リクラメーション）

再生という意味であり，アルバレズ（Alvarez, A.）が提唱した用語である。呼び覚ますという意味でもある。母親が乳児に目を開かせて生き生きとした喜びをもたらすために呼びかけ，注意を引こうとするような働きかけを指す。

スクイグル

ウィニコット（Winnicott, D.）が導入した技法であり，クライエントあるいはセラピストが最初に描線を描き，もう一方が，何にみえるかを想像して絵を完成させる。そしてあらたに描線を描いて返すという相互のやりとりが繰り返される。描画からはクライアントの葛藤や不安の要素を読み取ることができる。

| 事例 1 | 眠っている蜂を描いた冬人君 |

　家で暴れ，幼稚園のお友だちに対しても粗暴であることを理由に来談した冬人君は，プレイルームで，レゴブロックやミニチュアの飛行機をつかって，宇宙基地を敵が大規模に襲う戦争ごっこを展開しました。半ば興奮気味に鼻歌をうたいながら，爆撃と破壊遊びを繰り返していきます。「冬人君，またやられて破壊されたよ。大丈夫かな，助けはこないのかな？」と伝えると，援軍がやってくるのですが，再び爆撃が繰り返されるのでした。続いて，セラピストが描いたスクイグル（描線）を冬人君は蝶々のモンスターにかえたあと，今度は「これは眠っているのだ！」と言い放ち，今度は冬人君が画用紙に大きな蜂の顔を描き，その横に ZZZ という文字を書き入れました。寝息の意味だろうとセラピストは理解しました。〈いったい何を眠らせたいのか？　誰が眠ってしまうのだろうか？〉とセラピストは考えました。冬人君はプレイルームのなかでは自己中心的で横柄な態度でセラピストに接していたのですが，ひとたびプレイルームを出るとセラピストの背中にとびつき，おんぶをせがむのでした。

　実は，冬人君と母親は父親から暴言を吐かれていました。また母親は，以前からそのことでうつ状態になって寝込んでしまうことが後でわかりました。冬人君は絶望的になり寝込んでしまう母親と攻撃的な父親の両方を，蜂として描いたのかもしれませんし，情緒的な衝撃を眠らせておきたい，つまり避けて実感しないようにしたいのかもしれません。冬人君が展開していた爆撃遊びは，家族のコミュニケーションに存在する一方的な暴力性を意味しており，母親や父親からのケアを引き出したい気持ちや頼りたい気持ちが，セラピストにおんぶをせがむ，という行動に駆り立てたのだと考えられます。

プラスα

コンテイナー（Container）・コンテインド（Contained）モデル

ビオン（Bion, W.）が提唱した概念モデル。コンテイナーは包みこむもの，心の器を意味し，コンテインドは包み込まれるものを意味する。乳児と母親との交流を通して，乳児はさまざまな情緒を母親に抱えられ，意味を付与され，伝え返される。それにより，乳児の心にも，さまざまな情緒的体験を抱え，実感することができる心の器が育つ。コンテイナーは心の器でもあり，容器でもあるので，セッションにおいてはセラピストや専用の箱だけでなく，プレイルームそのものもコンテイナーの役割をもつ。

自閉的な殻

自閉症の子どもは出産時に早すぎる母子分離体験に暴露されることになる。その痛烈な体験から心を守るため，そしてブラックホール破局から心を守るため母胎内に留まり続けようとして，心にバリアーのごとく自閉的な殻をまとうと考えられている。

　プレイセラピーを導入することが決まったら，プレイルームにすでに設置されている遊具の何を共有遊具として使い，場合によっては撤去するのか，その子に相応しい遊具で新しく必要なものは何かを考えます。遊具は象徴的な表現を促し，より健全な経路で情緒を表現し創造的な活動につながる可能性をもつものが望ましいからです。そして，その子専用の箱を用意し，そのなかに折り紙・ハサミ・のり・画用紙・クレヨン・鉛筆・セロテープ・柔らかい粘土・人形（家族・動物など）を入れておきます。専用の箱はセッションで子どもが作成したものをその都度保管し入れておくようにすれば，作品を保護し後で子どももセラピストも確認できます。箱のなかが一杯になれば，折をみて整理整頓します。箱は，心の器を育てる構造上の器であるコンテイナー（Container）の機能をもつわけです。

③発達障害の子どもに対するプレイセラピー

　タスティン（Tustin, 1972, 1981）は，観察を主体としたセラピストが受動的な立場をとる従来のクライン派のプレイセラピーのあり方が，感覚運動的な興奮が強くカプセル化された心の中にいて，情緒的な触れ合いが困難な自閉スペクトラム症の子どもの治療には限界があると考えました。自閉的な殻を守りつつもセラピストが能動的であることが相応しいとし，技法の変法を試みました（表4-1）。

表4-1　タスティンの自閉スペクトラム症児への技法の修正ポイント

自閉スペクトラム症の治療に相応しい治療者の姿勢の一部
①わかりやすい社会的な習慣の挨拶（こんにちは，さようなら）を毎回行う。
②セッションの開始時間や終了時間を守り，終了時は遊具を片付ける作業を行う。
③治療者は通常の子どもの心理療法よりも能動的にふるまい，身体的接触もありうる。
④しかし，③については，甘やかしではなく節度のある教育的な治療的態度であること。
⑤子どもは冷静で落ち着いた様子なので，外側から見えにくい子どもの強大な恐怖のブラックホール破局に触れ，理解すること。
⑥子どもは自他融合している認識の状態なので，自他の区別を徐々に理解することを目指す。

出所：Tustin, 1981

　生きたコミュニケーションを促す優しくゆるぎない態度を，セラピストが一貫して保つことで，子どもは心の殻を放棄して，心の核に置きかわると考えられています（Symington, 1993/2007）。付着同一化と表面的で事象的，機械的なこだわりから，経験と気持ちに根差した思考や想像力の広がりのある交流に向かうよう支援するのです。

　一方注意欠如・多動症（attention-deficit hyperactivity disorder：ADHD）のように多動傾向が強く，遊びに集中せず落ち着くことのない子どもの場合は，身体感覚と情緒との境界がなく，情緒を言葉ではなく，身体の動きで発散していることがあります。行動で表現されている多様な情緒を，侵入的にならないように言葉で伝え，意味を与える作業を根気よく続けることが必要です。セラピスト自身がコンテイナーとして機能し，子どもの行動や情緒を抱え，子どもにわかるように伝え返すことを通し，子どもの心のなかにも情緒が保持され圧倒されずに，やがて実感されていくでしょう。セラピストは，万能的な幻想や行動（遊具やセラピストへの言動も含む）を受けとめつつ，己の限界や現実を子どもが悟っていく体験を導く役割をとり，健全な子どもらしさと，理性的な大人の自我の機能を育てるのです。これは，被虐待児の治療においても同様です。

2　思春期以降の言語を介した心理療法における治療構造

　言語面接での治療構造は，シンプルで秘密が守られ，セラピストとクライア

プラスα

ブラックホール破局

タスティン（Tustin, F.）は自閉症の子どもにとって，出産時の経験がその特殊な感覚世界をもつ故に，著しい心的外傷体験となり得ると述べた。またその防衛として母子融合の自閉的な殻のなかに閉じこもったままの状態，すなわち出産前の母胎内融合の状態にあると考えた。しかし心理療法の進展や，なんらかの経験で心が成長することで，自他が分化した存在であることを悟るときに，母胎内から引き剝がされる，あるいは自己の身体が裂けてしまう破局的な恐怖を実感することになる。それは身体の一部分を喪失して心身ともにブラックホールのような闇の空洞が空いてしまう経験となってしまうので，このように名付けられた。

付着同一化

ジョセフ（Joseph, B.）が述べた概念。自閉症の子どもは，心が自閉的な殻をもつ故に，心の皮膚を通した浸透と保護機能をあわせもつ環境との相互交流が困難である。そのため，同一化過程も他者との相互の交流やその経験に基づいた同一化とはならず，外的な事象の表面・表層のみに同一化する傾向をもつ。それはまるで表面にくっつくかのようであるため，付着同一化という。

ント双方が安全な環境であることが何よりも優先されます。面接室は，小ぶりの机とソファーあるいは椅子があるだけでも十分といえます。医療機関で心理療法を受けていたクライアントは，セッション中，面接室にあった大きな観葉植物の鉢植えが，セラピストとクライアントの間に倒れてきたらどうしよう，と語りました。クライアントは母親からの愛情をきょうだいと争って育っていました。つまり鉢植えはきょうだいであり，セラピストと話をしている間に，きょうだいが邪魔しに割り込んでくることを植物に投影していたのです。このように，親やきょうだいとの関係のなかで生じた情緒や願望，欲求や空想が，日常生活においては他者に対して，あるいは心理療法においてはセラピストに向けられて，コミュニケーションとして現れるものを転移といいます。転移は，人だけではなく物にも向けられますので，子どもの場合には先述のプレイセラピーが治療技法となるのです。どのような転移が，今まさに起こっているのかを敏感に読み取るためにも，一貫した治療構造が必要なのです。心理療法をスタートする前には，治療構造を維持するためにクライアントとセラピストが守るべき約束事項（誓約書）を交わし治療契約を結びます。面接料金も治療構造の一つなので，一定であることが望ましいのです（表4-2参照）。

表4-2　誓約書に最低限必要な事項

- 遅刻の取り扱い。時間の延長はしないこと。
- 治療の頻度。曜日と時間と料金について。
- 生命が脅かされる自傷・他害の恐れがある場合には，心理療法を中止し，より適切な治療手段に変更すること。
- キャンセル料の取り扱い。無断キャンセル，前日キャンセルによるキャンセル料金について。
- 心理療法の終結について。あらかじめ取り決めておかず，クライアントとセラピストの双方から持ち寄って検討すること。

出所：松木，2005より一部改変

2 ｜ 精神分析的心理療法の技法

　言語を介した面接では，明確化・解釈・直面化の技法が用いられます。これらは，公認心理師や臨床心理士養成大学院の実習科目で習得するマイクロカウンセリング技法とも共通しています。表4-3にマイクロカウンセリング技法との対応を考えて示しています。

1 明確化・解釈・直面化

　明確化とは，クライアントが自由に語る内容について，そのクライアントの対象関係や外傷体験，転移関係を知ることができる重要な情報をより広く深く

表4-3　面接での技法とマイクロカウンセリング技法の対応表

技法	伝え方の例	対応するマイクロカウンセリング技法
明確化	○○さんは，朝起きて学校に行くことができないとき，どんなことを考えるのか，聞かせてくださいますか？	開かれた質問・閉ざされた質問・励まし技法
解釈	○○さんは，学校に行こうとするとお腹が痛くなりますね。それは心のつらい気持ちが腹痛となって身体に現れているのかもしれません。	言い換え技法・感情の反映技法・要約技法
直面化	○○さんは前の回に過去のつらい記憶を話したので，今日面接開始時間に遅れ，マスクもして身を守っているのでは？	積極技法

得るために，具体的に語ってもらうように促す技法です。

　解釈は，クライアントが意識し，あるいはおぼろげながら自覚していることについて，具体的に意味づけを与えてコメントすることです。クライアントの無意識の衝動や空想について意味を解明し，説明するもので，クライアントが気づいていること以上の意味づけを与えることもあります（Rycroft, 1968/1992）。クライアントの病態水準に応じて使い分けられ，通常は仮説として伝えられるべきものです。それ故に，セラピストはクライアントへの歪曲した理解をいかに防ぐかに細心の注意を払わなくてはいけません。断定的に伝えることは控えるほうがよいでしょう。

　直面化は，クライアントの意識には上っていない情緒や葛藤，また治療抵抗に関わる行動化やコミュニケーションが，明らかに治療の妨げになる場合に使われます。セラピスト側がクライアントに，自らの態度や行動はいったいどこから来るのかを考え，心の内面に注意や意識を向けられるように促すためのコメントです。

2　子どものプレイセラピーでの解釈のあり方

　子どものプレイセラピーにおける解釈について，アルバレズ（Alvarez, A）は，子どもの心の状態と，与える解釈の意味のタイプと解釈の文法について，表4-4のように説明しています。子どもにわかりやすい言葉で，セッションのなかで刻々と変わるクライアントの状態と特性に応じて使い分けることが肝要です。なお，表4-4の心の状態とは診断名ではなく，メンタリティという意味です（同一人物でも機嫌がよいとコミュニケーションが成立するときもあれば，荒れて会話すら成立しないこともある等の違い）。さらに，クライアントの成長と理解力に期待を寄せて解釈を行っているのか，解釈の伝え方のタイプが偏り過ぎていないかなど，セラピスト自身が振り返って検討する姿勢も必要です。

表4-4　解釈の意味と文法

解釈/意味のタイプ	理論と技法	解釈の文法	心の状態
説明，位置づける（別の意味を提供する）	フロイト/クライン	「今あなたが描いた女の子はあなたのことかもしれない，なぜなら同じ色のお洋服を着ているから」	筋道をよく理解し，過去と現在，未来の認識がある。
	願望，防衛，投影をクライアントに戻す		
記述する，名づける（意味を与える，拡げる）	ビオン/ウィニコット	「あなたと同じぐらい私に喜んでもらいたいのね，喜ぶべきなのね」	自他の区別があいまいになっている，強い情緒で混乱している。
	投影をコンテインする，取り入れを促進する		
命を与える（意味があることを主張する）	タスティン/アルバレズ	「おーい，こっち見て」「○○ちゃん，聞こえてますか？」	過集中や強いこだわりでコミュニケーションが閉ざされている。
	再生する，生成する，呼びかける		

出所：Alvarez, 2012/2017, p. 65 より抜粋，一部改変

3　グループ（集団）と家族の力動を考える

事例2　メンバーの心理が連鎖行動となった集団療法の一場面

　毎回10人程度のメンバーで行われている集団療法は，アルコール依存症などの問題をかかえる人たちで構成されていました。セッション開始時間となり，ファシリテーター役のセラピストが着席した時，すべてのメンバーが椅子に座って雑談や挨拶をしていました。すると，この日新しくメンバーになった春子さんが，眉間にしわを寄せて言い始めました。「何で椅子に座るの？　椅子に座らないで，ここの床に直接座って輪になって話をした方がいいじゃない？」。そして新入りの春子さんは，どかっと床に座ったのです。するとほかのメンバーも同調して全員床に座ってしまいました。もう何年も全員が椅子に座って集団療法を行ってきていたのにもかかわらず……。椅子に座ったままのセラピストは1人だけ排除されたような，強い緊張感と動揺に襲われました。気まずい場の雰囲気が漂います。セラピストの脳裏には〈主導権を奪われて，支配されてしまった〉という心細い気持ちと，〈1人排除されることは過酷な成育歴をもつメンバーに共通した経験かもしれない〉という考えが浮かびました。

　しかしそれを伝えるよりも，なぜこのようなことが起こったのか，春子さんの不安とメンバーの同調行動の意味を考えることを投げかけてみたらどうだろうか，と思いついたのです。セラピストは「春子さん，今日は初めてのご参加ですね。もしかしたら自分について皆の前で語ることが初めてなのでとても心細いと感じているのですか？　だから皆が自分の話を聞

語句説明

基底的想定グループ

軍医であったビオンは，その職場体験と集団療法の経験から，集団を1つの心のモデルとして理解しようと試み，集団のもつ破壊と創造性について，ワークグ

いて同じような気持ちになってほしいし，そう望んだのかもしれませんね。それはここにいる全員に共通している気持ちでしょうけれど」と言いました。すると春子さんは「いつも初対面の人たちには不安になります……。そういう場面になると，いつも何かしなければと思って，その場を自分が仕切ろうとするのです」と言って，椅子に座り直しました。すると残りのメンバー全員も椅子に座り直したのです。

春子さんの不安や心の課題は集団の各個人がもっている心理でもあります。グループの参加者全員が，自分の発言に同意し，聞いてくれることを望んでいたのでしょう。**ビオン**（Bion, 1961）はグループについて次のような**基底的想定グループ***という概念を述べました（表4-5参照）。これは家族や集団，組織を理解するうえでも役に立ちます。

表4-5　基底的想定グループとその特徴

基底的想定グループ名	集団でのコミュニケーションの特徴・状態
依存グループ	1人のメンバーが選ばれて絶対的な指導者としてみなされ，各成員に与える役割，提供する義務を担わされている。他の成員の責任と思考までも担う。
闘争・逃避グループ	仮想敵がつくられ，その敵（グループ内外を問わず）をめぐる闘争か逃避かによってグループが統一感と一体感を得ている。集まれば闘争になるので，闘争をさけるためにメンバーが脱落，欠席する。
ペアリング・グループ	性的な要素を帯びつつも，グループ内の男女とは限らない2人組が，何も根拠がないのに救世主として期待されている。だが何も新しい変化は生じない。

出所：Symington & Symington, 1996/2003 を参考に筆者作成

　グループ（集団）は2人以上から成りますので，クライアントとセラピストの2人が存在すればグループになります。家族もグループです。グループはワークグループ（work group）という，感情を包容し，考え，建設的なアイデアを生産し，個々の成員の考えを認めて尊重する心的活動（**α要素**と同義）を行います。しかし，同時にグループには3つの基底的想定グループという，愚かで，時に恐怖をもたらし，奇妙で破壊性を孕む性質が共存しています。3つのうち1つが現れている間，残りの2つはなりを潜めており，前駆心的システム*（**β要素**とほぼ同義）に追放されています。また，身体疾患や心身症は，ペアリング・グループや，闘争・逃避グループの性質を帯びたグループにおいて発生する可能性があるとビオンは考えました（Bion, 1961; Symington & Symington, 1996/2003）。前駆心的システムに追放されている依存グループの性質が，メンバーの誰かの身体的な病気となって現れ，ケアされる依存的な状態が生じるというのです。さらに，**メルツァー**ら（Meltzer & Harrris, 2013/

ループとこの基底的想定グループの性質を述べた。基底的想定グループには，依存グループ，闘争・逃避グループ，ペアリング・グループの3つが存在する。

プラスα

前駆心的システム

自覚されておらず，無意識にとどまり言葉にもなっていない領域であり，断片化した身体と感覚的な要素にすぎず，思考や象徴にも至っていない。そのため，身体の感覚や身体の病変としてその内容が現れる。近年はβ要素と記述されるようになっている。

語句説明

α要素・β要素

ビオンの提唱した概念。母親は記憶と経験をもとに，乳児のニーズと心情を推測して理解し，語りかけながらケアを提供する。母子のコミュニケーションを通して，乳児の心のなかに心の器（コンテイナー）が形成される。乳児にとってよくわからない不快で恐ろしい身体感覚印象（β要素）は，母親の乳児の感覚と情緒を読み取る機能，つまりα機能からの言葉かけ（例「眠いのかな？」「お腹がすいているからご機嫌ななめね」）により，意味が付与される。そうして感覚印象は，言葉で表現できるもの，思考できるものに変換されてα要素となる。α要素は象徴機能，思考の萌芽となる。

自己対象転移

自己心理学の立場のコフート（Kohut, H）が提唱した，自己愛性パーソナリティのクライアントに特有の性質の転移を指す。コフートは，子どもの夢や願望への養育者の共感力が不足していたために，自己愛の問題が生じると考えた。そこで，自己対象転移を求めるクライアントに共感することが重要とした。

理想化転移

クライアントが理想化している他者と関わりやつながりをもつことによって，自己が保たれている現象を指す。クライアントと理想化された他者との融合が生じており，現実的な自他の区別がついていない。

鏡転移

クライアントが重要視している活動や思考性を，キラキラと映し返してくれるよう他者に求める転移関係のこと。セラピストは，クライアントから確認や賞賛，承認を要求される。

双子転移

全く同じ考え，志向性，立場にある人たちを求め，それ以外の人を排除し他者にもそれを要求するという転移関係。クライアントはセラピストが自分と同じ感覚や感情に，100％に近い共感を求める。自他が融合した幻想の表れでもある。

2018）はこの考えを発展させて，家族のワークグループは，愛情を生み出すこと，希望を促進すること，心的な苦痛をコンテインすること，考えること，であると説明しています。家族は，ワークグループの機能が働いていればよいのですが，欺瞞や嘘があると各成員に対して思慮を欠いた排除や虐待的支配，反社会性を帯びた家族関係に傾く恐れが常に存在しています。

3 転移と逆転移をめぐって

1 さまざまな転移について

　転移には陽性転移と陰性転移とがありますが，その現れ方は多彩であることから，異なる名称で説明されることがあります。たとえば自己愛性パーソナリティ障害の人に特有の転移の現れ方としては，コフート（Kohut, 1984）の述べた**自己対象転移**があります（丸田，1992）。これは自己愛の病理によって自尊心が著しく傷ついたときに生じやすく，まとまりのある自己感に修復するために自己の理想化された部分対象（理想化された内的対象である親）が他者に投影されて生じる転移です。自己対象転移は，主に①理想化転移，②鏡転移，③双子転移，の3つに分かれています。現代社会は自己愛の時代といわれています。傷ついて未熟なままの自己愛から心の成長へと向かわせるために，何を重視するかは議論されています。自我心理学派ではクライアントの万能感や賞賛欲求に共感し，満たすことを重視します。一方，対象関係学派ではクライアントが無力感や惨めさ，恥の感覚を実感してもちこたえ，客観的視座と現実感覚の必要性に気づくことが目的となると主張しています（Symington, 1993/2007）。

　ほかにも，面接室を中心に，セラピストとクライアントとの関係性が現象のレベルで生じるインサイドアウト（inside-out）転移，アウトサイドイン（outside-in）転移があります（渡辺，2000）。インサイドアウトは，内側（面接室）から外へ（面接室外）という意味ですので，面接室内でのセラピストに向けられた過去の葛藤や情緒的体験を帯びた転移の性質が，社会のなかにおけるクライアントと他者との関係性に現れることを指します。たとえば，過去に母親から突き放され拒否された経験をもつクライアントは，セラピストのお正月休みの休暇に直面して，セラピストが母親のように自分を拒否して見捨てたと思うかもしれません。そのショックから，母親にされたように友だちからの誘いを拒否して家に閉じこもってしまったとすれば，それはインサイドアウト転移です。アウトサイドイン転移は，面接室外の空想や関係性が，面接室内に

持ち込まれる現象です。たとえば，不登校をめぐって両親と喧嘩をしたあと
ずっと口をきいていない思春期の中学生のクライアントが，初回面接でセラピ
ストが問いかけても全く口を開かなければ，セラピストを両親と重ね合わせた
アウトサイドイン転移であると考えます。

2　逆転移を使うことの重要性：セラピストの心を使う

　グリンバーグ（Grinberg, 1962）が述べた**投影―逆―同一化***という概念があ
ります。これは，クライアントからの大量の投影によって，セラピストがクラ
イアントの経験してきた情緒を同様に感じていることを意味します。たとえば，
父親から母親への DV を目の当たりにして育ったクライアントが，重苦しく
威圧的な態度でセラピストを見据えるので，セラピスト側が凍てつくような恐
怖を感じることがあったとします。そのようなセラピスト側が実感する情緒的
体験や態度を**逆転移**といいます。それはまぎれもなく，クライアントが経験し
てきた恐怖感そのものです。セラピストは，クライアントの生きてきた人生経
験について，逆転移を通して理解することができるのです。また，転移・逆転
移の両方の展開により，過去のクライアントと重要な他者（親や養育者）との
関係性が実際に再演されることをエナクトメント（enactment）といいます。
エナクトメントが生じた時，まず過去の外傷体験の状況と現在との区別をつけ
ることが必要となります。しかし，クライアントの年齢を問わず，重篤な心の
傷を負っているケースほど，現実と経験に基づく空想や思い込みとの区別がつ
きにくいものです。快・不快を問わず，情緒的な交流が交錯していくのが心理
治療でもありますので，セラピスト側は，スーパービジョンや教育分析を受け
ることが必要不可欠です。

4 ｜ 精神分析的心理療法を行うにあたって

1　中核葛藤テーマ，葛藤・人の三角形

　クライアントが語ることの「何」を明確化し，傾聴すれば，より内省が深ま
るのでしょうか？　それは豊かな経験値と五感を通した観察と聞く力によって
鉱脈を見つけるような作業です。その介入への試みと参考のためには，クライ
アントの中心となる葛藤のテーマ（**中核葛藤テーマ***）に焦点化することが重要
とされています。中核葛藤テーマを扱うには，メニンガー（Menninger,
1958）が提唱した 2 つの三角形を参考にするとよいでしょう（Malan, 1979/
1992）。

語句説明
投影―逆―同一化
主体をセラピスト側に
おいた用語である。ク
ライアントの心情がセ
ラピストに投影されて，
それにセラピストが同
一化することになるた
め，セラピスト側がか
つてのクライアント側
の心情となり，そして
クライアントがかつて
の養育者の立場である
かのようなコミュニ
ケーションが生じる。

語句説明
中核葛藤テーマ
人生において繰り返さ
れる中核的な葛藤であ
り，反復強迫（外傷体
験となる出来事が繰り
返されること）とも関
わる。中核的なもので
あるために，あらゆる
対人関係や環境におい
て繰り返される転移関
係のなかで見出される
テーマである。当然セ
ラピストとの間でも生
じる。

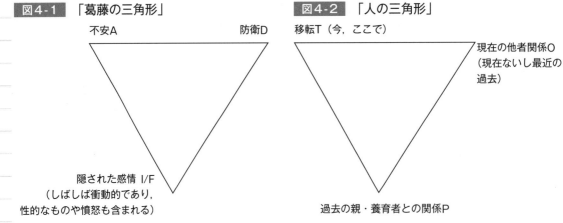

図4-1　「葛藤の三角形」

不安A　　　　　　　　　　　　防衛D

隠された感情 I/F
（しばしば衝動的であり，
性的なものや憤怒も含まれる）

出所：Malan, 1979/1992 を参考に筆者作成

図4-2　「人の三角形」

移転T（今，ここで）　　　　　　現在の他者関係O
（現在ないし最近の
過去）

過去の親・養育者との関係P

プラスα

**Here and now
解釈**

今ここでの解釈なので，通例としてはセラピストとクライアントの転移関係やコミュニケーション，不安や葛藤について解釈し，話題にして取り上げることを指す。PT 連結，OT 連結をして伝える。

**There and then
解釈**

あの時，そうだったからこうなった，という意味での解釈なので，主には PO 連結，PT 連結，POT 連結の解釈になる。

　1つめの「葛藤の三角形」（triangle of conflict）は，クライアントの語りを聞く順番の目安や，明確化と解釈をするときに考慮すべき事柄です（図4-1参照）。精神分析的心理療法の目的の一つは，外傷体験にまつわる潜在化した感情の内容を明らかにすることです。人は心的外傷体験や性的な衝動性，強い感情に圧倒された場合，それらを意識し実感すれば心のバランスが崩れてしまうので症状化すると考えられるからです。

　外傷体験や危機感，感情が明確に意識されていない場合，漠然とした不安（Anxiety）として自覚されることがあります。その不安を避けるための防衛（Defense mechanisms）が非合理的に働けば症状化します。そこで，防衛あるいは症状が何の不安や感情への対処として現れているのか，背景にどのような衝動や欲求，感情があるのかを考えるのです。また，セラピストは，3つの頂点のうち2つの関連，あるいは3つの関連について明確化したうえで，解釈を伝えます。

　もう一つの，「人の三角形」（triangle of person）（図4-2参照）の頂点は現在の他者関係（Other, 以下O），転移（Transference, 以下T），過去の親・養育者（Parent, 以下P）を意味しています。これらは上記の潜在化した感情や葛藤，転移感情が向けられる対象のことです。OTP に共通した葛藤があれば，それが中核葛藤テーマです。解釈は，三角形の頂点の2つないし3つを連結して行われます。他者に向けられた感情が，本来親との関係で経験された感情に基づく場合は O/P 連結，同様の感情がセラピストに対して向けられているならば O/T か P/T 連結で伝えられます。OTP をすべて含んだ解釈の場合もあります。

┌───┐

　事例3　　**亡き母親との関係を見つめ直した秋子さん**

　　秋子さんは，幼いころから母親の激しい情緒の波に翻弄され，弟をかば
いながら育ちました。中学生のときに，その母親がガンで亡くなり，秋子
さんは大きな悲しみと，病に気づかなかった罪悪感だけでなく，〈これで
母親に翻弄されなくてすむ〉という，少しほっとした気持ちになりました
（I/F）。その後，悲しい記憶を忘れるかのように，順調に高校・大学生活
を送っていました。しかしある時，親友が亡くなってしまったのです。秋
子さんはその後，うつ状態になってしまいました。秋子さんの初回面接の
後，心理師は次のように言いました。「あなたはお友だちが亡くなったこ
とで，お母様を亡くされたときと同じような気持ちになって混乱し，悲し
みを感じているのでしょう」（O/P）。すると秋子さんは「そうです。多
分母親への未整理の気持ちがあると思います」と答えました。

　　初回面接から半年たったころ，秋子さんは大学サークルの試合と練習を
理由にキャンセルと遅刻をしました。また，セラピストのコメントに対し
てやや見下すような笑みを浮かべるようになりました（I/F）。セラピス
トは次のように解釈をして伝えました。「以前のあなたは，お母さんが家
にいると激しい感情をぶつけられるので，お母さんとの接触を避けて，何
か言われたら心のなかで見下しながら表面的に受けながしてきたのですよ
ね。同じようなことが今ここで，私との間でも起きているのかもしれな
い」（P/T 連結と不安・防衛の解釈 here and now）。すると秋子さんは
しばしの沈黙ののち，「お母さんはいつも，私が部活動の練習でどうして
も帰宅が遅くなってしまうのに，何で帰ってこないのってすごい剣幕で
怒ってきた。自分は死にたいといって何度も家出したくせに。だから怒ら
れる度に，「何よ，そっちはどうなのよ？」と思っていた。最近，外出も
できて気持ちが落ち着いてきたから，カウンセリングも先生も必要ないか
なって思っていた。いなくてもいいって思った……お母さんみたいに」と
ぽろぽろ涙をこぼしながら言いました。そしてさらに，母親に関するさま
ざまな想い出とエピソードを語ったのでした。

└───┘

　　このように，クライアントにとって無理のない範囲で，転移や人間関係，複
雑な情緒について扱い，なぜ症状や不調に陥っているのかの気づきを得る手助
けを続けていきます。セッションを振り返って，もしも話題が「人の三角形」
の3つの頂点のうち，2つあるいは1つの頂点だけに偏っているとすれば，
何らかの治療の行き詰まりを意味している可能性がありますので，検討が必要
です。

2 　心理療法の初期・中期・後期

　心理療法開始直後には心理療法への期待と不安感が入り混じるものですが，クライアントのセラピストへの理想化が強い場合，何もかもが良くとらえられて症状が緩和することがあります。しかしこれは，一時的なものであり，症状や生きづらさの根本にある心のわだかまりが整理されたわけでもありませんし，心が豊かに成長を遂げたわけでもありません。クライアントによっては症状が一時的に消失したことを理由に，治療の終結を申し出てしまうこともあります。ですが，セラピストは慎重に判断しながら，クライアントが内面を探索し続けるように，力を注ぐことが肝要です。

　徐々にクライアントは，過去のつらい記憶や心の痛みについて，変えられるものもあれば変えられないものもあり，満たされるものと満たされぬものがあることを悟っていきます。中期には，転移関係の深まりによって治療が膠着状態に陥ってしまうような，深刻な課題が浮かび上がり無力感に打ちひしがれ，クライアントもセラピストも，ともにつらい時期となることがあります。しかしセラピストは根気強くクライアントの語りに耳を傾け，クライアントが安心して自由に語れる場を保障し続ける必要があります。そのなかで，クライアントは自己や世界へのとらえ方や認識，何が病理的で病理的でないのかの区別がつき，等身大の自己を理解することから心が成長を遂げ，過去から現在にわたる心の痛みや不安を自覚し，抱えられるようになります。そうしてしだいに症状がやわらげられ，心の強さを手に入れていくのです。

考えてみよう

　事例1にでてきた冬人君の主訴は，家で暴れ，幼稚園のお友だちに対しても粗暴であることでした。幼稚園で乱暴なのはどうしてなのでしょう？　また，初回面接ではセラピストに「いろいろ質問してくるなよ！」と言うため，セラピストは悲しい気持ちになりました。こうした場面では何が起きているのでしょうか？　また冬人君にどのようなコメントをすればよいでしょうか？

本章のキーワードのまとめ

精神力動理論	フロイトが述べた心の構造論（自我，超自我，エス）をもとに，エスと環境，超自我からの諸力の相補性や拮抗状態に対して，自我が心のバランスを保とうとする心の働きに着目した考え。米国の自我心理学派を中心に展開した理論である。
転移	クライアントが過去における重要な他者（多くは両親，家族）との間で経験したコミュニケーションや感情が，それ以外の他者に向けられるときの名称。空想・感情・態度・行動など，治療の中での現れ方は多様である。ポジティブ感情に基づく陽性転移とネガティブ感情による陰性転移に大きく分けられる。
自己対象転移	自己愛の病理を抱えている人にみられる転移状況。現実に即していない理想化した自己の一部を他者に投影した結果，生じる転移。また他者を自分の一部であるかのようにみなす。
逆転移	セラピスト側がクライアントに対して経験する空想・感情・態度・行動のことをいう。かつてフロイトは治療の妨げになると考えた。だがセラピーのなかで必然的に生じるものでもあり，クライアントの心情を理解するためにはセラピストが己の逆転移に留意することが必要である。
投影－逆－同一化	投影同一化（視）の一つの様相。大規模な投影がクライアントからセラピストに向けられるため，投影された情緒をセラピストが生々しく体験して同一化することになる現象。
中核葛藤テーマ	人生において繰り返される深刻な悩みの根源，中核となる葛藤のテーマ。親子間・家族間での心の葛藤が，転移状況から社会や治療場面でも同様に生じるので，その存在が明らかとなる。
タスティン (Tustin, F.)	クライン派の訓練を受けたのち，自閉症児の治療を通して，従来のクライン派の技法では治療の限界があることを悟り，独自の理論を展開した。ブラックホール破局，自閉対象などの概念を述べた。
ビオン (Bion, W.)	クライン派の精神分析家。グループ集団の無意識過程を論じただけでなく，乳児と母親の心の交流を基盤にしたコンテイナー・コンテインドモデル，グリッド等，画期的な理論を提唱したことで知られる。
基底的想定グループ	創造的な性質とともにグループ集団に常に存在する，愚かで破壊的な性質。このなかには，依存グループ，闘争・逃避グループ，ペアリング・グループがある。
α要素・β要素	α要素は，気づきや理解，意味を有している感覚体験である。β要素は恐ろしく不快でわけのわからない感覚印象である。母親のコンテイン能力によって，β要素はα要素に変形，変換される。
メルツァー (Meltzer, D.)	クライン派の精神分析家。提唱した精神分析過程や対象関係の次元性理論で著名だが，クラインとビオンの理論をもとに，コミュニティのなかに生きる家族と社会との相互作用によるパーソナリティ形成も論じている。

第 5 章

認知行動理論に基づく支援①：行動療法

> この章ではまず行動療法の特徴と，その特徴をもつに至った歴史・経緯について解説します。次に行動療法の基礎となるレスポンデント条件づけとオペラント条件づけの理論について理解するとともに，行動療法のケース・フォーミュレーションについて学びます。それらの理解のもとに，行動療法の考え方や理論から生まれた技法について学習していきます。

1 | 行動療法の概要

1 行動療法とは

　行動療法は，**認知行動理論**のうちの行動理論に基づき，個人と環境の関係を重視する心理療法です。単に行動を変えるだけではなく，個人と環境の関係が円滑になるよう支援します。また，セラピストがクライエントを治療するのではなく，クライエントの**セルフヘルプ**，すなわち周囲の協力を得ながらも，自身の問題を自分自身の力で解決・改善しようとする姿勢を援助するという性質をもちます。

2 行動療法の歴史

　精神分析にはフロイト（Freud, S.），森田療法には森田正馬といった創始者がいますが，行動療法には創始者がいません。行動療法は偉大な 1 人の先駆者によって創始されたのではなく，多くの研究者や実践家の貢献によって誕生し，現在も進歩し続けているのです。

　行動療法の歴史は，1900 年代の実験心理学研究とその哲学が原点になります。行動心理学者のワトソン（Watson, J. B.）は行動主義の立場に立ち，顕在的な行動とその環境に注目しました。そして，刺激と反応の関係を明らかにし，反応のコントロールを行う必要性を主張しました。

　このワトソンの登場から 1950 年代にかけて，オペラント条件づけ，レスポンデント条件づけ，連合学習理論などの多くの行動原理が，主には実験心理学者により明らかにされました。初期には動物を対象にしていた基礎研究の対象

プラスα

行動療法における環境

ここでいう環境には，物理的環境だけではなく，人間関係などの社会的環境も含まれる。

セルフヘルプを援助する

行動療法は，クライエントが自分自身の問題を解決する力を身につけることを手助けする。そのため，問題理解のための心理教育や技法を身につけるためのホームワークを重視する。

参照

森田療法
→13章

は，精神障害をもつ人へも広げられ，多くの知見が蓄積されたのです。そして，1950 年代から 60 年代にかけて，それらの知見を土台にした心理療法としての行動療法の基礎を整えたのです。その後，行動療法は急速な発展を遂げますが，臨床的応用を行ううえで参考となる膨大な知見がその発展を支えました。

　行動療法には 2 つの流れがあります。一方はイギリスと南アフリカで出現した連合学習理論の流れを汲む立場です。アイゼンク（Eysenck, H. J.）やウォルピ（Wolpe, J.）らにより，当時神経症と呼ばれた不安や抑うつの問題をもつ成人への支援方法が研究・実践されました。もう一方は，アメリカで発展したスキナー（Skinner, B. F.）のオペラント条件づけの流れを汲む立場です。この立場は応用行動分析とも呼ばれ，ベア（Baer, D. M.）をはじめとした研究者により，主に発達の問題を抱える児童への支援方法が研究・実践されました。

　さらに 1960 年代から 70 年代にかけて，エリス（Ellis, A.）やベック（Beck, A. T.），マイケンバウム（Meichenbaum, D.）といった，行動に加えて人の思考や考えを扱うことの重要性を主張する立場が現れ，行動療法は認知療法と合流する形で認知行動療法へとさらなる進歩を遂げたのです。

2 ｜ 行動療法の基礎理論

1 レスポンデント条件づけの理論

①条件づけの基礎

　条件反射で有名なパブロフの犬の実験（Pavlov, 1927）は，行動療法に深く関係しています。まずは図5-1をみてください。食べ物（実際の実験では肉粉）を口に入れれば唾液が出ます。この場合，食べ物は無条件刺激（Unconditioned stimulus; US）であり，特別な訓練をしていなくても唾液，すなわち無条件反応（Unconditioned response; UR）を引き出します。一方，メトロ

図5-1　レスポンデント条件づけの説明

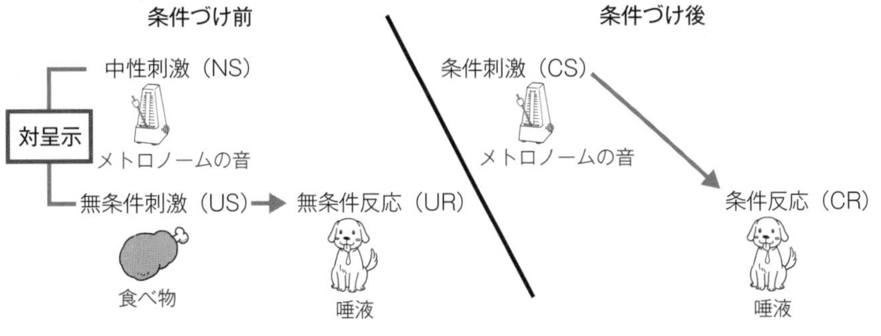

ノームの音は唾液分泌を引き起こさない中性刺激（Neutral stimulus; NS）です。食べ物を口に入れると唾液が出ますが，メトロノームの音を聞いても唾液が出ないのは当たり前の話です。では NS と US を対提示，すなわちメトロノームを聞かせながら食べ物を与えるとどうなるでしょう。メトロノームを聞きながらでも，食べ物が口に入るので唾液が出ます。ところが，この対提示を繰り返すと，メトロノームの音を聞いただけで唾液が出るようになるのです。この場合，メトロノームの音は条件刺激（Conditioned stimulus; CS），唾液は条件反応（Conditioned response; CR）となります。対提示により NS であったメトロノームの音は，US である食べ物と同じ機能をもつ CS となるのです。このような NS と US の対提示はレスポンデント条件づけ成立の重要な要件です。

　一方，条件づけ後に CS を単独提示し続ける，つまりメトロノームの音のみを聞かせ続けるとどうなるでしょう。最初は CR として唾液が分泌されますが，しだいに唾液が出てこなくなります。この現象をレスポンデント消去と呼びます。

②情動の条件づけ

　心理学的支援のテキストなのに，「なぜ犬の唾液について学ばなければならないのか」と思うかもしれません。しかし，この理論は，唾液の分泌だけではなく人の感情にも関係があります。それを理解するためにはアルバート坊やの実験（Watson & Rayner, 1920）について知る必要があります。

　生後 11 カ月のアルバート坊やにとって，白ねずみは怖くない，つまり中性刺激（NS）でした。一方，大きな音（US）により，怖いという情動（UR）が生じます。実験では坊やが白ねずみ（NS）をみている時に，大きな音（US）を立てることを繰り返し行いました。その結果，坊やは白ねずみをみただけで激しく泣き，逃げようとするようになりました。白ねずみが CS となり，恐怖反応（CR）を引き起こすようになったのです。つまり坊やは白ねずみ恐怖症になってしまったのです。

　このように，この実験では情動もレスポンデント条件づけの原理により条件づけ可能であることが示されたのです。

2　オペラント条件づけの理論

①行動の機能

　行動はその結果によって，将来それを行う頻度が増えたり減ったりします。このような行動はオペラント行動と呼ばれ「行動が生じた直後の環境の変化によってその頻度が変化する行動」と定義されています。私たちは行動の「形態」，すなわちどのようにみえるのかに注目しがちですが，行動療法では行動がどのような結果をもたらしているのか，という「機能」に注目をします。そ

プラスα

アルバート坊やの実験

このような実験は倫理的に問題があり，現在では行ってはならない。

プラスα

行動の機能

子どもが「嘘をつく」ことで親の注目を得ているとする。その場合，嘘をつく行動の機能は「親の注目」獲得になる。

図5-2　行動随伴性

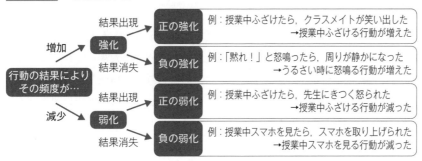

の行動は何のために行うのかという、「行動の目的」とも言い換えることができるでしょう。

②行動随伴性

　行動と結果の関係は行動随伴性と呼ばれ、図5-2のように分類されます。行動の結果により、その行動の頻度（あるいは強度や持続時間）が増加・維持することを**強化**、反対に頻度が減少することを弱化といいます。そして、行動の結果として出現することで行動を増加させる刺激を強化子、行動を減少させる刺激を弱化子と呼びます。さらに、行動の結果として強化子が出現することで行動が強化されることを正の強化、弱化子が消失することで行動が強化されることを負の強化と呼びます。一方、行動の結果として弱化子が出現し行動が弱化されることを正の弱化、強化子が消失することで行動が弱化されることを**負の弱化**と呼びます。

　行動しても環境の変化が生じないこともあります。このような事態をオペラント消去と呼び、いずれ行動頻度は減少します。ただし、消去の最初の段階では、むしろ一時的に行動の頻度や強度が増加します。この現象を消去バーストと呼びます。

3 ｜ 行動療法の進め方とケース・フォーミュレーション

　行動療法では、①クライエントについての情報を収集し（アセスメント）、②クライエントにとって変えるべき重要な行動を決定し（ターゲット行動の選定）、③その行動についてのさらなる情報を得たうえで（行動の測定）、④支援の方法を決定し実施する（支援方略の立案と実施）、という流れで支援を進めます。その詳細を次に説明します。

1 アセスメント

アセスメントでは問題や悩み，生育歴などクライエント本人や取り巻く状況等について聞き取ります。それ自体はほかの心理療法と大きく変わりません。しかし，臨床的に問題となる行動とそれに影響を与える環境との関係を探索する行動アセスメントを中心にアセスメントを行う点が，行動療法の特徴です。この手続きは間接アセスメントと直接アセスメントに分けられます。

間接アセスメントでは，主に面接によってクライエント本人や身近な人物から行動に関する情報を得ます。聞き取りを行う場合もありますし，クライエント本人に，問題となっている自身の行動や状況などについて観察・記録する**セルフモニタリング**をお願いすることもあります。主観的評価が含まれるため正確さに欠ける場合がありますが，短時間で幅広く情報を集めることができます。そのため，直接アセスメントで対象とする行動を絞り込むためにも使用されます。

直接アセスメントはクライエントの行動を直接観察し情報を得る方法です。行動の形態や頻度，強度等の行動そのものの観察・記録に加え，行動の前にどのようなきっかけがあったのか，行動した結果どのような変化が生じたのかを記録します。直接観察・記録するため，正確さの面で優れた方法です。

2 ターゲット行動の選定

アセスメントによってクライエントの問題を明確にし，変容すべきターゲット行動を決定します。しかし，クライエントの主訴が最初から行動として語られることはほとんどありません。セラピストはクライエントが語る主訴や問題を，具体的で観察可能なターゲット行動として明確化していく必要があります。ターゲット行動を決定する際には，次の点を考慮するとよいでしょう。

①具体的な行動を選ぶ

具体的なターゲット行動とは，「誰がそれをみても同じように判断できる」「いつそれをみても同じように判断できる」ように行動を定義することを指します。具体的にすることで，どのタイミングであっても一貫した対応をとることができるだけではなく，複数の関係者が関わって支援をする際に同じ対応をとることも可能になります。家族等の関係者の協力のもと介入を行う場合，あるいは多職種連携の際には支援の成否を分ける重要なステップです。

②クライエントの役に立つ行動を選ぶ

ターゲット行動はクライエントにとって役に立つ行動でなければなりません。役に立つというのは，社会的に重要な行動，個人の適応や生活の質を高める行動といいかえることができます。クーパーら（Cooper et al., 2007/2013）が参考になります。

プラスα

観察
セラピストがクライエントを観察する以外にも，家族や施設スタッフが観察する，あるいはクライエント自身が自分の行動を観察することがある。しかし，非専門家が観察するためには，観察・記録の方法について専門家からの丁寧な説明が必要になる。

具体的な行動
たとえばおもちゃ売り場で「わがままに振る舞う」ではあいまいな定義である。一方，「「おもちゃ買って」と10回以上言う」と定義すれば，誰でも，いつでも，同じように判断できる。

役に立つ行動
クライエント本人ではなく，家族や施設スタッフ等の支援者の希望で支援を始める場合，何を役立つとするかは慎重に考える必要がある。支援者の希望により本人に利益のない行動を選択したり，本人には役立つが支援者には利益のない行動を選択した場合，支援はうまくいかない。

③達成基準を決める

　支援をいつ終えるかを決めるために，ターゲット行動の達成基準を決める必要があります。達成基準がなければ，支援を延々と続けることになってしまいます。加えて，セラピストは十分な改善と思っていても，クライエントや関係者は支援に満足していないといった事態を避けるため，クライエントやその関係者との共同作業として行わなければなりません。また，支援の経過によっては達成基準を変更することがあるかもしれませんが，その際も共同作業が基本です。

　達成基準も具体的に定義します。「平日は毎日仕事に行く」「鍵の確認は 1 回まで」等，その行動の形態や回数等を明確に決定しましょう。

3　行動の測定

　クライエントの問題は，行動の過剰か不足として考えることができます (Kanfer & Saslow, 1969)。行動の過剰とは，頻度が高い，強度が強い，持続時間が長い，あるいは不適切な状況でその行動が生じるために問題とみなされる場合です。一方，行動の不足とは，頻度が低い，強度が弱い，持続時間が短い，あるいは適切な状況でその行動が生じないため問題とみなされる場合です (Ramnero & Törneke, 2008)。

　緊急を要する場合を除き，支援に先立って行動の測定を開始します。支援前の測定はベースライン測定と呼ばれ，支援前のターゲット行動の水準を明確にします。この測定によりターゲット行動に関する新たな情報が得られ，問題の深刻さを明らかにできます。また，支援に伴う行動の変化とベースラインを比較することで，支援の有効性を判断することも重要な目的です。

4　支援方略の立案と実施

　アセスメントやベースライン測定で得られた情報をもとに，環境と行動の関係を推測する機能的アセスメントを行います。この機能的アセスメントでは，行動とその行動に影響を与えている可能性がある前後の環境の変化を記述します。その際，図5-3のように ABC 分析表を用いて記述するとよいでしょう。A はきっかけ（Antecedent），B は行動（Behavior），C は結果（Consequence）を示します。

　たとえば，弟をいじめる行動が母親の注目によって維持されていると考えられる場合，環境の変化である母親の注目と，いじめ行動との関連が予想されます。なお，行動に影響を与える要因は 1 つとは限らず，図5-3のように複

> **プラスα**
> **行動測定**
> 行動の測定次元としては頻度（どれくらい行うのか），強度（どれくらい強く行うのか），持続時間（どれくらい続けるのか）等がある。

図5-3　ABC 分析表による機能的アセスメントの記述例

・母親はいるが注目していない ・弟がいる ・弟がおもちゃで遊んでいる	→	弟をいじめる	→	・母親の注目 ・弟の姿なし （泣いてどこかに行く） ・おもちゃを独り占めできる

数のきっかけや結果を想定できることもあります。

　機能的アセスメントをもとに，実際に環境を操作し行動に与える影響を確認する**機能分析**を行います。先ほどの例だと，いじめに対して母親が注目しない，あるいは弟と一緒に遊ぶなど弟をいじめる行動とは両立し得ない行動に注目するといった環境の変化を作り出します。そして，実際に行動の変化が生じた場合には，いじめ行動（あるいは一緒に遊ぶ行動）と母親の注目の間に機能的関係があるといえます。実際の支援においては，このような環境操作は支援や援助，介入と呼ばれます。

　機能分析によって環境とターゲット行動の機能的関係が確認できれば，十分な改善が認められるまでその支援を継続します。一方，機能的関係が確認できない場合，ほかの環境操作を導入してターゲット行動に影響を与える要因が明らかになるまで機能分析を続けます。行動と機能的関係にある環境変化がなかなかみつからない場合，直接アセスメントや間接アセスメントに戻り，さらなる情報を得る必要があります。

プラスα

機能分析
シングルケースデザインを用いることで，環境と行動の関係をより正確に判断することができる。

4 | 行動療法の技法

1 レスポンデント条件づけの理論に基づく支援

　レスポンデント条件づけの理論は，臨床場面では主として恐怖や不安を扱う基礎理論として活用されています。鈴木・神村（2005）の言葉を借りると，ここには「恐怖や不安を調整しながら積極性を獲得する技法」が含まれます。

①エクスポージャー法

　恐怖や不安とそれらの回避が問題となる不安症をはじめとした障害に対する支援の中心的役割を果たす技法です。この技法を理解するためには，恐怖・不安の学習過程を知る必要がありますが，マウラー（Mowrer, 1947）の2過程理論がこれを説明する理論としてよく知られています。

　2過程理論では恐怖や不安の獲得・維持には2段階あると考えます。最初のステップではレスポンデント条件づけのプロセスにより恐怖・不安が獲得されます。たとえば，ネコに噛まれたことでネコが怖くなる，といった例がこれに当たります。NSであるネコとUSである痛みが対呈示されることで，ネコがCSとなり，CRである不安を引き起こすのです。なお，上記のような直接の条件づけ以外にも，ほかの人がネコに噛まれているのをみること（代理学習），ネコは危険だとほかの人から聞くこと（他者からの情報）などによっても，この不安は獲得されます（詳細は Abramowitz et al., 2011）。

次のステップでは，オペラント条件づけにより回避行動が維持されます。先ほどの例だと，回避することで苦手なネコが目の前から消えますので，負の強化により回避行動の頻度が増えます。そして，ネコを避け続ける限りネコに慣れることはできず，ますますネコが苦手になっていくわけです。

では，この状態を改善するにはどうすればよいのでしょうか。レスポンデント条件づけの理論からは，ネコに噛まれないようにしながら，あえてネコに近づき，触ることで，ネコに慣れていく方法が考えられます。言い方を変えると，US を対呈示させることなく，CS を単独呈示し続けるレスポンデント消去を用いた方法といえるでしょう。実はこれが**エクスポージャー法**なのです。

エクスポージャー法は不適切な情動反応を起こす刺激に，危険を伴うことなく繰り返し持続的に直面し，その情動反応を消去する方法です。不安症や強迫症，PTSD をはじめとしたさまざまな障害に対する有効性が示されています。エクスポージャー法の進め方は次のようになります。

アセスメント：恐怖や不安のきっかけを明らかにします。きっかけは，高所，犬といった比較的わかりやすいものもあれば，教室かつクラスメイトがいる時といった複数の条件が重なる場合，あるいは心臓がドキドキするといった身体感覚，「飛行機が落ちるシーン」といったイメージなど，さまざまなタイプがあります。

同時に，不安や恐怖を回避するための対処行動である安全確保行動を見つけておく必要があります。クライエントは気がつかずに，あるいはむしろ良いこととして積極的に安全確保行動を行っていることが多いのですが，この行動はエクスポージャー法の効果を阻害することもわかっています。ここには恐怖対象からの回避といった明確な行動はもちろん，恐怖対象をみないようにするといった一見してわかりにくい行動，あるいは「大丈夫，問題は起きない」と自身に言い聞かせる等の内的な行動も含まれます。

心理教育：エクスポージャー法の実施前には，クライエントへの丁寧な説明が欠かせません。ここでは不安に直面する必要性や，安全確保行動の弊害などを伝えます。それと同時に，クライエントの疑問には十分に答えなければなりません。このようなやりとりを通して，実施のための知識を身につけ実施への動機づけを高めるとともに，セラピスト―クライエント間の信頼関係を築きます。

不安階層表の作成：不安・恐怖を感じる場面や刺激を項目としてリストアップした不安階層表を作成します（表5-1）。その際に，不安や恐怖の強さを SUDs（Subjective Units of Discomfort Score：苦痛の主観的評価点数）で評価してもらうとよいでしょう。100 点は最高レベルの不安・恐怖であり，0 点は不安・恐怖がな

表5-1　広場恐怖をもつ人の不安階層表の例

SUDs	不安項目
100	1人の時に渋滞にはまる
80	電車に乗る
70	家族で渋滞にはまる
70	映画館に入る
50	エレベーターに乗る
50	1人でレストランに入る
40	混雑したスーパー
40	1人で運転する
30	1人でスーパーに行く
20	夫とレストランに入る
10	夫とスーパーに行く

くリラックスした状態を示します。これを基準に，各項目の不安・恐怖の強さをクライエントが評価します。

　エクスポージャー法を行う際，不安階層表の SUDs が低い項目から段階的に実施することを段階的エクスポージャーと呼びます。一方，最も不安の高い項目を集中的に行う手続きをフラッディングと呼び，この場合には不安階層表を作成しないこともあります。

　エクスポージャー法の実施：エクスポージャー法を開始したら，不安が十分に低下するまで不安対象に向き合い続けなければいけません。中途半端な実施はかえって不安を高める場合もあります。長い場合には 1 回の実施が 2 時間を超えることもありますので，事前に十分な時間を確保しましょう。

　エクスポージャー法の効果を発揮させるためには，不安が十分に引き出され，その後しだいに低下していくことを経験する必要があります（Foa & Kozak, 1986）。しかし，安全確保行動は不安の高まりを阻害しますので，行わないようにしなければなりません。この手続きは反応妨害とよばれ，エクスポージャー法と組み合わせてよく用いられます。

　不安階層表のどこから開始するかについて，明確な基準はありません。もし最も不安の高い項目から行えるなら効率はよいでしょうが，できなければ意味がありません。低い項目から段階的に行うことを好む人もいますが，苦痛の度合いは少ない反面，あまりに SUDs が低いと変化を実感しにくく，効率も下がります。したがって，クライエントとよく話し合って進めていく必要があります。実施後は時折 SUDs を確認し，SUDs が十分に低下するか，少なくとも実施前の半分程度になるまで継続します。

　ホームワークでの実施：セッション内で行ったエクスポージャー法や，それより行いやすい内容をホームワークとして実施します。あるいは，セッション内で行うことが困難な内容の場合，セッション中に十分な計画を立てたうえでホームワークとして実施します。次回のセッションではホームワークの振り返りを行います。振り返りを行いやすいよう，エクスポージャー実施の記録をとることも役に立ちます。

②系統的脱感作法

　系統的脱感作法とは，1 節の歴史の項目に出てきたウォルピ（Wolpe, 1958）が開発した方法です。この技法の背景にあるのは拮抗条件づけの理論です。拮抗条件づけとは，ある刺激に対して不安が条件づけられている場合，その刺激に対して不安と相容れない反応を条件づけることで，元の不安を生じなくする手続きです。たとえば，トイレに入っている最中に停電したため急に真っ暗になり，それ以来トイレが怖くなった幼稚園児を考えてみましょう。この子への支援として，お母さんは用を足すとき以外にも子と頻繁にトイレに行き，トイレで高い高いをしたり，お話をしたりと積極的に楽しい活動をしました。その

プラスα

ホームワーク

認知行動療法における
ホームワークは，セッ
ションの外でしか行え
ない課題を扱う。技法
を習得すること等を目
的に実施される。

結果，その子はトイレを怖がらなくなりました。この場合，トイレはCSであり CR である恐怖を引き出しますが，新たにトイレに対して快感情を条件づけたといえます。不安と快感情は相容れないため，トイレに対する快感情の結びつきの強度が増せば，不安の強度は減少します。

　系統的脱感作法の実施手続きは，その多くがエクスポージャー法と共通しています。特にアセスメント，心理教育は共通するコンポーネントです。そのため，ここでは系統的脱感作法特有の手続きについて説明します。

　不安拮抗反応の習得：不安症等の臨床的問題に系統的脱感作法を用いる場合，拮抗反応として**リラクセーション法**の一種である漸進的筋弛緩法や自律訓練法等がよく使用されます。**バイオフィードバック**を用いることもあります。さらに不安を引き起こす人物や状況に対し主張的に行動する**断行反応法**も，不安拮抗反応としての対決反応を引き起こす技法として用いられることがあります。

　実施に先立ち，クライエントは十分なリラクセーションが得られるよう拮抗反応の手続きを十分に習得します。技法習得にかかる時間は用いる技法やクライエントによりますが，1か月以上を要することもあります。

　系統的脱感作法の実施：クライエントは，まず不安を引き起こさない中性的な場面をイメージしながらリラクセーション状態に入ります。十分にリラックスしたところで不安階層表の低い項目をイメージし，SUDs を確認します。SUDs が低下するまで同じ手続きを行い，十分に低下したら次の項目に移ります。これを不安・恐怖の問題が十分改善するまで続けます。

2 オペラント条件づけの理論に基づく支援

　オペラント条件づけに基づく支援には，「望ましくない癖を減らし望まれる習慣を形成・維持する技法」（鈴木・神村，2005）が主として含まれます。ここでは，まずターゲット行動に対する機能的アセスメント・機能分析を行い，明らかになったターゲット行動の機能に沿って必要な支援を行います。図5-4のように，主にはAきっかけ，B行動，C結果の ABC 分析に基づく観点と，その組み合わせによる手続きが導入されます。

①きっかけを変える

　不適切な行動のきっかけを取り除きます。たとえば，授業中窓の外をみようと離席するようであれば，窓から離れた席に移動させます。あるいは適切な行動を行いやすくなるきっかけを導入します。たとえば，口頭による指示を聞き逃しやすいなら，板書して視覚的

語句説明

リラクセーション法
緊張が解かれて弛緩した状態であるリラクセーション状態を生じさせるための技法。系統的脱感作法の拮抗反応を目的に使用されることもあるが，これ単体でも有益な方法である。

漸進的筋弛緩法
筋肉の弛緩と緊張を繰り返し，リラクセーション状態を作り出す方法である。

自律訓練法
一種の自己催眠法であり，「腕が重たい」等の公式（背景公式および6つの公式がある）を心のなかで唱えることで，リラクセーション状態を作り出す方法である。

バイオフィードバック
心拍等の自身では感じにくい身体反応を，センサー等を用いて光や音などのわかりやすい形に変換して示し，対象者に自覚させる方法。たとえば，心拍と同時に点滅する光をみながら，その点滅を遅くするよう試行錯誤することで，対象者は心拍をコントロールする方法を体感的に学習する。

図5-4　オペラント条件づけの理論に基づく支援計画の例

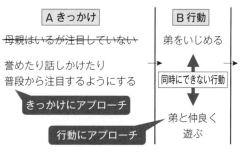

Aきっかけ	B行動	C結果
~~母親はいるが注目していない~~	弟をいじめる	~~母親の注目~~
誉めたり話しかけたり普段から注目するようにする	同時にできない行動	できるだけ注目しない淡々と対応する
きっかけにアプローチ	弟と仲良く遊ぶ	結果にアプローチ
行動にアプローチ		「仲良く遊んでえらい！」「ママも入れて！」と注目

断行反応法

不安を引き起こす人物や状況に対して主張的に行動することを教える手続き。不安への拮抗反応形成に使用することもあるが，主張行動自体が重要なスキルでもあり，それ自体を訓練することもある。そのような訓練をアサーショントレーニングと呼ぶ。

プラスα

消去の問題点

子どもが親の注目を引きたくていたずらをする場合，いたずらに注目しない消去により，その問題行動の頻度は減少する。しかし，子どもは親の注目を得る手段をなくしてしまう。したがって，親の注目を得るための適切な行動を教える手続きとの併用が望ましい。

付記

ソーシャルスキル・トレーニング

公認心理師出題基準・ブループリント（令和5年版）では「ソーシャル・スキルズ・トレーニング」と表記されているが，本書ではより一般的に用いられている「ソーシャルスキル・トレーニング」を採用している。

に指示を出します。

②行動を変える

適切な行動を身につけていないために不適切な行動が生じるのであれば，その不適切な行動と同じ，あるいはより良い結果を得るための適切な行動を教えます。たとえばクラスメイトらの遊びに入れず，代わりに注目を得るため弱いものいじめをする生徒には，「一緒に遊ぼう」「入れて」と声をかけることを教えます。

③結果を変える

不適切な行動が強化されている場合，これ以上の強化が生じないようにします。たとえば，母親の注目を得るため弟をいじめても，極力注目せず淡々と弟から引き離します。適切な行動が強化されていない場合，強化が生じるようにします。たとえば，離席の多い児童が短時間でも着席し作業していれば賞賛します。

以上がオペラント条件づけの理論に基づく支援の基本ですが，この基本的な手続きから多くの技法が派生しています。これらの技法が誕生した初期には，主に発達に問題をもつ児童に対して用いられていましたが，現在はさまざまな領域で活用されています。さらに，問題をもつ児童に直接支援するだけではなく，児童の保護者に理論や技法を教えることで，親が子どもの問題を支援できるようにするペアレントトレーニング等の支援者支援の方法も開発されています。

①望ましい行動や習慣を形成する技法

分化強化：適切な行動を強化し，不適切な行動を**消去**する手続きです。たとえば，親の注目を得るため弟をいじめる子どもの場合は，弟をいじめていても極力注目せず，反対に弟と遊んでいたり「遊んで」と言えた場合に積極的に注目します（図5-4）。

シェイピング：目標とする行動に少しでも近い行動を段階的に強化することによって，適切な行動やスキルを獲得する方法です。未習得の行動やスキルを形成するために用いられます。

トークンシステム：トークンエコノミーとも呼ばれるこの手続きでは，適切な行動が生じた場合にトークンを与え，トークンが一定数たまると好きな品物や活動と交換できます。トークンはシールでもコインでも，○印でも構いません。重要なのはトークンがたまることで，対象者にとって魅力のある品物や活動と交換できることです。このような品物や活動はバックアップ強化子と呼ばれ，トークンが適切な行動に対する強化子として機能するようにします。

ソーシャルスキル・トレーニング（Social Skills Training：SST）：人間関係を維持し円滑にするための行動であるソーシャルスキルを身につけるトレーニングです。SST は①クライエントの現在のスキルレベルのアセスメント，②習得すべき適切なスキルの選定，③モデルとなる人物の適切な行動を観察する

モデリング*，④訓練場面で練習する行動リハーサルとフィードバックにより構成されています。リハーサルの際に，よくできた点についてフィードバックを行うことで，適切な行動を強化します。

②問題行動等の望ましくない癖を減らす技法

　問題行動が生じている場合でも，まずは嫌悪的な手続きを用いずに適切な行動を形成することを考えなければなりません。アルバートとトルートマン（Alberto & Troutman, 1999/2004）は，問題行動に対する介入を 4 つのレベルに分類しています。この分類では，低いレベルの手続きから導入し，必要に応じて高いレベルの手続きを検討します。

　レベル 1 は分化強化により問題行動を消去しつつ，適切な行動を強化する手続きです。レベル 2 は不適切な行動を強化しない消去の手続きです。この方法では，対象者がその強化子に接触できなくなること，消去バーストが生じる可能性を考えなければなりません。レベル 3 は負の弱化であり，レスポンスコストやタイムアウトが含まれます。レベル 4 は正の弱化手続きで過剰修正法が含まれます。

　レベル 3 以降で紹介した技法は次のように行います。

　レスポンスコスト：不適切な行動が生じた場合，それに伴い強化子を取り除く手続きです。授業中大きな声を出したのでトークンを取り上げる，駐車違反に対して罰金を取る，などがレスポンスコストの手続きです。

　タイムアウト：不適切な行動が生じた場合，短時間だけ強化子に触れる機会を制限する手続きです。たとえば，子どもがお店で大騒ぎするため（安全に配慮したうえで）5 分間店外に出し，落ち着いたようなら中に戻すといった手続きです。落ち着いていないようであれば，さらに 5 分間タイムアウトを延長します。

　過剰修正法：不適切な行動が生じた場合，努力を要する形で適切な行動の訓練を行う手続きです。たとえば，わざと部屋を汚したので元の状態以上にきれいになるよう掃除をさせる，ふざけて漢字を間違えて書いたので正しく 10 回書き取りをさせる，などです。

考えてみよう

犬に嚙まれたことがきっかけで，犬に近づくことはもちろん，犬を飼っている家の近くや犬がよくいる公園などに近づけず，犬の出てくる TV や絵本もみられなくなった 5 歳児がいます。この「犬恐怖症」の問題を解決するために，レスポンデント条件づけの理論やオペラント条件づけの理論から，どのような支援が考えられるでしょうか？

モデリング
他者の行動を観察し行動変容する手続き。モデルの観察により新しい行動を獲得するだけではなく，その行動を行う方向に促進させる効果がある。

プラスα
問題行動への介入を行う際の注意
レベル 3 や 4 はいわゆる「罰」と混同されやすく，倫理面を考慮し本人や家族の理解を十分に得たうえで実施する必要がある。

🪶 本章のキーワードのまとめ

認知行動理論	認知行動療法の基礎となる理論であり，問題行動や精神障害，あるいは健康増進等に認知と行動が与える影響を説明する。単一の理論ではなく，数多くの認知と行動に関する理論がここに含まれている。
セルフヘルプ	自助と訳される。専門家に自分の問題を解決してもらうのではなく，必要に応じて周囲の人や専門家の協力を得ながらも，自分自身の問題を自らの力で解決・改善しようとすること。
セルフモニタリング	クライエントが自身の行動や思考，感情，それらに影響を与える環境の変化などを観察，記録する手続き。問題に関する情報を得るためのアセスメント手段，あるいは適切な行動を増やすための手段として用いられる。
強 化	ある行動の頻度や強度が，行動に後続する環境の変化や刺激により強められること。このような環境の変化や刺激が強化子である。反対に行動が弱められる場合が弱化であり，そうした環境の変化や刺激は弱化子と呼ばれる。
負の弱化	不適切な行動に対して強化子を取り除く手続き。消極的罰と呼ばれることもあるが，専門用語としての罰の名称を臨床の文脈で用いることは，一般用語の罰との混同で誤解を生みやすく注意が必要である。
消 去	レスポンデント条件づけにおいて，無条件刺激を呈示せず，条件刺激だけを単独呈示し続ける手続き。オペラント条件づけにおいては，生じた行動に対して強化子や弱化子を呈示しない手続き。
機能分析	行動と環境の関係を明確にするための準実験的な手続き。その行動に影響を与えると推測される環境を操作し，行動変容が生じたことを確認することでその行動の機能を特定する。
系統的脱感作法	ウォルピによって開発された不安や恐怖の問題に対する行動療法の技法。拮抗条件づけの理論が背景にあり，リラクセーション法等により十分にリラックスした状態で不安・恐怖のイメージに直面化する方法。

バイオ フィードバック	脳波や心電図などの出力を光や音などのわかりやすい形で出力することで，本人には知覚しにくい生理活動を知覚可能にする。またそのような生理活動と同期した光や音を制御することを通し，生理活動の制御を習得する。
リラクセーション法	緊張が解かれ弛緩した状態であるリラクセーション状態を生じさせるための技法。不快な心理的・生理的反応を緩和するために用いられることが多い。漸進的筋弛緩訓練，自律訓練法，呼吸法などがある。
断行反応法	不安を引き起こす人物や状況に対して主張的に行動することを教える手続き。初期には系統的脱感作法における拮抗反応として用いられたが，主張行動自体が重要な行動である。アサーション・トレーニングとほぼ同義。
エクスポージャー法	不安や恐怖を引き起こす対象に，安全確保行動を行うことなく持続的に直面化することで，不安・恐怖反応を消去する手続き。不安症をはじめとしたさまざまな精神障害に対する有効性が示されている。
トークンシステム （トークン エコノミー）	トークンとは，報酬や活動（バックアップ強化子と呼ぶ）と交換できるシールやポイントを指す。適切な行動が生じた場合，このトークンを呈示することでその行動を強化する手続きである。
モデリング	適切な行動，あるいは不適切な行動を行う他者を観察させる手続き。モデルの観察により新しい行動を獲得するだけではなく，その行動をより行う方向，あるいは行わない方向に促進させる効果がある。
ペアレント トレーニング	発達の遅れ等の問題をもつ子どもの保護者を対象とするトレーニング。主には行動療法的な視点から，親が子どもを理解したり，子どもの行動を変えるスキルを身につけることを手助けする。

第6章

認知行動理論に基づく支援②：認知行動療法

この章では，認知行動療法について学びます。認知行動療法がどのように成り立ってきたかを理解し，基本的な理論や変容技法について学んでいきます。さらに，近年，第3世代の認知行動療法として注目されている，マインドフルネスやアクセプタンス&コミットメント・セラピーといった新しいタイプの認知行動療法についても解説します。

---

1 | 認知行動療法とは

1 認知行動療法の歴史

　認知行動療法には，大きく分けて2つの源流があります。ひとつは行動療法からの流れ，もうひとつは認知療法からの流れです。

　行動療法については第5章で学んできましたが，行動療法の基礎となる理論は，動物を対象とした実験から得られた学習理論であり，人の問題を S-R（刺激—反応）あるいは S-O-R（刺激—生活体—反応）という枠組みでとらえることには限界があるといった行動主義への批判もありました。その後，バンデューラ（Bandura, A.）が，行動変容の過程には単に刺激と反応の接近や連動だけでなく，予期や判断といった認知的活動による役割も大きいことを指摘して，行動主義に大きなインパクトを与えました。

　一方**認知療法**は，1960年代はじめにベック（Beck, A. T.）によって提唱され，うつ病を対象とした心理療法として発展しました。認知療法では，出来事そのものよりも出来事に対するとらえ方や解釈が私たちの気分や行動に影響すると考え，それまでの行動療法であまり治療対象とされてこなかった思考や感情を扱うようになりました。そして，個人の認知様式，つまり物事の受け止め方やとらえ方が心理的問題につながっているのだと考えました。

　ベックの認知理論に基づく認知療法が誕生した1960〜70年代は，心理学全体においても，**認知心理学**への関心が高まっていた時代でした。それまであまり明らかにされてこなかった，人間が外界の刺激をどのようにインプットし，それらを内面でどのように処理・理解してアウトプットしているのかといった，

情報処理過程について理解しようと，さまざまな認知科学的な研究手法が大きく展開していた時代背景もあって，認知療法は精神医学や臨床心理学の世界に大きなインパクトを与えました。

　またエリス（Ellis, A.）は，ベックと同時代に**論理情動療法**を提唱し，問題となる感情や行動は，個人の経験する出来事と個人のもつ不合理な信念（イラショナル・ビリーフ）との相互作用の結果として生じるものであり，それらを変容させるためには，治療者による患者への積極的な反駁（論駁）が必要であると考えました（坂野，1995）。また，マイケンバウム（Meichenbaum, D. H.）によって開発されたストレス免疫訓練は，ストレスへの対処技能の獲得を目標とし，ストレス刺激（ストレッサー）とストレス反応を媒介する認知的評価（考え方，受け止め方）とストレスコーピング（対処）に焦点を当てています（金築，2019）。その主要技法である**自己教示訓練**では，ストレス場面において，自分に言い聞かせている言葉（自己陳述）とその影響を検討し，適切な自己陳述リストを作成して，それらを自分に言い聞かせるリハーサルをしていきます。

　このような認知主義のアプローチには，ソーシャルスキル・トレーニングやエクスポージャーなどの従来の行動療法の介入技法も用いることから，総称して認知行動療法と呼ばれています。

　認知行動療法は，うつ病をはじめ，不安症，心的外傷後ストレス症候群（Post-Traumatic Stress Disorder：以下，PTSD）などさまざまな心理的問題に対して治療効果研究を行うことで発展してきました。さらに，治療効果のエビデンスを蓄積することで，エビデンスベイスト・アプローチ[*]の心理療法として認められるようになっていきました。エビデンスとは臨床判断や治療選択のために用いられる，厳密な研究デザインによって作成された「科学的根拠」のことを指します。治療効果のエビデンスとしては，ランダム化比較試験[*]（Randomized Controlled Trial；RCT）のメタ分析[*]によるものが最もレベルが高いとされています。たとえば，成人のうつ病について，認知行動療法は，治療待機群またはプラセボや，抗うつ薬，ほかの治療法に比べて効果が有意に大きいことが示されています（Gloaguen et al., 1998）。

　また，アメリカでは，第二次世界大戦後，臨床心理学の教育モデルとして，**「科学者―実践者モデル」**が推奨されてきました。科学者―実践者モデルとは，科学者として論文や成果を発表できるようなスキルを身に着けるとともに，アセスメントや介入において最新のエビデンスを実践に適用し，その評価も行っていくことができる実践家の養成を目指した訓練モデルです。このように，エビデンスベイスト・アプローチが重視されることによって，多くの治療効果研究で有効性が実証されている認知行動療法は大きく発展することとなりました。

　実際，アメリカ心理学会（APA）の特別作業班がまとめた「実証的に支持された心理療法」のリストのほとんどは，認知行動療法あるいはその諸技法が紹

語句説明

エビデンスベイスト・アプローチ
エビデンスに基づいた実践や介入のこと。アメリカ心理学会によると，心理学におけるエビデンスに基づいた実践とは，患者の特徴や文化，好みに沿って，活用可能な最善の研究成果と臨床技能を統合することと定義されている。

ランダム化比較試験（RCT）
患者をランダムに2つ以上の群に割り付けて，群間で効果を比較すること。ランダムに割り付けることで交絡因子を含む統制不可能な要因をバランスよく分布させることができる。

メタ分析
臨床におけるメタ分析とは，同じ疾患に関する，質の高い効果研究を集めて，それらを統合して解析する統計的手法のこと。

介されています。またイギリスの国民健康サービス（National Institute for Health and Clinical Excellence：NICE）のガイドラインにおいても，多くの障害に対して認知行動療法が推奨されています。NICE のガイドラインは，うつ病や全般性不安障害など，一般的な精神的問題に対する段階的なケアを推奨しているものであり，軽症から中等症のうつや不安，強迫症，PTSD には認知行動療法が本質的な介入であることを示しています。

2 認知行動療法の基本的理論

　ここでは，ベックによるうつ病の認知モデルを中心に，認知行動療法の基本的理論について解説します。ベックは，もともと精神分析のトレーニングを受けた精神科医でしたが，うつ病患者に特徴的な思考パターンがあることに気づき，そのような思考パターンがうつ病の発症や悪化に影響しているのではないかと考えました。

　このような臨床観察と実験的な検証から，ベックはうつ病の認知モデルを提唱しました（図6-1）。ベックの認知モデルでは，ある出来事を経験したときに，出来事そのものが抑うつ気分を発生・悪化させるというよりは，そのとき頭のなかで考えたこと（自動思考）や，そのような自動思考を発生させる思考の方略（推論の誤り）や構え（スキーマ）が抑うつ気分の維持・悪化に影響するのだと考えました。

　ベックは認知療法の基礎を，次のように仮定しました。「認知」とは，思考や視覚的イメージのことを指しており，状況をいかに評価しているのかということを証拠立てるものであると定義しています。また，そのような「認知」は，自分自身，周りの世界，過去そして未来をどのようにとらえているのかといった，意識の流れを作り上げていると述べています。そして，認知の内容が変わると，その人の気分状態や行動にも影響が及ぶことを強調しており，認知療法において認知の歪みに気づき，非機能的な認知を変容することが症状や問題の改善を導くことを示唆しています（Beck et al., 1979/1992）。

　またベックは，うつ病患者は，自分自身や自分を取り巻く世界，将来に対して悲観的な思考に陥る傾向にあることを報告し，このような認知的な特徴をうつ病の認知の三要素と呼んでいます。

　まず，うつ病患者は自分自身を否定的にとらえる傾向にあります。自分自身を不完全で，不適切で，病気にかかっており，周りの人から拒絶されていると考えるのです。不快な体験をすると，それは自分の欠点のせいだと考え，そのような欠点のある自分は価値のない人間であると信じています。そして，

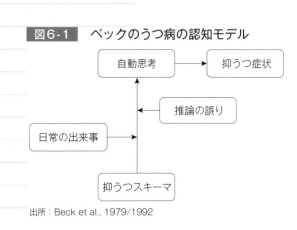

図6-1　ベックのうつ病の認知モデル

出所：Beck et al., 1979/1992

自分自身を低く評価したり，批判したりする傾向にあるため，自分は幸福や安心を得られないと思っています。また，自分を取りまく世界を自分に途方もない要求を突きつけるものであり，人生上の目標を達成できないような障害を与えるものであるととらえています。そして，将来に対して否定的な見方をしています。独自の時間的見通しをもっており，現在の困難や苦悩はずっと続くものだと思い込む傾向にあります。いまの苦しみは変わらない，今後，良いことは起こらないと考えています。

　ベックは，これらの否定的な認知が活性化されることで，うつ病の症状や兆候が生じたり悪化すると考えました。たとえば，「自分は社会的な落ちこぼれだ，社会から見捨てられている」と信じているならば，さみしさや悲しみを強く感じるようになるでしょう。また「将来はお先真っ暗だ」と考えるならば，なにを始めるにも億劫になり，じっと座って動かないといった精神運動制止のような症状も起こりやすくなります。

　このような否定的な認知が活性化される過程には，スキーマが関係しているとされています。スキーマとは，その人の認知の鋳型であり，その人が直面している状況において情報を取捨選択したり，符号化したりするときの基礎になると考えられています。スキーマは，その人の生得的な要因と，これまでの生活のなかで身近な人との間で身につけてきた後天的な要因とが影響すると考えられています。ベックは，幼少期の体験がスキーマにとりわけ大きな影響を及ぼすと考えており，抑うつ的な人は，物事を否定的に解釈するような，潜在的なスキーマをもっていると仮定しています。

　またベックは，スキーマの種類によって，個人の反応の仕方が決定されると述べています。ある特定の状況（ストレッサー）に出くわしたときには，その状況に関係したスキーマが活性化されることによって，その人の自動思考やその後の行動や気分などの反応が決定されるとしています（領域一致の仮説*）。そのような活性化されたスキーマは，ほかのより適切なスキーマを活性化させることができなくなり，実際の状況と否定的な解釈との間に論理的なむすびつきがないにもかかわらず，その否定的な解釈に誤りがあることに気づけなくなってしまいます（Beck et al., 1979/1992）。

2 ｜ 認知行動療法の実際

1 協働主義

認知行動療法（認知療法）における治療関係は，単に苦痛を緩和するための

語句説明

領域一致の仮説
スキーマのなかには，ふだんは活性化されていないが，特殊なストレス状況下で活性化されるものがある。たとえば，幼児期に親の死を体験した人の場合は，喪失をテーマとしたスキーマ（「自分はいつも孤独である」）が組み込まれてしまうので，成人になってからだれかと別れるといった別離の体験が，このスキーマを活性化させ，抑うつ的にさせることがある。

| 表6-1 | 治療者の望ましい特性 |

暖かさ	• 治療者の暖かい態度は，患者が治療的関係やその他の人間関係の中に同じように持ち込んでいる否定的な認知を修正することを助けるかもしれない。 • 一般的に治療者は，受容と暖かさを，その治療者なりのやり方と声の調子で，言葉遣いで伝えようとする。
正確な共感性	• 治療者がいかに患者の世界に入り込むことができるか，そして患者がおこなっている生活の方法を見たり経験したりできるかということに関係している。 • 共感性がかなり正確である限りにおいて，治療者は，患者が出来事をどのように構造化し，どのように反応しているかを理解することができる。
誠実性	• 誠実な治療者は自分自身に対して正直であるとともに，患者に対しても正直である。（中略）患者は治療者正直さを批判や敵意，あるいは拒否であると誤って知覚するかもしれない。 • 患者に患者自身の実際のイメージを伝えるために，治療者は，患者の歪んだ思考のシステムに入り込み，歪みが実際に生じないように働きかけることが必要である。

出所：Beck et al., 1979/1992 より抜粋

道具としてではなく，ある特定の目標を遂行する際の共通した努力を促進するための器として用いられています（Beck et al., 1979/1992）。したがって，セラピーの目標やセッションで話し合う内容，取り組む課題やホームワーク*などについて，セラピストとクライエントが協力して決定していきます。このようにセラピーの目標を共有して，協働作業的にセラピーをすすめていくスタンスを，協働主義と呼んでいます。認知行動療法では，この「協働主義」を重視しています。

　ただし，治療初期においては，クライエントはセラピーという場に慣れていなかったり，どのようなことを話し合っていくべきなのか十分に考えられていない場合もあります。そこで治療初期には，治療者がやや積極的にセッションで話し合うことや取り組む課題について提案をしていきますが，中期以降は，クライエントがより積極的にアジェンダ*を設定することができるよう，また，自身の自動思考を同定したり，それらの妥当性が検討できるように支援していくことを心がけます。

　また協働主義的な治療関係を築いていくためには，クライエントの話をしっかりと聞き，クライエントのつらさや苦しみへの共感的な理解を伝えていくことも大事です。ベックは協働主義の前提となるセラピストの態度として，暖かさや正確な共感性，誠実性をあげています（表6-1；Beck et al., 1979/1992）。

　このようなセラピストの態度は，クライエントが面接場面において自身の思考・感情・行動を率直に話すことを促します。そしてセラピストはクライエントが体験した世界に近づき，セラピスト自身に起こる感情に素直になることによって，クライエントの認知の特徴やそれらが気分や問題に与える影響を探っ

語句説明

ホームワーク

認知行動療法では，セラピーで体験した新しい振る舞い（行動）や考え方（認知）を生活場面でも体験できるように，課題を与えることがある。課題の遂行によって，適切な認知や行動の獲得が促進され，セラピーの効果を加速させると考えられている。

アジェンダ

認知行動療法では，面接時間を効率的に使って，クライエントとセラピストが問題解決に向けて話し合いを進めていくために，各セッションの冒頭に，その日に話し合う内容や取り組むことがらをリストアップする。そのようにリストアップされた話題やことがらを「アジェンダ」と呼ぶ。

ていくことができます。またクライエントによっては，セラピストの暖かさや共感性が，その人の対人関係における否定的な認知の修正にも有効に働く場合もあります。

　認知行動療法では，精神分析のように転移関係を積極的に取り上げるわけではありませんが，決して治療関係の問題を軽視しているわけではありません。むしろ，そこにあらわれる認知や行動の特徴も，クライエントを理解する根拠（データ）として取り扱い，アセスメントを行っていきます。また面接場面において生じたであろう感情や，セラピストへの反応を取り上げ（例：セラピストからの言葉を，批判された，拒否されたと受け取るなど），それにつながっている認知や行動を探っていくことで，日常生活におけるクライエントの認知や行動の特徴を理解していくこともあります。

参照
精神分析的心理療法
→4章

2　認知的概念化

　認知行動療法では，先述したような協働主義的な治療関係を築きながら，クライエントから話を聴いていくなかで，クライエントが何に困っていて，どのような問題を解決していきたいのかを明らかにします。またクライエントはどのような認知や行動の特徴をもっていて，それらが困っていることや解決したい問題とどのように関連しているのかについて，仮定のモデルを組み立てていきます。このような過程を「認知的概念化」といいます。

　認知的概念化は，認知の変容におけるケース・フォーミュレーションの大きな柱であり，その後の介入の方針を決める大事なものです。図6-2は，職場でのストレスがきっかけでうつ病を発症したクライエントとの面接において，職場での出来事を聞きながら，その状況を認知（自動思考），行動，気分，身体反応という側面から振り返ってもらった結果です。このように，分けて眺めてみることによって，認知が気分や行動，身体反応にどのように影響しているのか，またそれらがどのような悪循環を形成しているのかを，一緒に考えていくことができます。さらに認知あるいは行動を変えることによって，これらの悪循環を断ち切り，今の状態を変えていけそうだという見通しをもってもらうことができます。

　認知的概念化では，このようなやりとりを何度も繰り返しながら，クライエントの認知や行動のパターン

参照
ケース・フォーミュレーション
→1章，5章

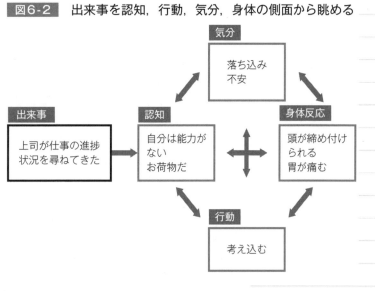

図6-2　出来事を認知，行動，気分，身体の側面から眺める

表6-2	認知的概念化シートの例

患者名：		
診断／症状：		
形成期の影響：		
状況的な問題：		
生物学的・遺伝学的および医学的要因：		
長所／強み：		
治療の目標：		
出来事1	出来事2	出来事3
自動思考	自動思考	自動思考
気分	気分	気分
行動	行動	行動
スキーマ：		
作業仮説：		
治療プラン：		

出所：Wright et al., 2006/2007

を定式に落とし込んでいきます。場合によっては，ホームワークとしてクライエント自身に自動思考を観察・記録してきてもらうこともあります。日常生活で気分が落ち込んだり，不安になったときに，その状況と気分，自動思考を3つのコラムを使って記録するように促します。

認知的概念化の過程では，表6-2のような一覧にまとめていくこともあります。認知や行動の特徴に加えて，生物学的・遺伝的あるいは医学的要因や，長所や強みも検討していきます。また幼少期の体験についても，それがスキーマや自動思考の形成にどのように影響しているのかを検討していきます。通常は，最初の数回の面接で得られた情報をもとに概念化を始め，その後の面接で得られた情報を追加しながら，よりよいものに修正していきます。

3 認知再構成法（認知の再体制化）

認知的概念化によって，クライエントの認知の特徴を把握し，それらの認知が現在の問題に関連していることが考えられる場合は，より適切なとらえ方や考え方ができないかどうか，話し合っていきます。

先述のように，ホームワークで自動思考のモニタリングを行った記録用紙を振り返り，自動思考が生じたエピソードを振り返りながら，その思考の妥当性について検討していきます。たとえば，次の対話のように，セラピストはクライエント（Aさん）に開かれた質問を適度に投げかけながら，別の考え方に気づけるよう手助けします。

セラピスト：先週，職場で上司が仕事の進捗状況を尋ねてきた際に，「上司は自分に失望しているに違いない」「自分はお荷物だ」という考えが浮かんだとのことでしたが，そのように考えた理由や根拠はどのようなものですか？

クライエント：やはり実際に，仕事が予定通りに進められていないからです。

セラピスト：予定通りに進められていないということは，Aさんにとってどのような意味がありますか？

クライエント：「自分はこの仕事を行う能力がない」「ここにいてはいけない人間だ」と思ってしまいます。上司だってそう思っているはずです。

セラピスト：なるほど，自分は能力もないし，必要とされていないのではないかと思うのですね。そう考えることでどんな気分になりますか？

クライエント：とても不安ですし，憂うつです。会社にいるのがつらくなります。

　　仕事も手につかなくなってしまいます。
セラピスト：そうですね。そう考えると，とても憂うつで，つらくなりますね。
　　そして，仕事も手につかずに，余計に作業が遅れてしまうという悪循環がつ
　　づいていますね。では，その憂うつさを減らし，悪循環を断ち切れるように，
　　別の考え方をできないかどうか，一緒に検討してみましょう。
　　　少し難しい質問かもしれませんが，「上司は自分に失望している」「自分は
　　お荷物だ」といういつもの考えが間違っているとしたら，どんなところが間
　　違っていると思いますか？　いつもの考えが間違っていることを示す証拠や，
　　見逃している事実はありませんか？
クライエント：うーん，上司は進捗状況が気になっただけで，自分に失望までは
　　していないかもしれない。自分が困っていないかどうか心配してくれたり，
　　サポートしようと進捗を確認してくれたのかもしれません。
　　　実際に，上司に進捗を報告した後に，書類作成の締め切りを延ばしてくれ
　　たり，別の仕事はほかの人に代わってもらうように配慮してくれました。
セラピスト：なるほど，上司の方は心配してくれているのかもしれませんし，A
　　さんが仕事を続けられるように配慮もしてくださっているのですね。
クライエント：そうですね。そうとらえると，気分が楽になりますね。

　このように，セラピストはクライエントに，いつもの考え（自動思考）の根
拠や理由と，それとは逆に，いつもの考えが間違っている証拠や見逃している
事実を見比べてもらうことによって，別の考え方を探すことを助けていきます。
　ほかにも，認知再構成法を用いて別の考え方を見つけるための質問としては，
「もし，自分と親しい友人や家族が，同じ状況で同じように考えていたとした
ら，どのようなアドバイスをしてあげますか？」「（過度に出来事の責任や非難を
自分に帰属している場合）自分の能力や要因以外に，その出来事に関係してい
ることはありませんか？」といった尋ね方があります。
　また，さきほどのような対話を通しての認知再構成法（認知の再体制化）を
自分一人でもできるようになる練習として，表6-3のようなコラム法を用い
て，別の考え方や対処を検討する方法もあります。
　以上のように，認知再構成法では，面接でのセラピストとのやりとりや，コ
ラム法を用いたホームワークを通して，自らの思考の偏りに気づき，柔軟で，
多様な考え方ができるようになります。そして結果として，気分や行動をコン
トロールできるようになることを目指します。

表6-3 認知再構成法で用いるコラム法の例

①状況 • 不快な気分をもたらした実際の出来事 • 不快な気分をもたらした思考の流れ，空想，回想	9月11日（火）職場の上司から電話をもらい近況を報告した。 上司からは，復職に向けてよくやっているという励ましの言葉をもらったが，このまま永久に自分はうつ状態にあるのではないかと思いをめぐらせた。
②気分 • 気分の強さを0～100で評定	悲しみ（95） 不安（90）
③自動思考 • 気分に先行する自動思考 • 自動思考がどれくらい正しいと思うかを0～100%で評定	復職しても周りのお荷物になってしまう（90） このまま，よくならないだろう（95） いつ復職できるのだろうか，このまま復職できないのではないか（95）
④合理的な反応 • 自動思考に対する合理的反応を記入 • 合理的反応がどれくらい正しいと思うかを0～100%で評定	休職したころよりはずいぶんとよくなってきた（90） 実際に上司からも復職へのリハビリを「よくやっている」と言ってもらえた（70） 通院したり，薬を飲んだり，リワークに通ったり，今できることはやっている（95） 働いていたときも，ずっと気分がよいわけではなく，良い日もあれば悪い日もあった（75）
⑤結果 • 自動思考がどれくらい正しいと思うかを0～100%で再評定 • その後の気分を0～100で評定	悲しみ（70） 不安（65）

出所：Beck et al., 1979/1992 をもとに改変

3 第3世代の認知行動療法

　これまでみてきたように，認知行動療法では，認知・行動面の変容を通して心理的問題を解決することを目指していますが，その理論や技法は時代とともに変化し続けています。ベックの認知療法を中心とした認知行動療法では，認知再構成法に代表されるように，自動思考やスキーマといった認知の内容（中身）を見直すことによって，否定的な気分や状態をコントロールしようとしてきました。しかし，最近の認知行動療法では，否定的な気分や状態をコントロールしてなくそうとするのではなく，それらはある程度自然に存在するものとして受け入れようという態度をもつタイプの技法も注目を集めています。そのようなタイプの認知行動療法では，認知や行動の内容を変化させることよりも，それらの機能を重視し，その人にとって必要な認知や行動を選択して価値のある生活に向かっていくことを支えるものです。このような新しいタイプの認知行動療法は，学習心理学を応用した初期の行動療法を第1世代，ベックの認知療法を第2世代と呼ぶのに対して，**第3世代の認知行動療法**と呼んでいます。

　三田村（2017）では，新しい時代の行動療法（第3世代の認知行動療法）の特徴は，①文脈と機能を重視すること，②症状の治療を超えてクライエントの人と

して生きる機能を高めること，③理論や技法をセラピスト側にも向けること，④これまでの行動療法は認知行動療法の延長に位置付けられること，⑤人間の抱える大きなテーマ（例：価値，自己）も積極的に扱うことだと述べられています。

　ここでは，第3世代の認知行動療法のなかから，行動活性化法，マインドフルネス，アクセプタンス＆コミットメント・セラピーについて解説していきます。

1　行動活性化法

　行動活性化法は，もともとはうつ病の行動モデル，つまりうつ病が行動の結果として維持されていることを説明するモデルから発展しています。

　ファスター（Ferster, 1973）は，抑うつ状態の維持・悪化は，抑うつ症状によって報酬（社会的評価や達成感，快感情など）が得られるような活動の頻度が減少することに起因すると考えました。多くの活動は複雑かつ複数にわたる行動から成り立っていますが，うつ病の人はそのような複雑な行動が減少するのです。またその行動の減少により，それまで得られていた達成感や社会的評価といった報酬（正の強化子）への接触機会が減ってしまい，抑うつ状態がさらに維持・悪化すると考えられています。さらに，私たちは悪い気分になっているときには，ストレスとなるような嫌悪的な場面を回避したり，気分をさらに悪くしないための行動レパートリーに集中しがちです。そのため，うつ病の人は特定の活動を行わないだけでなく，嫌悪的な環境や状況を回避することが多くなり，社会的強化を受ける機会が減ったり，達成感や快気分に結びつくような行動が起こりにくくなると考えられています。たとえば，朝起きて身支度をしないといけないような状況でも，より嫌悪的な気分になることを避けようとして，ベッドから起き上がらずにゴロゴロと過ごすなどです。このような回避的な行動パターンは，報酬のシグナル（報酬知覚）を鈍らせてしまうため，行動とその結果の見通しがもてなくなり，報酬が得られるような行動をさらにとりづらくさせるのです。

　そこで，**行動活性化法**では，回避的な行動パターンを見直し，正の強化子への接触機会を得らえるような活動を計画・実行していくことで，行動のレパートリーを増やし，肯定的気分を増加させることを目的としています。行動活性化には大きく分けて，①単純な行動活性化と，②回避行動パターンの分析を含んだ行動活性化があります。

　①単純な行動活性化では，正の強化子に安定的に接触できるように，非うつ的な行動に取り組むことを促します。行動活性化を行う前に，日ごろの活動と気分の観察を行い，それらをシートに記録してきてもらいます。活動はだいたい1時間ずつ，気分はその活動を行っていたときの気分を記録してもらいます。このような自身の行動や気分を観察し，記録することをセルフ・モニタリングといいます。1～2週間，セルフ・モニタリングを続けてもらったら，モ

文脈と機能

ここでの「文脈」とは，ある反応（行動）が生じた状況や環境のことを指している。静粛な図書館で大声を出すことは迷惑行為にあたるが，カラオケにいって大声で歌うことはストレス解消になる，というように，同じ反応でも「文脈」によって反応のもつ意味や役割，適切さが異なる。

また，ある反応の意味や役割のことを「機能」という。「大声を出す」という反応1つをとっても，文脈（異なる状況）によっては，迷惑行為になったり，ストレス解消になったり，人を威嚇したり，驚かせたりなど，複数な機能をもっている。

正の強化子

反応（行動）のあとにある結果が生じたり増えたりすることで，生起頻度があがることを「正の強化」という。たとえば，子どもがきょうだいの世話したときに，母親から褒められてうれしかったので，きょうだいの世話をする頻度が増えるといったことが予想される。この際の正の強化子は「母親からの褒め言葉」である。
→5章参照

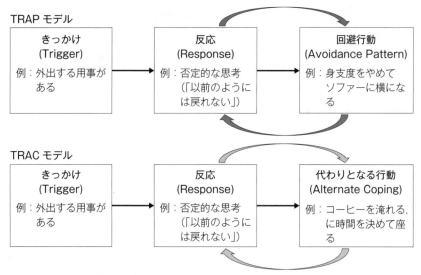

図6-3　行動活性化の TRAP モデルと TRAC モデル

TRAP モデル

きっかけ
(Trigger)

例：外出する用事が
　　ある

反応
(Response)

例：否定的な思考
　　（「以前のように
　　　は戻れない」）

回避行動
(Avoidance Pattern)

例：身支度をやめて
　　ソファーに横にな
　　る

TRAC モデル

きっかけ
(Trigger)

例：外出する用事が
　　ある

反応
(Response)

例：否定的な思考
　　（「以前のように
　　　は戻れない」）

代わりとなる行動
(Alternate Coping)

例：コーヒーを淹れる。
　　に時間を決めて座
　　る

出所：Martell, et al., 2010；岡島ほか，2011

ニタリングの結果をセラピストと一緒に振り返り，快気分や達成感を感じられ
ている活動をリスト化し，それらの活動をあらかじめ「いつ」「どのように」
実行するのかを計画して，スケジュールに組み込みます。また実施状況や実施
中の気分の記録から，活動と気分とのつながりに気づき，主体的に活動を増や
していくことをねらいます。

　一方，②回避行動パターンの分析を含んだ行動活性化では，行動と気分のセ
ルフ・モニタリングを行い，そのモニタリング結果を振り返る際に，うつ的な行
動とそれがどのような機能をもっているかということにも着目します。たとえば，
うつ病のクライエントが外出しようと身支度をしはじめたが，おっくうに感じて，
身支度をやめてソファーに横になったとします。「身支度をやめて横になる」と
いう行動は，その文脈では，一時的にはおっくうな気持ちを和らげてくれるで
しょうが，結果的には外出しなかったり，予定に遅れてしまい，より憂うつさや
おっくうさを強めてしまうかもしれません。このように，行動とその結果に注目
し，回避的なパターンになっていないかどうかを話し合っていきます。

　回避行動パターンの分析においては，図6-3の上図にあるように，TRAP
モデルの枠組みでみていきます。TRAP モデルとは，Trigger（きっかけ），
Response（反応），Avoidance Pattern（回避パターン）のつながりを説明す
るものです。たとえば，さきほどの例では，

　　Trigger（きっかけ）：外出する用事がある
　　Response（反応）：否定的な思考（おっくうに感じて，「以前のようには戻れな
　　　　　　　　　　　　い」と考える」）
　　Avoidance Pattern（回避パターン）：身支度をやめて横になる

となります。

　このような回避パターンの分析を行ったあとに，代わりとなる行動を考えていきます。そして，回避行動の TRAP（罠）から抜け出し，軌道（TRAC）にのれるように，TRAC モデルの枠組みで検討していきます。TRAC モデルとは，たとえば，横にならずに飲み物をのむ，横にならずに 5 分だけ座るなど時間を決めて過ごすといった，代わりとなる行動（Alternate Coping）をとることです（図6-3下図）。

　　Trigger（きっかけ）：外出する用事がある
　　Response（反応）：否定的な思考（おっくうに感じて，「以前のようには戻れな
　　　　　　　　　　　　い」と考える」）
　　Alternate Coping（代わりとなる行動）：コーヒーを淹れる，横にならずに
　　　　　　　　　　　　　　　　　　　　ソファーに時間を決めて座る

　代わりとなる行動は 1 つだけでなくいくつか考えておき，それぞれの難易度を表しておきます。たとえば，非常に困難である行動の難易度を 100 とした場合，ソファーに座るは 20，コーヒーを淹れるは 50 などです。そして難易度の低いものから，あらかじめ回避パターンが生じそうな時間帯に代わりとなる行動を計画して，その結果を観察するということを促していきます。その際は，1 度だけでなく何度も試してみるよう，クライエントに強調します。

　行動活性化をうまく進めるコツは，「内側から外側へ」というように，意欲がわくのを待つのではなく，「外側から内側へ」と行動から意欲，気分を高められることを繰り返し強調することです。たとえば，起きた時はしんどくて気分がふさぎ込んでいたけれど，病院受診を予約していたので外出してみたら，少しずつ気分が落ち着いていったなど，実際の体験のなかで，「外側から内側」に変化したエピソードを取り上げるとよいでしょう。

2 　マインドフルネス

　ウィリアムズら（Williams et al., 2007）によると，マインドフルネスは物事をあるがままに受け容れ，現在の瞬間に，価値判断をせずに注意を向けることによって現れる意識＝気づきのことと定義されています。

　マインドフルネス認知療法（Mindfulness-Based Cognitive Therapy：以下MBCT）は，そのマインドフルネスをうつ病の再発予防を目的に，認知療法の原理や実践の枠組みに取り入れて開発されたプログラムです（越川，2013）。

　もともとマインドフルネスは，仏教やインド思想の教えが源となっており，カバット＝ジン（Kabat-Zinn, J.）によって臨床心理学の領域に導入されました。ウィリアムズらは，それまでの研究結果（Segal et al., 2006 など）から，うつ病の再燃や再発を予防するためには，ネガティブな思考が生じたときに，それに気づき，その内容の正確性を評価するために思考から離れること（脱中

心化）が大切であり，それらを繰り返すことによりネガティブな思考や感情へのとらえ方をシフトチェンジさせる必要があるのではないかと考えました。そこで，ウィリアムズらはカバット＝ジンのマインドフルネストレーニングをMBCTのプログラムに取り入れたのです。

MBCTは，標準的には1回2時間，1週間に1回のグループセッションを8週間とホームワークから構成されます。ホームワークは，1週間のうち6日間，少なくとも1日45分間，指導されたマインドフルネスの実習を行います。グループの規模は最大12人までとされます（越川，2013）。このように，グループ形式で実習を行っていくことで，否定的な考えが浮かんでも，それらに飲み込まれたり，追い払ったりする（作業モード）のではなく，ただの思考として眺めること（あることモード）ができるようにしていきます。

マインドフルネスの実習は，レーズンエクササイズ*，ボディスキャン*，呼吸瞑想といった身体の感覚を用いたものがほとんどです。菅村（2016）によると，①身体感覚は注意が向けやすい，②身体感覚に敏感になると，自己や他者の感情への気づきが増す，③呼吸や瞑想など身体そのものの心理的・生理的効果が狙えるといった点から，マインドフルネスのトレーニングは身体感覚への注意を強調すると述べています。

MBCTは，グループ形式で行われますが，個人形式において，うつや不安をエスカレートさせるような考えと上手に距離を取る姿勢を涵養するために，マインドフルネスのエクササイズを行うこともあります。次頁のアクセプタンス＆コミットメント・セラピーでもマインドフルネスエクササイズを取り上げます。

3 アクセプタンス＆コミットメント・セラピー

私たちは，何か苦痛や問題を感じると，それらをなくすにはどうしたらよいかということにとらわれがちです。しかしながら，そのような悩みや苦痛は，人生のどこかしらで必ず生じるものでありますし，過去に起こったことを変えることもできません。**アクセプタンス＆コミットメント・セラピー**（Acceptance and Commitment Therapy：以下，ACT）は，そのような苦痛や問題をなくすことだけにとらわれるのではなく，その人が大事にしたいと思う生活や人生に取り組めるように支援していくというスタンスです。

そのために，ACTでは「アクセプタンスとマインドフルネス」そして「コミットメントと行動変化」を使って心理的柔軟性を作り出すことを目的としています（武藤ほか，2013）。心理的柔軟性は，図6-4に示したように6角形のプロセス（ヘクサフレスクス・モデル）によって構成されます。

「アクセプタンス」は，望ましくない思考や感情を不必要に抑制せず，積極的かつ自覚的に受け入れることを意味しています。たとえば，不安の高いクライエントであれば，不安から逃れることではなく，不安を感情としてしっかり

語句説明

レーズンエクササイズ

瞑想体験の導入的なエクササイズ。最初にレーズンの形やにおい，感触などに注意を払って観察する。次に，レーズンを口に入れ，感覚を確かめながらゆっくりと味わう。そして，最後に飲み込む。このように食べるという日常的な行動に注意を集中させることで，普段の行動がいかに意識的になされていないかを確認する。

ボディスキャン

体の一部に注意を集中させ，そこの感覚を味わっていく瞑想。十分に注意を集中させたら，ほかの体の部分へと順番に注意を移動させていく。

と感じることを促していきます。

　「アクセプタンス」の対極にあり，望ましくない思考，感情，記憶を排除・回避しようとすることを「体験の回避」といいます。たとえば，人と接することへの不安があるクライエントであれば，人と関わる機会を前にすると，「きっとうまく話せないだろう」「つまらないと思われるだろう」など，不安な思考が出てきて，あたかもそれが現実かのように感じることがあります。このような好ましくない思考に巻き込まれている状態を「認知的フュージョン」と呼び，そのような思考や感情を感じないように，人との接触自体を避けることが「体験の回避」です。体験の回避によって，その人にとって必要な行動がとれていなかったり，生活が豊かなものになっていないときは，自分の思考や感情をあるがままの状態にしておけるように，マインドフルネスエクササイズなどを活用して「アクセプタンス」を促していきます。

　認知的フュージョンに対しては，メタファー（比喩*）やマインドフルネスエクササイズでの体験を通して，思考＝現実だと思ってしまうプロセスに気づかせ，思考との関わり方を変えていくことを試みます。これが「脱フュージョン（ディフュージョン）」です。たとえば，ネガティブな思考にとらわれずにただ眺めてみたり，その思考の音声のみが残るまで大きな声で何度も繰り返して言ってみるなどです。

　「「今，この瞬間」との接触」や「文脈としての自己」では，自分や自分の体験を概念化したものとしてみないで「今，ここ」という視点をとり，思考や感情を直接的に経験することを促します。たとえば，「自分は人前が苦手だ」と思っていると，自分の評価が脅かされることになります。しかし，「今，ここ」という視点に立てば，その体験の流れ（たとえば，今感じていることや身体に起こっていることなど）を意識することができます。これらは，先述したマインドフルネスエクササイズや，メタファーによって促進されます。

　「価値」とは，私たちの行動選択の裏付けになるものです。ヘイズら（Hays et al., 2004）によると，セラピストはクライエントに「あなたは自分の人生をどんなものであると言いたいですか」と尋ねます。クライエントは，家族，友人，健康問題などさまざまな生活領域における価値をリストアップするように求められます。そのような基礎的な価値を明確にするために，それを喚起するエクササイズが使用されます。たとえば，自分の墓碑に刻んでもらいたいものや，自分の葬儀で聞きたい悼辞を書き出すように言われます。いったん価値が

図6-4　ACT のヘクサフレクス・モデル

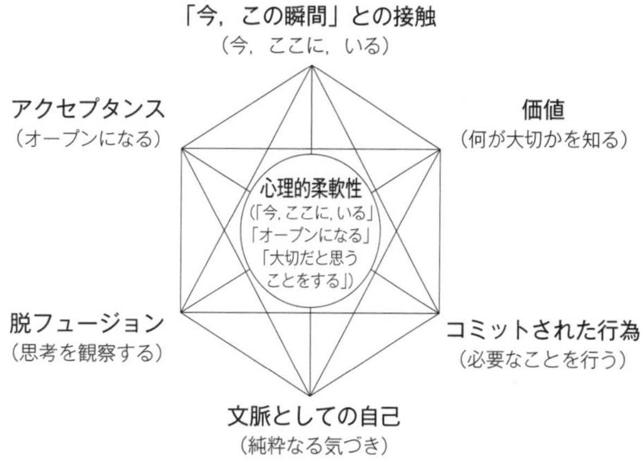

出所：Harris, 2009；武藤，2006

語句説明

メタファー（比喩）
ACTでは，心理的柔軟性のモデルや理論を一つひとつ言葉で説明するのではなく，メタファー（比喩）を使って説明する。たとえば，認知的フュージョンの状態を「優れた語り手」（話し上手で聞き手がつい耳を傾けてしまう，気を引くようなことを言ってくる）や，「陰うつなラジオ」（暗い過去や悲観的な未来，不満ばかりの現在について好んで放送するラジオ）に喩えることがある。メタファーを使うことで，理論的な理解ではなく，体験的な理解が進み，日常でも思い出しやすくなる。

語句説明

関係フレーム理論

人間の認知生成や言語習得・理解を行動分析から説明する理論。直接的な学習がなくても刺激と刺激との関係で自動的にその他の刺激と関係づけることができ，そのような派生的関係をもつ刺激の関係性を「フレーム」と呼ぶ（谷，2009）。関係フレームづけは，幼少期からさまざまな刺激を関係づけるという経験を繰り返して獲得されるものである。たとえば，りんごという赤い果物を「りんご」と呼ぶのは任意に決められたことであり，別の国にいけば「apple」と呼ばれるように文化によっても異なる。また「apple」という英単語の意味がわからない子どもに向けて，①りんごの絵が描かれたカード（ただし，「りんご」という文字は書かれていない）を指さして，②「æple」と発音すれば，子どもは æple＝りんごという赤い果物であると理解する。すると，直接は学習していない（カードには文字が書かれていなかった）にもかかわらず，③「りんご」と書かれた文字をみて，「æple」ということもできる。また私たちはりんごの味や食感をイメージすることができる（反応に影響を及ぼす）。

創造的絶望

望ましくない思考や感情を取り除こうとするために，そればかりにとらわれているということを理解する段階，過程のこと。

明確になったら，その価値に基づく具体的なゴール（達成可能なものや出来事）が設定され，さらにそのゴールを達成するための効果的な行動を記述していきます。

「コミットされた行動」は，価値に関連している効果的な行動について，より大きな行動パターンの形成を支援することです。そのためには，伝統的な行動療法における，エクスポージャー，スキルの獲得，シェイピングの方法，目標設定などの行動変容法を組み込んでいきます（Hays & Pistorello, 2009）。

これらのプロセスを通じて，最終的な目標となるのは，「心理的柔軟性」です。心理的柔軟性とは，苦痛や感情を意識する人間が，今この瞬間を生き，思考や感情をそれらが主張する内容通りに体験するのではなく，それらを単に思考や感情として体験することであり，選択した価値にそって行動を維持したり，変容させたりする能力です（Hays & Pistorello, 2009）。

ACT の特徴は，行動分析学に基づいている点，そして，エクササイズやメタファーなど体験を重視するという点です。また，言語の特徴として，事物や出来事を任意に関係づけることができ（例：赤い果物を「りんご」と呼ぶことで，その果物と「りんご」という語が関係づけられる），それが複合的に関係づけられたとき，直接の経験のない新しい関係を作り出し，反応に影響を及ぼすと考えられています。このような言語の特性の分析・抽出的理論を「関係フレーム理論*」と呼びます（谷，2009）。

ACT では，心理的問題に影響を及ぼすような認知や思考も，表出されない言語行動であるととらえており，それらは関係フレームづけによって，非常に精緻化され，自動的にネットワーク化している状態であると考えます。その結果，認知的フュージョンや体験の回避が高まっているとして，ACT では嫌悪的な思考や感情に直面したときは，それらのコントロールを放棄させて（創造的絶望*），嫌悪的な思考や感情を受容し，自分が価値をおいている行動に取り組むことを，エクササイズやメタファーを用いて促していきます。

考えてみよう

うつ病で休職中のクライエントが公認心理師のもとを訪れました。抑うつ症状はある程度落ち着いており，職場の上司とも復職時期について相談を始めましたが，復職についての不安が強く，自宅でソファーに横になっている時間が多いそうです。公認心理師はどのようにクライエントの復職を支えていけばよいでしょうか。

🪶 本章のキーワードのまとめ

認知行動療法	従来の行動療法と認知療法を総称して認知行動療法と呼んでいる。認知や行動といった観察可能な反応を手がかりに，その人の人生や生活を豊かにするために必要な認知や行動を選択できるように支援していく心理療法。
認知心理学	外界の刺激をどのように認識し，処理・理解しているのかといった，人間の情報処理過程を明らかにしようとする心理学の領域。記憶や注意といった認知機能の研究や，言語や思考，意思決定など高次な心的活動に関する研究を行う学問である。
認知療法	ベック（Beck, A. T.）によって開始された心理療法である。ベックは出来事や状況のとらえ方（認知）が気分や行動に相互的に影響を与え，うつ病をはじめとした心理的問題はこの認知の偏りや誤りがあると考えた。認知の見直しには，認知概念化や認知再構成法といった技法が用いられる。
論理情動療法	エリス（Ellis, A）は，問題となる感情や行動は，個人の経験する出来事と個人のもつ不合理な信念（イラショナル・ビリーフ）との相互作用の結果として生じるものであるという理論を提唱し，そうした感情や行動を変容するためには，治療者による患者への積極的な反駁（論駁）が必要であると考えた。
自己教示訓練	マイケンバウム（Meichenbaum, D. H.）によって開発されたストレス免疫訓練の主要技法である。ストレス場面において，自分に言い聞かせている言葉（自己陳述）とその影響を検討し，適切な自己陳述リストを作成して，それらをリハーサルとして自分に言い聞かせることで，適切な認知的評価やストレス対処の獲得を目的としている。
科学者―実践者モデル	科学者として論文や成果を発表できるようなスキルを身に着けるとともに，アセスメントや介入において最新のエビデンスを実践に適用し，その評価も行っていくことができる実践家の養成を目指した臨床心理学の訓練モデル。
第 3 世代の認知行動療法	認知や行動の中身（内容）の変化を重視していた第 2 世代と異なり，認知や行動が生じる文脈や機能を重視し，クライエントにとって価値のある生活に必要な認知や行動を選択していくことを支えるものである。症状の軽減や改善だけを目的とするのではなく，クライエントの生きるうえでの価値や自己のあり方もテーマとして積極的に扱う。
行動活性化法	抑うつ状態の維持・悪化は，抑うつ状態によって正の強化子への接触機会が減るとともに，嫌悪的場面からの回避行動によって行動レパートリーが縮小した結果であると理解し，回避行動のパターンを分析したり，快気分につながるような行動を積極的に行うように支援する。
マインドフルネス認知療法	物事を価値判断せずにあるがままに受け入れ，現在の瞬間に注意を向けつづけることやそれによる気づきというマインドフルネスの態度を，認知療法の理論や実践の枠組みに取り入れたプログラム。
アクセプタンス＆コミットメント・セラピー	苦痛や心理的問題をなくすことだけにとらわれず，自分の人生における価値にとって必要な行動を選択できるように支援するセラピー。エクササイズやメタファーなどの体験を重視している。

第7章

システムズ・アプローチに 基づく支援：家族療法

この章では，システム論の概要について触れ，どのような特徴がある考え方かを説明します。そして，システム論に基づくアプローチ（システムズ・アプローチ）として，家族療法を取り上げます。一口に家族療法といってもさまざまなアプローチがありますが，その三大源流ともいえる3つのアプローチの基本的な概念と，セラピストの基本的な態度および技法について解説します。

1 | システム論と家族療法

1 システム論とは

　システムは，日常的にもよく使われる言葉ですが，元はギリシャ語で「一緒にされたもの」という意味であり，日本語としては「秩序をつけて組み立てられた全体」（遊佐，1984）という意味です。システムというと機械や無機質なものを想像するかもしれませんが，実はシステムと呼べるものは，この世のなかに無数に存在します。時計や車などの私たちにとって身近な機械もシステムですし，蟻も鳥も犬も猫もライオンも人間とは異なる生物ですがシステムです。また，人間集団の家族も学校も職場も地域社会も国家もシステムですし，自然界に存在する地球も太陽も宇宙もシステムです。

　このような一見するとまったく異なるものに思える多種多様な生物・無生物を共通原理で説明しようとするのが**一般システム理論**（General Systems Theory）であり，理論生物学者のフォン・ベルタランフィ（von Bertalanffy, L.）によって考案されました。

2 システムの特性

　それでは，多種多様なシステムが共通してもっている特性のなかでも，家族を理解するうえで基本的なものをいくつか取り上げて説明をしましょう。

①階層性（hierarchy）

　あるシステムは，それよりも小さなシステムであるいくつかのサブシステム（下位システム）から成り立っています。また，そのシステムよりも大きなシス

プラスα

一般生物体システム理論（General Living Systems Theory）

ミラー（Miller, J. G.）が精神医学界でのシステム理論の適用を重視して，人間などの生物体に当てはまる理論として発表したもの。

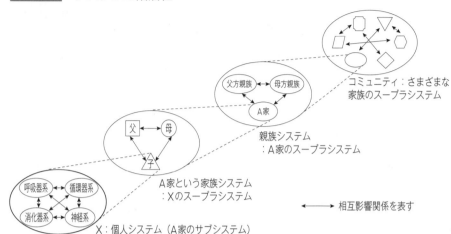

図7-1　システムの階層性

コミュニティ：さまざまな
家族のスープラシステム

父方親族 ↔ 母方親族
A家

親族システム
：A家のスープラシステム

父 ↔ 母
子

A家という家族システム
：Xのスープラシステム

呼吸器系　循環器系
消化器系　神経系

X：個人システム（A家のサブシステム）

←→　相互影響関係を表す

テムであるスープラシステム（上位システム）を構成するサブシステムの一つということもできます。これをシステムの階層性といいます。

たとえば，子どもを当該システムとしたとき，子どもの身体を構成している諸器官（神経系，消化器系，呼吸器系，循環器系など）はサブシステムであり，一方で子どもの家族は，スープラシステムとなります。そして，家族を当該システムとみなすと，父親と母親は親サブシステム，子どもたちは子どもサブシステムといえますし，父親と息子は男性サブシステム，母親と娘は女性サブシステムといえます。さらに，父親と母親それぞれの親族はスープラシステムといえます（図7-1）。

②開放システム（open system）

さまざまなシステムは，自己完結的にそれ単体で存在しているわけではなく，ほかのシステムに対して開かれ，お互いに影響を与え合っています。

父親・母親・子どもの3人から成り立つ核家族を例にとると，父親・母親・子どもの三者間でさまざまなやりとりがされて影響を与え合っているだけではありません。3人それぞれの重要なスープラシステムとして，両親には職場や地域社会，子どもには学校が考えられ，それぞれが影響を与え合っています（図7-2）。たとえば，子どもが学校で友達関係にトラブルが生じて登校を渋るようになると，母親が心配してふだんはあまり会話をしない父親に相談し，父親はどうしてよいかわからないものの，早く帰宅するようになるといった変化が生じるかもしれません。

③円環的因果律（circular epistemology）

私たちはふだんから，さまざまなことを原因と結果で説明しようとします。こうした理解の仕方を，直線的因果律（linear epistemology）といいます。直線的因果律では，原因とみなされている人が悪者や加害者で，その人が変わるべきと考えがちです。たとえば，夫婦喧嘩においては，お互いに相手の言動が

プラスα

**閉鎖システム
（closed system）**

開放システムに対して，外部との間で刺激や情報のやりとりがない自己完結的なシステムのこと。ただし，本当にそのようなシステムがあるといえるかは疑問。地域社会や家族外の人たちとほとんど付き合いのない「閉鎖的な家族」はあるが，まったく外の社会とのつながりや人間関係をもたず，その家族だけで生存していけるような，完全に閉鎖した自己完結的な家族があるとは考えにくい。

図7-2 家族システムの開放性

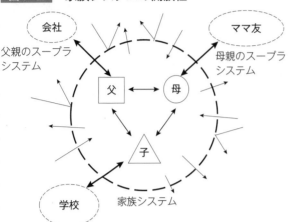

会社

父親のスープラ
システム

ママ友

母親のスープラ
システム

父 ⟷ 母

子

学校

家族システム

子どものスープラシステム

注：家族システム内部で、父・母・子はお互いに影響を与え合っている。また、家族は外部のさまざまなシステムとの間でも影響を与え合っている。

図7-3 円環的因果律

妻から離れようとする

いい加減にしてくれ
仕事だからしょうがないだろ

悪循環

私と仕事とどっちが大切なの!!
私、とっても寂しいの!!

夫に近づこうとする

プラスα

円環的因果律で理解する際の留意点

円環的因果律に基づくと、原因探しや犯人捜しには意味がなくなる。ただし、虐待、DV、浮気といった問題には、加害者―被害者という側面があるので、直線的因果律で理解することも必要である。

原因で、その結果、自分の方がストレスを抱えていると感じていることがしばしばみられます。妻の立場からは、夫は仕事が忙しくて自分のことをかまってくれないから（原因）、寂しい思いをしている（結果）ということになります。一方夫の立場からすると、妻が口うるさいから（原因）、自分は帰りたくなくなる（結果）ということになります。

これに対して、個人や家族などをシステムとしてみなし、相互影響関係のなかで理解するのが**円環的因果律**です。これは、あることが原因となってある結果をもたらし、その結果が次の原因となって次の結果をもたらすという、複数の要素が互いに複雑に絡み合っていて、何が原因で何が結果なのかを特定することは難しい、というとらえ方です。

上記の夫婦の喧嘩は、円環的因果律に基づくと次のようにみることができます（図7-3）。この2人の間で起こっているのは、妻が夫の愛情を求めて不満をぶつけて近づこうとすると、夫は自己防衛的に言い訳をして妻から距離をとろうとする、すると妻はさらに夫を責める、夫はますます逃げようとする、というやりとりです。追えば追うほど逃げるし、逃げれば逃げるほど追うという悪循環です。このようにみてみると、どちらの言動も原因であり結果であって、どちらが原因とか悪者とか単純にはいえなくなります。したがって、この夫婦の葛藤が解決されるためには、どちらか一方だけが変わるのではなく、2人が変わること、つまりお互いの関わり方、関係そのものを変えることが重要になります。

3 システムとしての家族と家族療法

このようなシステムの特性を家族に当てはめると、家族とは次のような特徴をもったシステムとして理解することができます。

①家族システムは、一人ひとりの家族メンバー（個人システム）の特徴を足し合わせた集団ではなく、家族メンバー全員が関わってつくる関係やパターンをもつシステムです。したがって、一人ひとりの家族メンバーのパーソナリティや心理的特徴を詳細に分析してそれらを足し合わせても、家族システムそ

のものを理解したことにはなりません。

　②家族システムは開放システムであり，家族システム内部だけでなく家族外のほかのシステムとの間でも，円環的な相互影響関係のなかで生きています。そして，個人の変化は家族システム全体の変化をもたらしますし，反対に，家族システム全体の変化は個人の変化をもたらします。また，学校・職場・コミュニティ・政治・経済といった社会システムからの影響を受けるし，影響を与えてもいます。

　③家族システムのなかで起こるさまざまな問題や葛藤を，単純な原因─結果の直線的因果律で理解するだけでは不十分であり，個人・家族・社会という文脈のなかで円環的因果律に基づいて理解することが重要です。

　このように，家族をシステムとみなして問題を理解し援助しようとする心理療法を，**家族療法**といいます。また，家族のなかで何らかの問題を呈している人は，その人自身の問題や病理もあるかもしれませんが，家族システムが何らかの危機に直面していたり，課題を抱えていることを現しているのかもしれません。そのため，家族療法では問題や症状を呈している人を IP（Identified Patient：患者とみなされた人）と呼びます。

2 ｜ 代表的な家族療法理論と鍵概念

　個人心理療法と一口にいっても，精神分析，来談者（クライエント）中心療法，認知行動療法など多くの心理療法があるように，家族療法も単一のアプローチや学派を指すのではなく，さまざまな理論とアプローチの総称です。いずれもシステム理論を基盤にしていますが，家族システムのどこに焦点を当てるかが異なります。ここでは，家族療法の三大源流といえるアプローチを取り上げ，家族の問題を理解するうえでの鍵概念を説明します。

1 ブリーフ・セラピー（brief therapy）

　家族システムの機能的側面，とりわけコミュニケーションに焦点を当てたアプローチで，コミュニケーション派ともいわれます。カリフォルニア州パロ・アルトにある MRI（Mental Research Institute）で誕生し，一般システム論や後述する二重拘束を提唱したベイトソン（Bateson, G.），天才といわれた催眠療法家ミルトン・エリックソン（Milton, H. Erickson）らの影響も受けて発展してきました。**ブリーフ・セラピー**では，心理療法を求めてくる人の問題は，そのきっかけが何であれ，現在も続いているクライエント自身の行動や周りの重要な人との関係のなかで持続されていると考え，そのパターンに介入していきます。

プラスα

面接形態

家族療法は，両親と子どもなどが同席する合同面接の形態で行われるのが一般的である。しかし，遊佐（1984）が述べたように，家族療法では患者（あるいはクライエント）とセラピストの1対1の対応や，家族の一員（患者自身やそれ以外のメンバー）とセラピストとの1対1の対応という個人療法的形態をとることもある。つまり，家族療法とは，セラピストが家族の何人かと会うという面接形態のことではなく，個人や家族の葛藤や問題に対するシステム論的な認識とアプローチを指している。

さまざまな家族療法

三大源流のほかには，象徴的体験的家族療法，対象関係論的家族療法，戦略派家族療法，ミラノ派家族療法，メディカル・ファミリー・セラピーなどがある。

プラスα

ブリーフ・セラピーの治療原理

クライエントが訴える症状や問題の解決や軽減を目的とする。また，なぜ，どうしてこうなっているのか，ということは問わず，具体的な変化が起こることを重視する。一見非論理的にみえることでも，役に立つ変化の促進方法を重視する。

①解決の試み（attempted solution）と悪循環

　私たちは，何か問題が生じた時に，なんとかしてその問題を解決しようと努力しますが，それが問題を一層持続させてしまうという皮肉な結果に陥りがちです。たとえば，眠れない時に眠ろう眠ろうと努力することで，かえって眠れなくなるということは多くの人が経験しているでしょう。

　ブリーフ・セラピーでは，それまでとは異なる行動を起こすことで，こうした問題をめぐる悪循環を断ち切り，問題解決につなげます。

②二重拘束仮説と治療的二重拘束

　二重拘束とは，矛盾したメッセージを同時に送ることです。たとえば，言語的には「愛しているよ」と言いながら，非言語的にはしかめっ面をして拒否的な態度であったら，受け手はどう受け止めてよいのか混乱するでしょう。この場合，「愛しているよ」に反応して近づこうとすれば拒絶され，拒否的態度に反応して近づかなければ，「あなたは私を愛していないの？」と非難されるので，どちらに反応しても否定的な反応しか返ってこないことになります。

　これに対して治療的二重拘束とは，セラピストがクライエントに対して治療的な目的で行う二重拘束です。たとえば，「自分は人に対して No を言えない，自己主張できない人間なんです」というクライエントに対して，セラピストが「これから最低でも 1 日 1 回は，親から言われたことに対して No と言うように」という指示を出したとしましょう。するとクライエントは，「先生，そんなことできません。No が言えないから僕は困っているんです」と言うかもしれませんが，これはセラピストの指示に対して No を言えていることになります。つまり，セラピストの指示に従えば親に No を言うことになり，従わなければセラピストに No を言うことになるので，どちらに転んでもクライエントの役に立ちます。

　ただし，実際のセラピーで治療的二重拘束を使うのはこれほど単純ではなく，クライエントの問題や人間関係に即したメッセージを伝えることが重要です。セラピストの観察力と創造性が問われます。

2　構造派家族療法（structural family therapy）

　家族システムの構造的側面を重視し働きかけるアプローチです。アルゼンチンの児童精神科医であったミニューチン（Minuchin, S.）はアメリカに渡り，ニューヨークのスラム街の非行少年とその家族の治療にあたり，以下に挙げる家族の構造を重視する**構造派家族療法**と呼ばれるアプローチを開発しました。

①境界（boundary）

　家族メンバーの誰と誰が心理的に近いか遠いかを示す概念です。たとえば，子どもに何か問題が現れている時，母親と子どもの境界は曖昧で密着した関係にあり，父親と母親，父親と子どもの境界は堅固で，関わりがほとんどなく疎遠な

プラスα
ランチセッション
思春期やせ症に対しても積極的に家族療法を試みたミニューチンは，患者と家族が一緒にランチを食べ，そこで生じる家族間葛藤に直接介入して変化をもたらすという，ランチセッションを行った（Minuchin et al., 1978）。

関係になっていることがよくあります。このような場合，母親と子どもが過剰に関わり合いすぎず，父親と子どもとの交流を促進するように，また父親と母親が夫婦として協力関係を築いていけるように，セラピストは働きかけていきます。

②パワー（power）

家族メンバーがほかの家族メンバーにどの程度の影響力をもっているかを表す概念です。一般的な家族の場合，両親のパワーは子どものパワーよりも強く，夫婦間では対等もしくは一方が他方よりもやや強いでしょう。

しかし，子どもに問題が現れている場合，時に子どもが親よりもパワーをもっていることがあります。たとえば子から親への家庭内暴力は，子どもが親を支配しているともいえる状況であり，親が子どもの要求を何でも受け容れるのではなく，時には親として毅然とした態度がとれるように，セラピストは働きかけるでしょう。また，夫婦間では多少はパワーの差があるのが普通ですが，もし夫が妻を支配するようなパワーをもっている場合，妻が適切に自己主張できるように，また夫が妻の言い分に耳を傾けるようにセラピストは働きかけ，妻のパワーを高め夫とのパワー格差を小さくする必要があるでしょう。

③迂回連合（detouring coalition）

迂回とは回り道という意味ですが，夫婦間に潜在的な葛藤や問題があっても，子どもを責めたり悪者にすることで，夫婦が表面的には一致しているようにみえる状況です。夫婦がともに子どもを虐待しているような場合や，非行などの子どもの問題行動に悩んでいるといいながらも，積極的に子どもと関わろうとしない夫婦などにみられるものです。

3　多世代家族療法（transgenerational family therapy）

家族システムの属性のなかでも，家族の歴史や発達過程を重視するアプローチです。たとえば，子どもに何らかの問題や症状がみられたとき，一般的には子どもと親との２世代の関係が注目されますが，**多世代家族療法**では祖父母を含む３世代以上の拡大家族システムの歴史と発達を視野に入れます。つまり，親が子どもをどのように育ててきたかだけでなく，その親は祖父母からどのように育てられてきたか，子ども時代にどのような体験をしてきたかも視野に入れます。これは，過去に原因があって現在の問題が起こっているとみなしているようにみえるかもしれませんが，むしろ原因はどこまでさかのぼっても特定することはできないものであり，それよりも家族がどのようにしてストレスや葛藤を抱えながら生きてきたか，苦労してきたかを共感的に理解しようとするアプローチです。とりわけ，家族の傷つきや痛み，喪失体験やトラウマなどが重視されます。

①核家族の感情過程（nuclear family emotional process）

多世代家族療法のパイオニアの一人で家族システム理論（Family Systems

プラスα

多様な夫婦関係

妻の方が夫よりもパワーがあって支配的というパターンもある。

構造派家族療法の展開

近年の構造派家族療法は，成人メンバー，とりわけ親の過去の歴史を重視するようになっている（Minuchin et al., 2007）。

語句説明

多世代家族療法

多世代家族療法のパイオニアには，元々精神分析を実践していた臨床家が多く，個人の心理的世界を重視する個人療法とシステム論に基づく家族療法の両方の要素を統合したアプローチとして発展してきた。

プラスα

自己分化

ボーエンは，私たちの
精神機能は感情システ
ムと知性システムから
成り立っていると考え
た。この2つのシステ
ムが分化していて両方
が機能する人は，スト
レス状況にあってもう
まく対処でき，人間関
係も良好に保てると考
えられる。自己分化度
が高い人（2つのシス
テムの両方をうまく使
える人）は，同じよう
に自己分化度が高い人
をパートナーに選び，
自己分化度が低い人
（一方のシステムをう
まく使えない人）は同
じように自己分化度が
低い人をパートナーと
して選択すると考えた。

見えない忠誠心

自分は親のようにはな
るまいと思っていたに
もかかわらず，自分自
身が親になったときに，
親と同じような問題を
抱えるという現象。ア
ルコール依存症（アル
コホリック）の親のよ
うにはなるまいと思っ
ていた人が，お酒は飲
まないものの仕事中毒
（ワーカホリック）と
なり，家族との関係が
うまくいかなくなるな
ど。

図7-4　三角関係

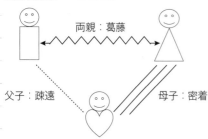

両親：葛藤

父子：疎遠　　　　　　母子：密着

Theory）を提唱したボーエン（Bowen, M.）は，夫婦に深刻な葛藤や緊張状態
があるとき，以下のようなメカニズムが生じると考えました。

• 感情遊離（emotional distance）

夫婦間で感情的反応を回避することです。お互いにデリケートな話題は避け
る，口をきかない，寝室を別にする，仕事や趣味などに没頭して顔を合わせな
くて済むようにする等です。

• 夫婦の衝突（marital conflict）

いわゆる夫婦喧嘩です。衝突と和解のサイクルがみられますが，散発的に生
じる場合もあれば，頻繁に生じかつ長期間持続する場合もあります。

• 配偶者の不適応（spouse dysfunction）

夫婦関係のストレスから，一方に精神症状や身体症状が現れることです。症
状が現れた人は，パートナーとの関係におけるストレスに気づいている場合も
あれば，まったく無自覚な場合もあります。

②三角関係（triangle）

ボーエンは，2人で構成される人間関係は不安定になりがちだと考えました
が，その代表的なものが夫婦関係です。夫婦の間でお互いにうまく対処できな
い葛藤やストレスが生じたとき，第三者を巻き込むことでその葛藤やストレス
を緩和しようとします。巻き込まれる第三者とは，子ども，それぞれの親，浮
気相手などですが，三角関係が形成されると，元々の夫婦間の葛藤やストレス
は表面的にはみえにくくなります。

しばしば生じる典型的な三角関係は，母親が父親に対する不満を子どもに言
い続け，母親と子どもが密着する一方，子どもと父親との関係は疎遠になり，
2対1の関係になることです（図7-4）。その結果，表面的には夫婦間葛藤は
みえにくくなりますが，時間が経つにつれて，子どもの不登校などのさまざま
な問題が発現することがあります。そのような場合，母子関係だけに焦点を当
てていては，問題解決につながらない可能性があります。背景にある夫婦間葛
藤や，父子関係が疎遠であることも考慮する必要があるのです。

③忠誠心（loyalty）の葛藤

文脈療法のボスゾルメニイ＝ナージ（Boszormenyi-Nagy, I.）は，家族を結
びつける心の絆を忠誠心と表現しました（平木，1996）。肯定
的な忠誠心は，家族への同一化や思いやりや献身につながりま
すが，否定的な場合は強制や支配・服従につながりかねないも
のです。また，家族のなかでは忠誠心をめぐって葛藤が生じる
こともあります。

たとえば，新婚期は夫婦間の水平的忠誠心（同じ世代内の横の
関係での忠誠心）と夫婦双方の源家族との垂直的忠誠心（異なる
世代間の縦の関係での忠誠心）のバランスをどのようにとるかが

重要な発達課題です。たとえば嫁姑問題は，嫁と姑の二者関係の問題のようにみえますが，実際は夫の母親にする垂直的忠誠心が非常に強く，妻に対する水平的忠誠心が弱いために，母親と妻との関係がうまくいかなくなっているという現象であり，夫が母親と妻にどのように関わるのかという問題でもあるのです。

④破壊的権利付与（destructive entitlement）

　他者に対して破壊的に振る舞う権利をもっているかのような，否定的な言動の背景にあるメカニズムです（中釜，2001）。源家族（生まれ育った家族）での体験として，家族とりわけ親から温かい肯定的な関わりを十分受けることができなかった人のなかには，自分自身が家族をもった時に，ほかの家族メンバーの欲求，感情，不安，考え方などに対する感受性や関心，配慮の欠如がみられたり，自分の言動がほかの家族メンバーにどのように受け取られているか，どのような否定的な影響を及ぼしているかについて無自覚な人がいます。そのため，子どもを心身ともに傷つけたり，パートナーと親密な関係を築けなくなることがあります。

　現在の子どもやパートナーとの関係だけみれば，その人自身の問題が非常に大きいようにみえます。しかし，その人がどのように育てられたのか，子ども時代にどのような体験をしてきたのかが理解できると，その人自身が「苦しい思いに耐えてきた人」「不公平に扱われてきた人」「孤独ななかを生きてきた人」であることがみえてきます。そこがセラピストによって十分共感的に理解されると，自己受容が進み，子どもやパートナーに対する言動も少しずつ肯定的に変化していきます。

3 ｜ 家族療法におけるセラピストの基本的態度と技法

　通常，家族療法では複数の家族メンバーとの合同面接の形態をとることが多く，そのなかで家族の関係性に変化をもたらすことが重要になります。そのため，セラピストに求められる基本的な態度やセラピーで用いられる技法も，個人心理療法の場合とは異なるものがあります。

1 ジョイニング（joining）

　ジョイニング*とは，ミニューチンが用いた言葉で，セラピストが家族と信頼関係を築くプロセスを指します（Minuchin, 1974）。家族との信頼関係が基盤にあってこそ，家族は自分たちの問題に向き合って解決しようと努力をし，セラピストの治療的介入も効果を発揮します。ジョイニングには 3 つの要素があります。

　1 つめは，追跡（tracking）です。セラピストは，家族に今までどおりのコミュニケーションや行動を続けるよう支持し，その交流の流れについていきま

プラスα

分裂した忠誠心

両親の夫婦関係がうまくいっておらず，子どもが一方の親と親密になることを他方の親に許されない，あるいは実親と継親との間で板挟みになるなど，子どもの心が引き裂かれるような状況をいう。

プラスα

コ・セラピー

家族療法では，2 人のセラピスト（共同治療者：コ・セラピスト）による共同治療（コ・セラピー）が行われることもある。

語句説明

ジョイニング

join の原義は「2 つ以上のものをじかにつなぎ合わせる」という意味で，○○の一員になる，仲間になる，○○に参加する，○○と合流する，協力する，などの意味がある。ジョイニングは，治療プロセスの全般を通して心がけるべきことだが，とりわけ初回面接や初期段階において重要である。セラピストは，家族のなかに違和感なく溶け込み，家族のありのままの姿を観察し体験することを通して，家族の構造的な問題や関係性，葛藤や不安を理解する。

す。具体的には，支持的なコメント，家族が語る内容を明確化するための質問，家族がいったことの繰り返し，関心をもって傾聴する態度，などです。

2つめは適合（accommodation）です。セラピストが，自分の言動を家族の交流に適合するよう調節することで，家族特有の交流のルールに従い，これまでの構造を維持することを尊重します。たとえば，ふだんは家族と関わりの少ない父親が，面接場面では率先して子どもの問題について話し，母親も子どもも黙って聞いているのであれば，しばらくその流れに従います。そして，たとえ母親の方が子どもの問題について詳しく知っているとしても，父親の話を十分聞いてから，母親や子どもに話を聴くようにします。

3つめは模倣（mimesis）です。セラピストは，家族の言語的・非言語的側面を観察し，言葉遣い，比喩的な表現，感情の表現，仕草などを，意識的・無意識的に模倣します。いわば，波長合わせともいえるでしょう。

2 多方向への肩入れ（multidirected partiality）

ボスゾルメニイ＝ナージの用語で，セラピストが家族一人ひとりを尊重して関わることです。複数の家族メンバーと面接をする際，家族合同面接に慣れていないセラピストは，家族全員に対して中立的な立場を保たなければいけないと考え，結果的に誰とも信頼関係をつくれなくなりがちです。

しかしボスゾルメニイ＝ナージは，セラピストが家族全員に対して積極的に関わることを重視しました。それが**多方向への肩入れ**です。それぞれの家族メンバーの気持ち，考え，言い分などを受容的・共感的に聴き，丁寧にフィードバックします。そして，ふだんの生活のなかではみえにくかった，家族のための些細な努力や貢献，あるいは自己犠牲を浮き彫りにし，家族全員で共有できるようにします。とりわけ，家族のなかで不公平な扱いをされてきた人や誤解されてきた人，家族に十分理解してもらえていない人には，より積極的に関わります。

一方で，家族メンバーを傷つけるような言動や否定的な影響を及ぼす言動をする人に対しては，率直に指摘することもあります。たとえば，親としては決して子どもを傷つけようと思って言っているわけではないけれども，「この子，出来が悪くて」と言うたびに子どもが悲しそうな顔をするのが観察されたら，率直にそのことを伝えます。

セラピストが家族それぞれの立場に立って話を聴くことで，それぞれが理解してもらえたと感じることができ，家族内の葛藤や衝突は軽減されます。そして，家で家族だけで話をする時には伝えるのが難しい，お互いの率直な気持ちや考えを話し，ほかの家族メンバーの話にも耳を傾ける対話が可能になっていきます。

3 ジェノグラム（genogram）

ボーエンが開発したツールにジェノグラム（図7-5）があります。これは，

プラスα

肩入れの範囲

多方向への肩入れにおいては，合同面接に参加している家族メンバーだけでなく，参加していない家族メンバー，すでに亡くなっている人やこれから生まれてくる子どものことも考慮しながら面接を進めていく。

プラスα

ジェノグラムインタビュー

ジェノグラムを作成するための面接。セラピストと家族との協力関係が重要で，ホワイトボードや大きな画用紙を使うなどして，家族にもみえるようにして行う。現在から過去に至るまでの家族のさまざまな出来事や家族メンバーの関係について，共感的な応答をしながら質問をしていく。

3世代以上の拡大家族システムの構造や特徴，人間関係や葛藤のパターンなどを視覚的かつシステミックに把握できるものです（McGoldrick et al., 2008）。ジェノグラムは，多世代家族療法だけでなく，ほかの家族療法やさらには個人療法においても活用されています。過去から現在に至るまでの家族のさまざまな問題や葛藤，人間関係のパターンが記載されますが，それらの

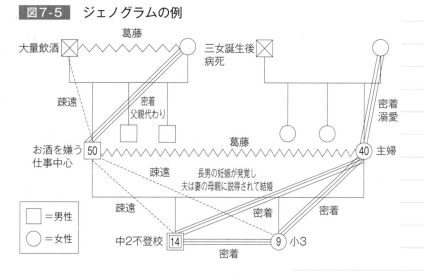

図7-5　ジェノグラムの例

情報から家族の病理や否定的な側面ばかりに注目するのではなく，さまざまな問題や葛藤を抱えながら，家族がどのようにして苦悩しながら生きてきたか，努力してきたかということを想像するとともに，家族がもっている資源にも注目する必要があります。

4　リフレーミング（reframing）

　家族療法でよく用いられる技法の一つがリフレーミングです。**リフレーミング**とは，問題とされている内容や事実は変えずに，枠組みや文脈を変えることによって，意味づけを変える技法です。たとえば，親が"しつけだ"といっている子どもへの暴力を，児童相談所の職員が"虐待だ"というのもリフレーミングです。しかし，多くの場合セラピーでは，個人や家族が否定的に意味づけていることをセラピストが肯定的に意味づけるという介入がされます。小学生までは従順で親のいうことをきいていた子どもが中学生になって"反抗的になった"と親が不満を感じている時，セラピストは"自立の証"と意味づけることができるかもしれません。

　また，家族療法の場合は，当人たちが個人の問題とみなしていることを，セラピストが夫婦や家族の関係性の問題として意味づけることも，リフレーミングです。たとえば，夫の浮気によってうつ状態になった妻について，夫が"うつだから精神科に行って薬を飲むべき"と妻個人の問題に帰している時に，"奥さんのうつは，夫婦の信頼関係が揺らいでいることの重要なサインです"と，二人の関係の問題として提示する等です。リフレーミングによって，家族は問題を全体的・多面的に見直すことができるようになり，認知や感情，行動面でも変化が生じます。

リフレーミング

リフレーミングは，単なるポジティブ思考や言い換えではない。効果的なリフレーミングは，セラピストの受容的・共感的態度が基本にあり，問題を適切に理解できていることが大前提である。したがって，その言葉や介入のタイミングもケースバイケースである。

4 | 家族療法の活用

　これまで述べてきたように，家族療法はシステム論を基盤としており，円環的因果律など，私たちのふだんのものの見方とは異なります。そのため，一般的な個人療法とは相容れないものであると考えられてきました。しかし，欧米ではすでに1990年代から個人療法と家族療法の統合が模索されており，わが国においても少しずつ実践されています（平木・野末，2000；中釜，2010；野末，2003）。

　また，子どもに何か問題が生じたとき，わが国では母子並行面接が一般的に行われますが，近年では父子での相談も珍しくありませんし，夫婦で子どもの問題の相談に来ることも増えてきました。そして，虐待やDVをはじめ夫婦関係や親子関係の問題に悩み，解決したいと思っている人も増えています。そうした家族の関係性を理解し問題を解決するためには，個人の心理だけでなく家族システムの特徴も視野に入れて両者を統合的に理解し，個人も家族も支援していくことが必要です。家族を支援することは，個人の支援にもつながるのです。

考えてみよう

仕事熱心で子育てに関わってこなかった父親，教育熱心で息子を溺愛してきた母親，ゲーム好きで気弱な中学生の息子の3人が，息子の不登校のことで相談に来たとします。もしあなたがこの家族の家族療法をするとしたら，3人に対してそれぞれどのような感情を抱くでしょうか。そして，それはその後の面接にどのような影響を及ぼす可能性があるでしょうか。

🖋 本章のキーワードのまとめ

一般システム理論	理論生物学者のフォン・ベルタランフィによって考案された理論。一見するとまったく異なるものに思える多種多様な生物・無生物を共通原理で説明することができる。対象をシステムとして理解し支援する方法を，システムズ・アプローチという。
円環的因果律	あることが原因となってある結果をもたらし，その結果が次の原因となって次の結果をもたらす，あるいは，複数の要素が互いに複雑に絡み合っており，何が原因で何が結果かを特定することは難しいという考え方。
家族療法	家族をシステムとみなし，問題を家族の相互影響関係の文脈で理解し援助する心理療法。家族合同面接が基本ではあるが，必ずしも複数の家族メンバーを対象に面接するとは限らない。
ブリーフ・セラピー	家族システムの機能（コミュニケーション）に着目し，問題をめぐる悪循環を断ち切ることで解決しようとするアプローチ。
構造派家族療法	家族システムの構造に着目し，構造を変化させることで症状や問題を解決するアプローチ。近年は家族の歴史を重視している。
多世代家族療法	家族システムの発達や歴史に着目するアプローチ。少なくとも 3 世代以上の拡大家族システムを視野に入れる。
ジョイニング	家族療法において，セラピストが家族システムに仲間として加わり，信頼関係を構築していくプロセス。追跡，適合，模倣の 3 つの要素から成る。家族療法の全過程で重要であるが，とりわけ初回面接や初期段階では重要で，その後のプロセスを大きく左右する。
多方向への肩入れ	家族合同面接において，セラピストが家族一人ひとりに積極的に関わり，受容的・共感的にそれぞれの立場で話を聴いていくこと。時には，否定的な影響を指摘することもある。しだいに家族メンバー同士の対話が可能になっていく。
リフレーミング	問題とされている内容や事実は変えずに，枠組みや文脈を変えることによって意味づけを変える技法。通常は，否定的に意味づけられていることを肯定的に意味づける介入がされる。

第8章 社会構成主義に基づく支援

> この章では，社会構成主義に基づく支援について紹介します。そのためにまず，社会構成主義そのものについて解説します。次に，社会構成主義のエッセンスを組み込んだ心理療法アプローチとして，解決志向ブリーフセラピーとナラティヴ・セラピーを紹介します。最後に，臨床心理学における社会構成主義に基づく支援の位置づけについて解説します。

1 社会構成主義

　皆さんは，自分の前にあらわれる「現実」が絶対的なものだと信じていますか？　この問いに答えることは難しいかもしれませんが，この問いに対するヒントを与えてくれるのが社会構成主義です。

1 社会構成主義とは

　社会構成主義（social constructionism）とは，「現実」は社会的に構成されている，つまり，人々の営みによって作り上げられている（Berger & Luckmann, 1966）という考え方です。以下，解説を加えながら，社会構成主義の4つの前提（Burr, 2015）について説明します。

　まず，社会構成主義は，疑われてこなかったような「現実」に対して批判的な態度をとります。たとえば，「女性」や「男性」という分け方は客観的なもので疑問にさえ思わない人も多いでしょう。ただ，多様化が進む現代において，何をもって「男性」的あるいは「女性」的といえるのかについては，よくよく考えると色々な面で疑問が出てきます。

　次に，社会構成主義は，歴史的・文化的に固有な「現実」を前提としています。たとえば，「女性」と「男性」に対して抱くイメージは，普遍的なものというよりも，時代や文化圏によって違ってくる面があると想定します。皆さんも，江戸時代と現代では，「男性」と「女性」について抱かれていたイメージは違うものだと思うのではないでしょうか？

　また，社会構成主義は，「現実」は人々の日々の（特に言語面での）やりとりによって作り上げられていると考えます。たとえば，小さい子どもの服などの

色について，「女の子なら赤（系統の色）」「男の子なら青（系統の色）」といわれることも多いのではないでしょうか？　もともと色と性別は無関係です。しかし，このような社会的やりとりによって，「何が女性（あるいは男性）らしい」という「現実」が作り上げられています。

　最後に，社会構成主義では，作り上げられた「現実」と人々の行為は影響し合いながらともに展開すると考えられています。たとえば，日本は諸外国に比べて「男性は仕事」「女性は家庭」という性役割意識が依然として強い状況です（鈴木，2017）。この根深い性役割意識の影響もあり，日本の組織では女性の管理職が少ない「ガラスの天井」のような不平等もあります。また，そのような不平等が存在することで，性役割意識がさらに強くなっても不思議ではありません。

　以上からもわかるように，社会構成主義の特徴は，色々な角度から「当たり前」を疑う点にあるといえるでしょう。

2　社会構成主義の歴史

　「当たり前」を疑う社会構成主義が，どうして台頭したのでしょうか？　以下，解説を加えながら，社会構成主義の展開における 3 つの重要な流れ（Burr, 2015）について説明します。

　1 つ目は，哲学からの影響です。中世では宗教に基づくものの見方が主流でしたが，18 世紀中頃から啓蒙主義の考え方が強まりました。啓蒙主義は，「真実」を理性や論理によって明らかにしようとします。啓蒙主義により，唯一の「真実」を前提としながら，学問も含め世界のさまざまな側面で近代化が進みました。しかし，現代社会をみると，想定された唯一の「真実」のようなものがあるようには思い難い状況です。そこから，**ポストモダン**という近代を超えようとする視点が台頭し，社会構成主義的な考え方が重視されました。

　2 つ目は，社会学からの影響です。社会学には知識社会学という領域があります。これは，特定の知識（たとえば，イデオロギー）が，いかに社会的なもの（たとえば，政治や経済や文化）によって作り上げられているかに関心を向ける領域です。その知識社会学のなかで，人々の相互作用に着目するアプローチが出てきました（Berger & Luckmann, 1966）。そこでは，日常生活における人々の相互作用によって，さまざまな社会的現実がつくられると考えます。そして，その考え方が社会学以外にも影響力をもつことになりました。

　3 つ目は，近代化の産物として発展した心理学に対する疑問です。まず，心理学が導き出す知見は普遍的なものであるという前提に疑問がもたれました。また，科学的手法を重視する心理学の実験は，条件を統制しようとするあまり実生活から「浮世離れ」しているのではないか，という疑問がもたれました。このような疑問に対する答えを求めて，社会構成主義が心理学でも注目される

語句説明

ポストモダン
ポストモダンとは「理性による啓蒙を基盤とした近代の制度，実践，思考は，真理を提示する力においても，批判的な分析力においても袋小路に陥ったと指摘し，消費社会や情報社会に対応する知や実践のあり方を提唱し実践する哲学的，文化的思潮」（岩崎，1998, p. 1491）である。

ようになりました。

こうした動きのなか，臨床心理学においても社会構成主義の影響が現れるようになりました。たとえば，多くの心理療法アプローチが「白人男性」という権力が集中しやすい人々によって考案され，「正しいもの」として臨床心理学で展開しました。しかし，社会の多様化とともに，多文化間カウンセリング*(multicultural counseling) を含め，従来型の心理療法アプローチを問い直すアプローチも出てきています。そして広義には，それらも社会構成主義に基づく支援とみなされています (Prochaska & Norcross, 2018)。

このような展開をしている社会構成主義の考え方を積極的に支援に組み込んだ心理療法アプローチの代表格として，解決志向ブリーフセラピーと，ナラティヴ・セラピーがあります (Corey, 2017；Gergen, 2015；Prochaska & Norcross, 2018)。

2 解決志向ブリーフセラピー

解決志向ブリーフセラピー (solution-focused brief therapy) は，ブリーフセラピー*の主要モデルの一つで (宮田，1994)，バーグ (Berg, I. K.) とディ・シェイザー (de Shazer, S.) が中心的な役割を担い発展しました (Corey, 2017；Prochaska & Norcross, 2018)。

1 解決志向ブリーフセラピーの特徴

解決志向ブリーフセラピーは，「問題」に重点をおく従来型の心理療法アプローチとは異なり，「解決」に重点をおきます (Corey, 2017；Prochaska & Norcross, 2018)。精神力動アプローチ，認知行動アプローチ，人間性アプローチはいずれも，クライエントが抱える「問題」に注目し，それを説明する理論をもっています。ただ，社会構成主義の視点に立てば，そのような態度にはいくつかの疑問が出てきます。たとえば，「問題」に注目しながらクライエントとセラピストのやりとりが展開すると，クライエントとセラピストの間でつくられるセラピーという現実は，「問題」を軸としたものになります。さらに，「問題」の説明の仕方は，各心理療法アプローチによって異なるため，セラピーを通して現れる現実が変わってきます。加えて，仮に「問題」をうまく説明できる枠組みが支援を通してできたとしても，実生活で変化を生み出す「解決」にはつながらない可能性があります。これらの疑問点から，解決志向ブリーフセラピーは「問題」よりも「解決」に重点をおきます。

「解決」に重点をおく解決志向ブリーフセラピーには，中心哲学となる3つ

語句説明

多文化間カウンセリング
社会・文化的要因と心理援助活動との関係を検討する分野である。北米では，この分野の知見をもとにした米国心理学会（American Psychological Association）のガイドラインが複数出ていることをはじめ，重要な役割を担っている。なお，「多文化カウンセリング」等と訳されることもある。

語句説明

ブリーフセラピー
エリクソン（Erickson, M. H.）の発想や技法を発展させ，クライエントとセラピストが協力しながら，できるだけ短期間で問題の解決を目指す心理療法アプローチであり，3つの主要モデルがある（宮田，1994）。それらは，ストラテジック・モデル，MRI（Mental Research Institute）モデル，解決志向モデルである。

のルールとして，①「もしうまくいっているのなら，変えようとするな」，②「もし一度やって，うまくいったのなら，またそれをせよ」，③「もしうまくいっていないのであれば，（何でもいいから）違うことをせよ」というものがあります（森・黒沢，2002）。これら 3 つのルールは明快です。た

表8-1	解決志向ブリーフセラピーの発想の前提

> (1) 変化は絶えず起こっており，そして必然である
> (2) 小さな変化は，大きな変化を生み出す
> (3) 「解決」について知る方が，問題と原因を把握することよりも有用である
> (4) クライエントは，問題解決のためのリソース（資源・資質）を持っており，自身の解決の専門家である

出所：森・黒沢（2002）をもとに作成（表現は，目次をもとにしながら，一部修正を加えている）

しかにこれらのルールを日頃から実践すれば，必ずしも「問題」に焦点を当てなくても，よりよい「現実」につながるだろうというイメージを抱くことができるのではないでしょうか？　このことからも，人々の日々の営みが「現実」を作り上げるという社会構成主義のエッセンスを的確にとらえ，それを心理援助活動にうまく展開させたものが解決志向ブリーフセラピーともいえるでしょう。

　そして，解決志向ブリーフセラピーには，表8-1に示すように 4 つの発想の前提（森・黒沢，2002）があります。これらも社会構成主義のエッセンスを支援に組み込んだものといえるでしょう。というのは，1 つ目の前提に関しては，社会構成主義も「現実」の可変性を特徴としています。2 つ目の前提に関しては，社会構成主義も日々の生活の営みといった小さなものが，社会的な「現実」という大きなものにつながると考えます。3 つ目の前提に関しては，社会構成主義の立場からみると，本項のはじめに述べたように，「問題」に重きをおくアプローチは必ずしも有益とは限りません。むしろ「解決」に注目する方が，「解決」を軸とした「現実」がつくられやすくなると考えます。4 つ目の前提に関しては，社会構成主義は唯一の「真実」を想定せず，文脈に依存した「真実」を想定します。心理援助が目指す「真実」がクライエントにとってのよりよい生活であるとするならば，社会構成主義に基づく支援を展開する際に「真実」につながる「答え」をもっているのは，セラピストではなくクライエントだと考えます。

2　支援における解決志向ブリーフセラピーの展開

　これらの特徴をもつ解決志向ブリーフセラピーの支援は，どのように展開するのでしょうか？　以下，図8-1に示したそのポイント（De Jong & Berg, 2013/2016）をもとに，解説を加えながら，解決志向ブリーフセラピーの支援の展開の仕方について説明します。

　まず，セラピストは「答え」を知らないという「**無知の姿勢**＊」（Anderson & Goolinshian, 1992）で支援に臨みます。そして，クライエントに自身の「専門家」になってもらいます。セラピストは，クライエントから解決につながる

語句説明

無知の姿勢
「答え」を知らないセラピストが，自身の「専門家」であるクライエントと対話を通して「現実」に接近しようとする態度である（Anderson & Goolinshian, 1992）。社会構成主義に基づく支援の基本姿勢ともいえる。

図8-1 解決志向ブリーフセラピーの支援の展開の仕方

(1) 無知の姿勢で一歩後ろから導く

(2) クライエントが望むものに注目する

(3) クライエントの願望を増幅する

(4) 例外を探求する

(5) クライエントへのフィードバックをつくる

(6) クライエントの進歩を発見し，増幅し，測定する

注：基本的に(1)〜(6)の順に展開するが，矢印のように適宜，行き来することが想定されている。
出所：De Jong & Berg（2013/2016）をもとに作成（表現は，目次をもとにしながら，一部修正を加えている）

情報を共有してもらうスタンスをとりながら，治療関係を構築しつつクライエントの話を聴きます。

　次に，「解決」を重視する視点からクライエントの望むものに注目します。その際，日々の生活で実現されていないクライエントが望むものについて詳細に聴き取ります。望みを尊重しつつ解決に取り組むと，クライエントは協力的かつ意欲的に支援に臨むと考えられています。

　クライエントが望むものがみえてきたならば，その望むものをより鮮明にさせる工夫をします。そこでは，**ミラクル・クエスチョン**＊なども行いながら，①小さくて，②具体的で，③肯定的な形で語られる「良いゴール（well-formed goal）」（森・黒沢，2002）をつくります。

　こうして，クライエントの願望を増幅させたうえで，「例外」を探します。「例外」とは，当然「問題」が起こると思っていたにもかかわらず，問題が起こらなかったケースを指します。「例外」を探すのは，「例外」のなかに，成功体験やクライエントの長所を含めた「解決」のヒントがあると考えられているからです。

　そしてセッションの終盤になると，セラピストはクライエントにフィードバックを行います。フィードバックの1つ目の構成要素は，クライエントにとって重要なものであり，クライエントの成功や長所を肯定する「コンプリメント」です。2つ目の構成要素である「ブリッジ」は，「コンプリメント」と3つ目の構成要素である「提案」をつなぐ論理的根拠となります。そして3つ目の構成要素である「提案」には，面接を踏まえて生活のなかで解決に役立ちそうなものを観察するよう提案する「観察提案」と，解決に役立つような行動をとるよう提案する「行動提案」があります。

　以上が解決志向ブリーフセラピーの初回面接で行われることです。2回目以

語句説明

ミラクル・クエスチョン

「奇跡が起こり，あなたの問題が解決したとしましょう。あなたの生活はどう違っているでしょうか」（De Jong & Berg, 2013/2016, p. 83）といった質問である。ミラクル・クエスチョンは，言葉が現実に影響を与えることに注目する。そして，言語的相互作用のなかで「奇跡」を起こさせ，そこから実生活に揺さぶりをかけられるような具体的な変化のサインを見出そうとする。

降の面接でも，同様の解決志向の手法を用いながら進歩を，①発見したり，②増幅したり，③測定することを手助けします。ちなみに，進歩を測定する際には，クライエントに「0〜10」の幅のなかで直感的にその時々の状態を答えるよう求めるスケーリング・クエスチョンも使われます。そして，解決志向ブリーフセラピーの場合，1 段階よくなると，どのような変化が具体的に起こりそうかを尋ねたりもします。スケーリング・クエスチョンをアセスメントだけでなく介入のためにも使う点が，解決志向ブリーフセラピーの特徴ともいえます。

　このように解決志向ブリーフセラピーは，「解決」に焦点をあて，クライエントからのインプットを重視しつつ，「解決」につながる実践を積極的に行うからこそ，短期間で終結する傾向にあります。

3 ナラティヴ・セラピー

　ナラティヴ・セラピー（narrative therapy）は，**物語**[*]を軸におく**ナラティヴ・アプローチ**[*]のなかでも，社会に存在する権力作用に注目しながら，社会構成主義の考え方を積極的に取り入れ体系化した心理療法アプローチです（野村，2004）。

1 ナラティヴ・セラピーの特徴

　社会構成主義は，社会に潜む権力作用を明らかにするうえでも有効な枠組みです。社会構成主義的にみた権力作用のあり方を端的に表すものとして，オーウェル（Orwell, G.）の小説 *Nineteen Eighty-Four*（邦題は『一九八四年』）（Orwell, 1949）の著名なことばがあります。

Who controls the past controls the future: who controls the present controls the past

　このことばは，現在において権力をもつ者が，過去を支配し，そして，未来さえも支配できることを表現しています。社会を見渡しても，多くの場合「歴史」を作り上げているのは権力者であり，権力者にとって都合がよい「歴史」によって，「将来」が形づくられている面があるといえるかもしれません。そして，そのような権力作用があるなかで，権力をもたない者が翻弄されることもあるでしょう。

　このことばをもとに，アメリカのロックバンド Rage Against The Machine は「Testify」という曲を書きました（Bloom, 2017）。Rage Against

---

語句説明

物語
物語には，語られる内容としての物語と，語るという行為としての物語がある（能智，2006）。ナラティヴ（narrative）とも表記される。

ナラティヴ・アプローチ
「ナラティヴやストーリーという概念を，理論構成や実践の核心に据えたさまざまなアプローチの総称」（野村，2004, p. 42）である。

The Machine は，社会問題の告発に力を注いでおり，20世紀の知の巨人であるチョムスキー（Chomsky, N.）とも対談をしたことがあります。「Testify」の曲のなかでは，先のオーウェルのことばを引きつつ，そのような権力作用によって作り上げられた社会においても，現在において誰が本当の力をもっているのかを証明（testify）することで，「現実」は変えられる可能性があることを示しています。これは，社会構成主義的にみた権力作用への抵抗のあり方を示しているともいえます。そして，権力作用に翻弄された個人も，たとえば社会構成主義的な視点に立った支援を通して，苦難に満ちた「現実」を変えることができるかもしれません。

　ナラティヴは「物語」と訳されることもありますが，ナラティヴ・セラピーでは，社会構成主義の考え方を活用しながら，社会に存在する権力作用に注目しつつ，クライエントの人生物語の理解に努めます。具体的には，困りごとを抱えるクライエントは，社会で支配的な物語である**ドミナント・ストーリー**（dominant story）に縛られた人生物語のなかで生きているために，苦しみを感じていると考えます。そして，心理援助を通して，ドミナント・ストーリーに替わる，クライエントに合った人生物語である**オルタナティヴ・ストーリー**（alternative story）をつくり上げようとします（White & Epston, 1990）。このように，権力作用と人生物語を結びつけながら，社会構成主義の視点を活用しつつ，人生の書き換えを行おうとするのがナラティヴ・セラピーの特徴です。

２　支援におけるナラティヴ・セラピーの展開

　このような特徴をもつナラティヴ・セラピーの支援は，どのように展開するのでしょうか？　図8-2に示したそのポイント（Madigan, 2019）をもとに，解説を加えながら，ナラティヴ・セラピーの支援の展開の仕方について説明します。

図8-2　ナラティヴ・セラピーの支援の展開の仕方

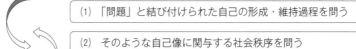

(1)　「問題」と結び付けられた自己の形成・維持過程を問う
(2)　そのような自己像に関与する社会秩序を問う
(3)　固有な体験を想起させにくくする社会の仕組みを問う
(4)　抵抗するための立ち位置を探す
(5)　対話を通しながら，望ましい自己の体現化を目指す
(6)　その体現化を支える他者を探す

注：基本的に(1)〜(6)の順に展開するが，矢印のように適宜，行き来することが想定されている
出所：Madigan（2019）をもとに作成

　ナラティヴ・セラピーではまず，これまで問われることがなかった「問題」
と結び付けられた自己（remembered problem self）が，いかに形成また維持
されてきたかを問います。たとえば，仕事と家庭の両立に悩む女性がいたとし
ます。そのような女性は，「家庭のことは女性がすべき」のような支配的な考
え方の影響を受け，「両立が難しいのは，自分に問題があるからだ」と，「問
題」と自分自身を結び付けたドミナント・ストーリーをつくったのではと問う
こともできるでしょう。

　そして，社会秩序のどの部分が，そのような自己像をつくり上げ保持するこ
とにつながったのかを問います。たとえば，日本では性役割意識が強いため，
女性は「家庭のことは女性がすべき」という意識を内面化しやすいのではとい
う疑問をもつこともできます。また，働く女性を支える十分な資源が不足して
いるなど，社会に課題があるため，「問題」と自己がつながりやすくなってい
るかもしれないという疑問をもつことも可能でしょう。

　そのうえで，改善につながり得る固有な体験を思い出すことを困難にさせて
いる，社会の仕組みが何かを問います。たとえば，上記のような社会状況では，
仕事と家庭の両立ができる女性は仕事を続け，両立が難しい女性は仕事を辞め
ていくことが多いと思われます。そうすると，現在進行形で両立に悩んでいる
存在は，周りに少ないかもしれません。両立で悩む女性は，身近にそのような
存在がいないと，自身の固有な体験を思い出すことは困難になるのではという
問いをもつこともできます。

　そして，これらの問いをもちながら，社会の支配的な見方の影響を受けない
ところで，抵抗するための立ち位置を探ります。たとえば，仕事面では「有名
企業でキャリアアップすること」，家庭面では「円満な家庭環境において，い
い子を育てて名門校に通わせること」等は，「幸せ」に関する支配的な「もの
さし」かもしれません。ただ，こういった他者の「ものさし」とは違う自分の
「ものさし」をもとに，自分が「幸せ」を感じた時のような，固有な体験を思
い出そうとすることもできるでしょう。そのうえで，思い出された固有な体験
を，抵抗の拠りどころにすることもできるでしょう。

　さらに，問題と結び付けられた自己に揺さぶりをかける対話によって，新た
に想起された望ましい自己（re-remembered preferred self）の体現化を目指
します。たとえば，セラピストとの対話をもとに，自分が「幸せ」を感じた時
といった「固有な体験」と自己との結びつきを強めて，ドミナント・ストー
リーに替わるオルタナティヴ・ストーリーをつくり上げることもできるかもし
れません。また，その新たなストーリーを生活場面でも展開するよう試みるこ
ともできるかもしれません。

　そのうえで，新たに想起された望ましい自己の体現化を支える他者を探しま
す。たとえば，家族に理解を求めることもできるかもしれませんし，人間関係

の幅を広げて，自分と似た立場の人を探すこともできるかもしれません。あるいは，直接の接触はないけれども，時代や地域を超えてつながりを感じる他者を探すこともできるかもしれません。いずれにせよ，他者を見出すことで，望ましい自己をより強固なものにしやすくできるでしょう。

このようにナラティヴ・セラピーでは，「当たり前」を疑うという社会構成主義の態度をもちながら，さまざまな点について「問い」を投げかけます。「問い」を投げかけながら，これまで深く結びついていた「問題」と自己を切り分け，「問題」を外在化*させます。そして，個人を苦しませる社会に潜む「からくり」を明らかにします。そのうえで，明らかにした「からくり」とは距離をとりながら，「固有な体験」をもとに個人に合った人生物語という新たな「現実」づくりを，対話を軸に展開させます。

語句説明

外在化

ナラティヴ・セラピーの主要技法の一つ（White & Epston, 1990）。問題を客体化（時には擬人化）させ，問題と個人を切り分ける。そうすることにより，問題に悩まされる程度を軽減させたり，問題に対応しやすくさせることを目指す。

4 ｜ 社会構成主義に基づく支援の位置づけ

ここまで，社会構成主義に基づく支援の代表格として，解決志向ブリーフセラピーとナラティヴ・セラピーについて解説しました。以下では，これらの解説を踏まえて，社会構成主義に基づく支援が臨床心理学においてどのような位置づけにあるのかを述べます。

1 社会構成主義に基づく支援が果たす貢献

まず，社会構成主義に基づく支援が果たしている 3 つの貢献（Corey, 2017）について解説を加えながら，説明をします。

第一に，社会構成主義に基づく支援は，人間という存在に対して肯定的視点を提供しています。たとえば，解決志向ブリーフセラピーでは，「答え」はクライエントの方にあり，さまざまなリソースもクライエントがもっていると考えます。ナラティヴ・セラピーも，クライエントの固有な体験が，オルタナティヴ・ストーリーのもとになると考えます。このような肯定的視点は，ともするとセラピストが救う対象とみなしがちなクライエントからこそ，教わる点が多いことを再確認させてくれるのではないでしょうか？

第二に，クライエントに積極的に関わってもらうことで，支援が短期的なものになりやすい傾向があります。特に解決志向ブリーフセラピーは，その名が示すとおり，解決に向けたクライエントからのインプットを積極的に活用することで，短期的な支援を目指します。研究によって多少値が変動しますが，解決志向ブリーフセラピーの平均面接回数は 2〜4 回といわれており（Prochaska & Norcross, 2018），実際に短期的な支援になる傾向があります。これは，

支援が不必要に長期化することで，クライエントと社会が支払わなければならないコストを考えると重要な貢献だといえます。

第三に，社会構成主義に基づく支援は，「問題」にとらわれない見方を提供しています。先述のように，「問題」に重点をおくことがよい支援につながるとは限りません。また，「問題」とされる「現実」も，つくり上げられた側面があり絶対的ではありません。しかしながら，たとえば，メンタルヘルス支援において多大な影響力をもつ，『精神疾患の診断・統計マニュアル』（*Diagnostic and Statistical Manual of Mental Disorders*；通称「DSM」）に記されている精神障害も，時代や社会状況によって変化してきたにもかかわらず，絶対的なものとして使われる傾向にあります（Gergen, 2015）。支援の際に「問題」に重点をおき過ぎることは，「問題」がはらむ問題を内包したまま支援を提供することにつながります。社会構成主義に基づく支援は，そのような事態を回避する視点を提供しているともいえるでしょう。

2 社会構成主義に基づく支援に向けられる批判

社会構成主義に基づく支援に対しては批判もあります。その一つが，その実践が容易ではないということです（Corey, 2017）。社会構成主義に基づく支援は「無知の姿勢」を尊び，セラピストは，あくまでクライエントのなかにある「答え」をクライエント自身が引き出すプロセスのサポートを担っていると考えます。この役割は，簡単に思えるかもしれませんが，実際はそうとは限りません。たとえば，セラピストの方に「答え」がないということは，初学者には拠りどころがないような感覚を抱かせるかもしれません。

また，社会構成主義の考え方が強過ぎてしまうと，かえってよい支援が提供し難くなるという批判もあります（Prochaska & Norcross, 2018）。たとえば，この考え方が強過ぎてしまうと，そもそも「問題」は社会的に作り上げられたもので，実態がないと考えるかもしれません。しかし，「問題」の背景に，無視できない生理的な問題（たとえば，脳機能に関わる障害）があったとします。そのようなケースにおいて，「問題」のすべてを社会的に作り上げられたものとして片付けてしまったとしたら，はたしてよい支援が提供できるでしょうか？ 生物─心理─社会モデル[*]（bio-psycho-social model）が日本の臨床心理学でも重視されている状況（下山, 2010）において，きっと多くの読者の答えは「否」ではないかと思います。

3 社会構成主義に基づく支援の今後の展望

臨床心理学のなかにはさまざまな心理療法アプローチがありますが，社会構成主義に基づく支援の未来は比較的明るいものだと考えられています（Prochaska & Norcross, 2018）。それは，社会構成主義の刺激的な発想の仕方，ア

プラスα
『精神疾患の診断・統計マニュアル』
米国精神医学会（American Psychiatric Association）による精神障害の診断基準に関するマニュアルであり，2023年2月時点で最新のものは第5版となる。精神科医だけでなく，心理援助職をふくめメンタルヘルス支援に携わる者が広く参照している。

語句説明
生物─心理─社会モデル
生物的要因，心理的要因，社会的要因をバランスよく考慮しながら支援に臨むモデルである（下山, 2010）。日本の臨床心理学でも，近年，このモデルが重視されている。

カデミアにおける人気の高さ，個人や主観に重きをおくスタンス，そして短期的な支援となる傾向が，臨床心理学に携わる者にとって魅力的に映りやすいからです。

　そのように考えられているなか，社会構成主義に基づく支援の代表格として君臨する解決志向ブリーフセラピーやナラティヴ・セラピーが洗練されることは，社会構成主義に基づく支援がもつ可能性を一層明確にしてくれるのではないでしょうか？　たとえば，解決志向ブリーフセラピーは，社会的に形成される「現実」において，人々の相互作用といったミクロな側面に注目します。他方，ナラティヴ・セラピーは，社会的に形成される「現実」において，権力作用といったマクロな側面に注目します。したがって，これらのアプローチが洗練されることは，社会的なものを視野に入れた支援において，ミクロとマクロの両側面に対する深い理解につながるでしょう。

　また，社会構成主義に基づく支援は，必ずしも主な参照枠として用いない者にとっても，さまざまなインスピレーションを掻き立ててくれます。したがって，心理療法の折衷・統合の動きが活発ななか（Norcross & Goldfried, 2019），社会構成主義に基づく支援のエッセンスを折衷・統合的に活用することで，複眼的なものの見方をした支援が提供しやすくなるでしょう。

語句説明

心理療法の折衷・統合

複数の心理療法アプローチを折衷的に，あるいは統合的に用いる立場である。折衷・統合のあり方には，①技法的折衷主義（technical eclecticism）モデル，②理論的統合（theoretical integration）モデル，③共通因子（common factors）モデル，④同化的統合（assimilative integration）モデルがあると考えられている（Norcross & Goldfried, 2019）。

> **考えてみよう**
>
> あなたの周りに存在する，人を困らせていそうな「現実」を思い浮かべてください。そして，社会構成主義の考え方を活用しながら，その「現実」に対する改善の糸口にどのようなものがありそうかを考えてみてください。

🖋 本章のキーワードのまとめ

社会構成主義	現実は社会的に構成されている，つまり，人々の営みによってつくり上げられているという考え方である。この考え方は，幅広い学問分野のものの見方に影響を与えている。
ポストモダン	理性による啓蒙をもとにした近代的な実践やものの見方の限界を指摘し，近代を超えたあり方を提唱する思潮である。この考え方は，学問分野だけでなく実社会にも影響を与えている。
解決志向ブリーフセラピー	心理援助において，問題よりも解決に重点をおく心理療法アプローチであり，社会構成主義の影響を受けている。クライエントからの積極的なインプットを特徴とし，短期的な解決を目指す。
無知の姿勢	セラピストは「答え」を知らないという姿勢で支援に臨み，クライエントには自身の「専門家」になってもらいながら，対話を通して「現実」に接近しようとする態度である。社会構成主義に基づく支援の基本姿勢ともいえる。
ミラクル・クエスチョン	言語的相互作用のなかで「奇跡」が起こった場面を想像させ，そこから実生活に揺さぶりをかけられるような具体的な変化のサインを見出そうとする質問である。解決志向ブリーフセラピーの技法の一つである。
物　語	ナラティヴ（narrative）とも表記される。語られる内容としての物語と，語るという行為としての物語がある。物語という視点を活用することにより，さまざまな現象への理解が深まることから，幅広い学問分野で注目されている。
ナラティヴ・アプローチ	心理援助において物語（ナラティヴ）がもつ力を活用するアプローチの総称である。ナラティヴ・セラピーのようにアプローチの独自性を示す立場だけでなく，さまざまな心理療法アプローチにまたがってあらわれる現象に注目する統合的立場も含まれる。
ナラティヴ・セラピー	心理援助において物語がもつ力を軸に体系立てられた心理療法アプローチであり，社会構成主義の影響を受けている。心理援助場面で展開する語りに着目し，語られる物語の再解釈に力点がおかれる。
ドミナント・ストーリー	ナラティヴ・セラピーの主要概念の一つである。社会で支配的な見方によって構成された物語のことを指す。心理援助では，ドミナント・ストーリーがいかにクライエントの困難に影響を与えているかに着目する。
オルタナティヴ・ストーリー	ナラティヴ・セラピーの主要概念の一つである。クライエントに合った物語のことを指す。心理援助では，クライエントが内面化したドミナント・ストーリーを解体し，オルタナティヴ・ストーリーを再構築することが目指される。

第9章

集団療法に基づく支援

この章では，集団（グループ）を対象とした心理支援である集団療法について学びます。集団療法では，支援のプロセスのなかにグループメンバーという他者との関係性が存在することによって，経験可能な体験や介入の可能性が拡がります。その一方で，集団力動に対応する必要が生じるため，セラピストが配慮すべき点も多くなります。さまざまな理論背景をもつ集団療法の概要に触れ，集団のもつ力を効果的に用いる支援のあり方を学びましょう。

1 | 集団療法の概観

　セラピーやカウンセリングといった心理支援として多くの人が思い浮かべるのは，クライエントと専門家（セラピスト，カウンセラーなど）が，1対1の関係のなかでラポールを形成し，対話を深めていくイメージではないでしょうか。しかし精神療法や心理支援には，そうした個別の関係性のなかで進められるのではなく，集団（グループ）で実施される支援も多く存在します。そのような集団で行われる心理支援は，どのような意義や効果をもつのでしょうか。はじめに，集団療法の基本的な枠組みと，発展の歴史について概観します。

1 集団療法とは

　ここでいう**集団療法**とは，心理的な治療や支援を必要とする人々が，グループとしてともに支援を受ける形式を指します。専門家とクライエントとの関係性のなかだけで介入が行われる個人療法とは異なり，グループのメンバー同士の関係性や**グループ・ダイナミクス（集団力動）**，観察学習（モデリング），フィードバックといった要素が支援に活用されます。また，個人療法と比べて，場所・時間・構造・ルールなどの枠組みがはっきりとしていることが多いのも特徴です。集団療法を通してグループのなかで生じたクライエントの変化は，そのまますぐに日常生活につながるわけではありませんが，多くの場合，時間をかけてグループの外の生活にも変化がもたらされていきます。

　集団療法には，精神分析的集団精神療法，エンカウンター・グループなど，領域や対象によってさまざまなアプローチが存在します。そしてその目的も，精神症状の改善，認知スキルの獲得，危機介入，メンタルヘルスケアなど，治

プラスα

機能集団

集団療法における「集団」は社会集団ではなく，安全空間を確保したまま治療的体験の展開を果たすことができる機能集団である（小谷，2014）。したがって集団療法においてクライエントは，必ずしもグループへの適応が求められるわけではない。

療的なものから教育的なものまで幅広くあります。まずは，そうしたさまざまな集団療法の発展についてみていきましょう。

2　集団療法の歴史と発展

　集団療法の始まりとして有名な実践は，アメリカの内科医プラット（Pratt, J.）による結核患者を対象とした支援です。20 世紀初頭の当時，結核は不治の病でした。つまり，改善の見込めない苦しみの分かち合いと，気持ちへの対処を学ぶために，患者同士でグループをつくり支え合いながら支援を進める形式がとられたわけです。その形式はやがて，結核と同じように改善の見込みが少ないと考えられていた精神疾患の治療にも適用されるようになり，さらには教育的なアプローチにとどまらず，精神分析理論が導入されるようになっていきます。

　その後，世界大戦という大きな集団体験を経て，ヨーロッパでの集団療法は，「個人の集まり」に実施されるアプローチというよりも，「集団そのもの」を主体として行われるアプローチへと発展をみせます。こうしたアプローチは，一見，個人を無視しているかのように思えますが，戦争によって拠り所を失ってしまった人々にとってグループは安心をもたらすものであったといえます。一方，アメリカではロジャーズ（Rogers, C. R.）によるクライエント中心療法が広まるなかで，帰還兵士への臨床を通してエンカウンター・グループが発展しました。これは，集団というアプローチをとりながら，あくまでもそのなかで「個」を見出していくことを主眼においたアプローチです。またほかにも，精神分析的集団精神療法やサイコドラマといった，異なる理論的背景をもつアプローチがそれぞれに発展していきました。とりわけ力動的なアプローチは，思春期グループやアイデンティティ・グループ，アサーション訓練グループなど，それぞれの集団のもつ問題に即したアプローチを拡げていきました。

参照
クライエント中心療法
→3章

　現在までに，さまざまな集団療法が開発されてきましたが，それぞれのアプローチが集団の何を重視しているのかという観点からみると，その特徴がわかりやすくなります（吉松，1999）。1 つ目は，全体としての集団（Group as a Whole）を重視する立場であり，グループが 1 つの生き物のように変化していくことを重視します。2 つ目は，集団内個人の相互関係（Interpersonal Relationship）を重視する立場で，グループの凝集性と「今，ここ」での関係性の動きや感情修正体験を重視します。3 つ目は，個人の精神内界（Intrapsychic Dynamics）を重視する立場です。これら 3 つの注目点はどれか 1 つが正しいというものではなく，どのアプローチにおいても，その個人が集団とどのように関係しているのかを理解するうえで考慮すべき視点といえます。

表9-1	ヤーロムによる集団療法の11の効果因子	
希望をもたらすこと	社会適応術の発達	実存的因子
普遍性	模倣行動	グループの凝集性
情報の伝達	カタルシス	対人学習
愛他主義	初期家族関係の修正的繰り返し	

出所：Yalom, 1995

3 集団療法の効果

　いったいどのような要素が集団で行われる支援の効果をもたらすのかについて，これまで多くの研究者が説明を試みてきました。有名なものに，ヤーロム（Yalom, I. D.）によって提唱された11の効果因子があります（表9-1）。すべての実践において11の因子が機能するわけではなく，その支援の目的によって重要な要素は異なります。たとえばスキル習得を主目的とする場合には，実践的に模倣行動や対人学習を行えることが効果をもたらすでしょうし，発症早期の入院患者を対象とするグループにとっては，希望がもたらされることが重要になるでしょう。

　鈴木（1999）は，これまでの研究で指摘されてきた集団療法の効果について，大きく3つに整理しています。まず1つ目は，客観的自己認識と自己受容による効果です。メンバーとのやり取りを通して自分の思考や行動のパターンに気づくこと，また，自分一人だけが悩んでいるのではないと気づくことや，自分がほかのメンバーに対して役に立てる感覚をもてた体験が効果につながります。2つ目は，情報を得られることによる効果です。自分以外の人々が行っている具体的な対処スキルを知ったり，頭では理解しても実践に結びつきにくい事柄について，メンバーとの関係のなかで実際に試し，すぐにフィードバックを得ることができるのは，集団療法の強みです。3つ目はグループから受容される体験による効果です。これまで一人で抱えてきた気持ちを，誰かに言えたことによるカタルシスや，ありのままの自分が受け入れられた体験によって，治療的な効果がもたらされます。

　また，グループメンバーとの関係性を通して本人のストレングスが引き出されることも期待されます。**ストレングス**とは，個人がこれまでの生活のなかで築いてきた経験や価値，強みのことです。クライエントの問題を解決することよりも，本人がもつ力やその人らしさに焦点をあてて，それを活かした支援を目指すモデルをストレングス・モデルと呼びます（Rapp & Goscha, 2012）。互いを承認しあえる相互受容的なグループのなかで，それぞれのメンバーが役割を担ったり，ほかのメンバーの役に立つことは，自分の強みを見出すことにもつながります。

4 集団療法の基本構造

　集団療法を実施する際は，支援の時間・場所・期間・参加条件・ルールなどの基本的な枠組みについてあらかじめよく検討し，ある程度固定的に定めます。多くの人が関わるグループという形式においては，枠組みや関係の線引き，すなわち**バウンダリー**を明確にすることが，個々人が安心して参加できる環境を

守るために重要になります。先に述べたように，一口に集団療法といってもその対象や目的は多岐にわたるため，どのような枠組みで実施されるのかは状況によって異なります（表9-2）。たとえば，同じ特定の問題（症状の消失など）に取り組むことを目指すプログラム支援の場合は，あまり多くない人数のクローズドグループ（メンバーが固定されており，途中で新しく入ることはない）で，日時と回数を限定して取り組むことが多いでしょう。一方で，社会生活に必要なスキルの習得を目指すデイケアなどでは，回数を定めることはなく，また，途中で新たなメンバーが入ってきたり出て行ったりしながら，おおむね同じ人数が保たれるようなオープングループであることがほとんどです。さらに，同じ体験をした人々による自助グループや**サポートグループ**の支援では，数十名といった大人数で行われることもあります。こうした枠組みは，効果的な支援のために必要な条件として設定される場合もあれば，場所や人員の確保の都合上必要となる場合もあるでしょう。いずれにしても，その枠組みのなかであれば安定した支援を提供できるという状況を整えたうえで開始していきます。

　次に，メンバーの選定についてです。集団療法においては，第一に凝集性の高いグループを形成することが必要です。そのためには，グループでの活動に対する治療同盟（同じ治療目標に向けて結束して課題に取り組んでいくことに合意した関係）をつくれること，そしてそれぞれのメンバーが治療に対するモチベーションをもてることが，メンバー選定のポイントになります。ただしこれは，積極的に発言できなかったり，活動できなかったりするメンバーが集団療法から除外されるという意味ではありません。もし最後まで発言ができなかったとしても，グループに参加することが，そのメンバーにとってもほかのメンバーにとっても治療効果をもたらすことは多くあります。さらに注意すべきなのは，メンバーの凝集性が高い*ことと，メンバーが同質であることは異なる点です。例外的に，同じ経験をしたメンバーのみで行うことが必要な支援もありますが（トラウマ治療など），そうした特殊な治療でない場合，グループの効果を高めるためにはむしろ構成メンバーの多様性が重要であるといわれています。ここでいう多様性は，性別や年齢の幅だけでなく，性格や活動レベル，人間関係のもち方の特徴などを含みます。

プラスα

メンバーの選定
集団療法のメンバー選定のアセスメントにあたっては，NEO-PI-R などのパーソナリティ検査や，「グループ選定質問紙」などの質問紙を活用することもある。

語句説明

凝集性
グループに対して所属感をもち，信頼感や一体感を体験できていること。

表9-2　集団療法の一般的な枠組み

場所	適切な場（プライバシー，静音性，パーソナルスペースの保たれた座席，輪になってディスカッションできる配置など）を継続的に利用		
時間	60〜120 分程度		
頻度	定期的（月 1 回，週 1 回，週 3 回など）		
スタッフ	1 名〜複数（多職種，男女スタッフなど）		
規模	6〜8 名程度（小グループ）	⇔	10〜15 名程度（中グループ），数十名（大グループ）
目的	問題解決，人格変化など	⇔	スキル訓練，心理教育など
プロセス	介入，相互作用を重視	⇔	コミュニティ形成を重視
開放性	クローズド／期限付き（途中参加は認めず，あらかじめ回数や期間が決まっている）	⇔	オープン／継続的（定期的にメンバーが出ていき，新しいメンバーが入ってくる）

このように集団療法のメンバー選定は，身体的・物理的に無理な状況でない限り，基本的に開かれた姿勢で行われますが，ほかのメンバーに脅威を与えたり，極端に精神状態が不安定であったりする場合には，参加を見送る必要があります。グループでの逸脱を繰り返すクライエントには，似た行動特徴をもつメンバー同士のグループをつくることが役立つ場合もあるでしょう。

5　並行治療

　最後に，**並行治療**について説明します。治療として集団療法が行われる場合，多くは個人療法と並行して実施されます。両者は良くも悪くも相互に影響を与え合いますが，一般的には，セラピストとの1対1の信頼関係と集団での居場所という2つの場があることで多重の安心感がもたらされること，個人療法で内省されたことを集団療法の場で試せること，また集団療法で起こった問題を個人療法で扱えることなど，相補的・相乗的な機能が期待されます。集団療法と個人療法を別のセラピストが担当するコンジョインド・セラピーでは，両セラピストが十分に連携をとって支え合うことが重要です。一方で，同一セラピストが実施するコンバインド・セラピーでは，個人療法で知った情報と，集団場面で明かされている情報の取り扱いに注意が必要です。

2 ｜ 集団療法のプロセスとセラピストの役割

　次に，集団療法の導入から終了までのプロセスと，そのなかでみられるグループの発達的変化について概観します。繰り返しになりますが，集団療法は対象や目的によってさまざまなアプローチが存在するため，ここでは主に集団精神療法の流れを軸とした説明を行います。さらに，各プロセスにおいてセラピスト（ファシリテーター）がどのような役割を担う必要があるのかについて確認しましょう。

1　集団療法の導入

　集団療法を導入するにあたって，まずは各メンバーとの間に治療同盟を結び，グループ全体としてその治療同盟を共有します。ここでの治療同盟は，先に述べた通り集団療法の効果に大きく影響するグループの凝集性を左右するため，非常に重要な手順となります。治療同盟の説明は，個別面接で行われる場合もあれば，参加予定メンバーが集められて行われる場合もあります。文書を配布する，口頭で説明を行う，実際に体験してもらいながら伝えるなど，いくつかの方法がありますが，いずれの場合も①支援によってどのような効果が期待で

きるかについて伝え，モチベーション
を高めること，②グループが安全に話
せる場であることや，無理な自己開示
を行う必要はないことを伝え，参加へ
の不安を低減させること，③枠組みや
ルール（表9-3）などの説明を十分に
行い同意を得ること，が必要です。

表9-3	集団療法参加時の基本ルールの例

1. 毎回出席のこと
2. 集合時間を守ること
3. 時間内はグループの部屋にいること
4. 思うこと，考えること，困ったこと，なんでも言葉にしてみること
5. 他の人が話しているときは聴くこと
6. 他の人の話には感想や意見を言ってみること
7. グループでの飲食，威嚇，叫び声，暴力，器物破損の禁止
8. グループ内のことを外で話さないこと

出所：小谷，2014

2　グループ発達

　集団療法が開始され，セッションの回数が重ねられていくにつれて，介入や
プログラムの進行とは別に，グループとしてのあり方に変化がみられていきま
す。たとえば，開始当初のメンバーの発言はやや防衛的であることが多いので
すが，グループが安全な場所だと感じられるにつれて徐々に自己開示が増えて
いきます。また，毎回のセッションの流れに，おなじみのパターンが形成され
てくるかもしれません。そうしたパターンはメンバーにとって，前回から今回，
今回から次回へと，この場が安定してつながっていく感覚をもたらすでしょう。
さらには，グループのルールとは別に，グループ内で「こうする方がよい」
「これはしない方がよい」といった暗黙の規範や価値観が共有されていくこと
もあります。

　集団療法の導入から終了まで，すなわちグループの出会いから別れまでの変
化については，いくつかの段階モデルが提唱されています。表9-4に示すの
は，そうしたモデルに共通する流れを包括的に5段階にまとめたものです。
グループは不安のなかで徐々に自己開示を行いながら始まり（形成期），競争
や衝突，分裂，サブグループ生成を経て（動乱期），意見のすり合わせや目的
意識の共有が行われるようになり（活動期），グループとして助け合いながら
各自が課題に取り組み（遂行期），そして別れを体験します（別離期）。セラピ
ストはこうした**グループ発達**に合わせて，各時期に必要な支援を提供していき
ます。

3　セラピスト（ファシリテーター）の役割

　個人療法と同じように，集団療法においてもセラピストが各メンバーに直接
的な介入を行うことはありますが，まずは参加メンバーそれぞれがグループか
ら最大限の利益を得られることを目指した介入やフォローを行うことが必要で
す。リーバーマンら（Lieberman et al., 1973）は，集団療法におけるセラピ
ストの基本的な機能として，運営機能，思いやり，情動的刺激，意味帰属の4
つをあげています。運営機能とは，グループのルールを示したり，タイムマネ
ジメントを行う役割です。思いやりとは，それぞれのメンバーが今よりも生き

プラスα
主体性の回復
浜田（1967）が統合
失調症患者に実践した
「球遊び」と呼ばれる
集団療法では，セッ
ションが効果的に進む
とともに，患者の病棟
での不適応行動が増加
したことが報告されて
いる。これは一見治療
が逆効果であったかの
ようにとらえられやす
いがそうではなく，患
者のなかに抑制されて
いた主体性が賦活され
た結果であると考えら
れる。

表9-4　グループ発達の５段階連続モデル

	グループ発達	セラピストの役割
①形成期／前親和期	不安のなかでセラピストの指導をうけながら自己を開示していく時期。	不安を抱えるメンバーに対して指針を提供する。メンバー間の対人距離を調整し，誰もがありのままで集団内にいられるグループ風土の形成を促進する。
②動乱期／権力・統制期	メンバー間の競争と衝突，治療者の権威に関する不安が生じる時期。サブグループの出現。	グループ凝集性を促進するために，安全感を提供しながら否定的感情表現を引き出し，衝突の解決を助ける。よい作業同盟を形成できるようにルールを強固にし，必要であれば目的と一致しない行動は直面化（避けたり流したりせずに，問題に正面から向き合うことを促す）する。
③活動期／親密期	グループ課題と作業プロセスに関する意見が一致してくる時期。凝集性と開放性が示され始める。	リーダーシップ機能をメンバー間に分散していく。支持と直面化のバランスを維持しながら，現在展開しているやり方での問題解決を促進する。
④遂行期／分化期／作業期	メンバーそれぞれが自己課題に取り組み，率直にフィードバックを交換することができる時期。	グループが自分たちで運営されるように，メンバー間の共感を促進し，メンバーが個人の違いを認めていくことを助ける。
⑤別離期／分離期	終結に伴う痛みの感情や，葛藤・防衛が生じる時期。独立の準備や感謝の伝え合いを行う。	十分に取り組めなかった事柄に対して注意を向けつつ，これまでの振り返りの評価を促し，今後のそれぞれの計画を励ます。別れに伴う感情表現を助け，別れの作業を支える。

出所：The American Group Psychotherapy Association, 2007/2014 をもとに作成

やすくなるにはどうしたらよいかに関心をもつということです。情動的刺激とは，メンバー自身が気づいていなかったり，表現できていない気持ちや態度，価値観を見出し促進することです。そして意味帰属とは，メンバーの表面的な行動変化を目指すのではなく，自己理解や他者理解を育めるように支援することを指します。集団を対象にした支援の文脈では，セラピストは専門家として一方的に治療的な介入をするのではなく，グループが主体的に機能していくためにさまざまな立場をとるため，**ファシリテーター**と呼ばれることがあります。

　ファシリテーターの振る舞いは，グループの規範のあり方に大きく関わってきます。先に述べたグループ発達のプロセスの特に初期においては，ファシリテーターの行動が規範の基準となりやすく，また，メンバーの行った行動にファシリテーターがどう反応したかというフィードバックが，その後のメンバーの行動に強く影響します。ファシリテーターはグループを安全な場として形成するために必要な指示や誘導を行いながらも，グループを過度にコントロールしないよう留意することが大切です。他者との関わり方や，問題が起こったときのファシリテーターの振る舞いは，メンバーにとってのモデルとなります。ファシリテーターがメンバーにとって信頼できる情報源となることは重要ですが，それがメンバーのやり方や意見と違ったときに，あくまでもファシリテーターのやり方は選択肢の一つであって，メンバーが間違っているわけではないことを伝えることが大切です。

　なお，グループメンバー同士が自己開示を行いながらセッションを進める場

では，ファシリテーター自身も自己開示を求められる場面が多くなります。ファシリテーターはメンバーに対してどの程度自己開示を行うべきなのでしょうか。これについて明確な基準は存在しませんが，ファシリテーターの自己開示が，「今，ここ」でのグループの変化を促進すると思えるときに行うというのが一般的な原則です。

4　倫理的配慮

　支援にあたって倫理的配慮への留意は当然必要ですが，集団療法において特に気をつけるべき観点について確認しておきましょう。

　まず第一に避けなければならないリスクは，グループ内の関わりのなかでメンバーが傷つくことです。セッションのなかで，無理やり話したくないことを話すように強要されたり，特定のメンバーがスケープゴートにされてしまったりするような事態が起こらないよう，ファシリテーターは細心の注意を払い，ルールを徹底させる必要があります。バウンダリー侵犯*（Boundary Violation）を行うリスクの高いメンバーについては，事前に個別対応を行うことが必要な場合もあります。

　次に，グループにおける守秘義務の徹底です。グループ内で話されたメンバーの個人情報について，外に漏れることが決してないよう，ファシリテーターと全メンバーとの間で明確に確認することが必要です。近年では，書面でサインを交わすことも増えているようです。

　最後に，ファシリテーターのリフレクション*についてです。先にも述べたように，グループのなかでファシリテーターは強い影響力，言い換えればグループに対する権力をもっているため，知らず知らずのうちにメンバーが自由に振る舞う権利を奪ってしまう可能性があります。特に一人で担当する場合は，ほかのスタッフとの協働・連携を心がけ，必要に応じてスーパーヴィジョンを受けることも大切です。

---

3 ┃ さまざまな集団療法

　ここからは，代表的ないくつかの集団療法について紹介します。いずれも集団を対象に行う支援ですが，理論的背景は大きく異なります。紹介するもののほかにも，集団療法は各臨床現場で，対象に合わせてさまざまなかたちで実践されています（表9-5）。

語句説明

バウンダリー侵犯
人間関係において，個人を守っている境界に踏み入り侵害すること。集団療法においては，メンバー間だけでなく，セラピスト－クライエント関係においても十分に配慮が必要である。境界に踏み入ってはいるが相手を傷つけはしていない状態をバウンダリー交差（Boundary Crossings）という。

リフレクション
自らの実践を意図的・批判的に振り返り，課題や新たな視点の気づきを得るプロセス。

表9-5 各領域で実施される集団療法の一例

保健医療領域	精神分析的集団精神療法，集団認知行動療法，グループ・アートセラピー，デイケア，アルコール・薬物依存症プログラム，疾患別プログラム（統合失調症，摂食障害，不安障害，発達障害，糖尿病，がん患者等），心理教育プログラム（服薬アドヒアランス），回想法，サイコドラマ
福祉領域	自立支援プログラム（ひきこもり等），被害者グループ支援，虐待予防グループ支援，コミュニティ支援，自助グループ
教育領域	ソーシャルスキル・トレーニング，アサーション・トレーニング，グループ・プレイセラピー，アイデンティティ・グループ，構成的グループ・エンカウンター
司法領域	加害者ピアグループ，再犯防止プログラム
産業領域	復職支援プログラム，予防的心理教育

プラスα
予防的心理教育
学校現場を中心に，心理的な問題や不適応への介入としてではなく，予防の目的で，学級集団を対象としたストレスマネジメントやソーシャルスキル・トレーニングが導入され始めている。

語句説明
モザイクメイトリックス技法
グループにおいて，個人の安全境界を守り，メンバーそれぞれが自分のままでいられることを目指した介入（小谷，2014）。

1 精神分析的集団精神療法

精神分析的集団精神療法は，自由連想や転移の分析を中心に行う精神分析的心理療法をグループで実施するものです。通常はセラピストとの間にのみ起こる転移がグループのなかでも起こり，グループ全体の発達とともにメンバーそれぞれの自己理解や人格変化が促されていきます。セラピストは，メンバーの自由な連想的発話を支え，メンバー間の人間関係の相互作用を促進します。治療の目標は，関係のなかで守られる感覚を得ることであったり，問題行動や症状の改善であったり，自己理解であったりと幅広く，精神療法が適用できる人であれば，どんな疾患をもつ人でも適用可能です。

グループの規模は5名程度が多く，1~2名のセラピストが担当し，90分程度の時間的枠組みで実施されます。グループではモザイクメイトリックス技法などを活用し，個々のメンバーの基本的安全感を確保することが重視されます。そして，治療同盟を形成し作業課題の明確化を行う契約段階，原始的防衛機制が生じる構造化・分化段階，「今，ここ」での徹底操作とその体験の共有を行う作業段階，別離反応が引き起こされる終結段階の順に展開します（MacKenzie, 1990）。集団療法を通して，認知・情動の修正体験や，自我の強化，人格変化がもたらされます。

2 サイコドラマ

サイコドラマ（心理劇）は，人はそれぞれ危機的な場面を克服する力をもっていると考え，うまく使えなくなってしまっているその力を引き出すことを目指すアプローチです（増野，1999）。モレノ（Moreno, J. L.）によって創始されました。ドラマとして設定された危機状況で主役を演じるなかで，徐々にその人のなかに湧き上がる感情を表現しながら，その状況や問題への理解を深め，その状況を克服できるような独自の役割を育てていきます。セラピストやほかのメンバーは，

補助自我（ほかの登場人物や主役の内面を表す役割）となり，主役の気持ちを整理したり焦点化する役割を担います。ドラマを演じることを通してカタルシスを得るとともに，メンバーから受け入れられる体験やほかのメンバーの役に立つ体験，さらには客観的な自己理解や深い人間理解が進められます。

　グループの規模は 10～15 名で，セラピストはドラマの監督の役割をとります。それとは別に，主役を補助自我として助けるセラピストも必要になります。セッションは 1～3 時間程度で，週 1 回あるいは月 1 回など継続して何回か行われることもあれば，集中的にワークショップ形式で実施される場合もあります。急性症状がなく，ドラマを演じることができる人であれば参加が可能です。古典的サイコドラマ，オムニバスサイコドラマ，ソシオドラマ，ロールプレイング，プレイバックシアターなどさまざまな形式が発展しています。

3　構成的グループ・エンカウンター

　エンカウンター・グループ（Encounter Group）とは，グループでのエンカウンター（出会い）と自己開示を通して，他者と本音で交流をしながら，自分や他者のかけがえのない固有性を見出し，人間的成長を目指そうとするアプローチのことです（國分・國分，2004）。エンカウンター・グループには，初期にロジャーズが発展させた自由度の高いベーシック・グループ・エンカウンター（Basic Group Encounter）と，決められた枠組みのなかでより効果的な介入を目指す構成的グループ・エンカウンター（Structured Group Encounter：SGE）があります。SGE では，ルール・グループ規模・メンバー・時間・エクササイズ条件が設定されるため，段階的な目標設定に沿ってスムーズに進めやすく，また枠があることによって逆説的に自由な表現が行いやすくなるという利点があります。さらにグループでの体験がトラウマとなるリスクを防ぎやすいといえます。

　グループの規模は，数十名単位の大グループで行われることが多く，初めて出会う未知のグループの場合と，学校や企業内などすでに知り合いのグループの場合があります。セラピストはリーダーと呼ばれ，プログラム構成およびインストラクションを行い，必要に応じて介入を行いますが，基本的にクライエント中心療法の考え方に基づいて関わります。またリーダーは自ら積極的に自己開示を行い，メンバーと関わっていくことが望ましいとされます。構造としては，2 泊 3 日の宿泊合宿など集中形式で行われる場合が多いですが，定期的・継続的に開催される場合もあります。主な適用対象は，自分を変えたいというモチベーションをもつ健康な人ですが，精神症状の治療として用いられることもあります。

　SGE では，自分や他者のなかにある本音に気づくこと，エクササイズを介して自己開示を促進すること，見方や考え方のシェアリングを行うことが重視

されます。具体的な流れとしては，まずリーダーによるインストラクションにより目標への見通しを立て，グループ体験への抵抗を緩和したうえで，エクササイズが行われます。エクササイズの目的には，自己理解，他者理解，自己受容，自己表現・自己主張，感受性の促進，信頼体験の6つがありますが，参加者はパスすることもできます。そして，エクササイズをして感じたことをシェアリングで共有し合い，自分の体験と他者の体験の違いを確認します。その際，必要に応じてリーダーからの助言が行われます。

4　ソーシャルスキル・トレーニング（SST）

　ソーシャルスキル・トレーニング（Social Skills Training：SST）は，人間関係のなかで自分の目的を相手に伝え，相手からの反応を得るというやりとりを，うまく達成する能力の習得を目指すアプローチです（前田，1999）。習得を目指すスキルはさまざまなものがありますが，なかでも自分の気持ちと相手の気持ちの双方を尊重するために行うアサーション・トレーニングなどが有名です。近年では，発達障害特性によるコミュニケーションの難しさを抱える人々のためのプログラムが盛んに開発されています。SST は，集団に適応するための矯正というイメージがもたれやすいのですが，本来の SST は，クライエント自身がどのような生活を送りたいかという意向を尊重し，それを実現するために必要なスキルを身につけることを支援するものです。そして，そうしたスキルを少しずつ上達させていくこととともに，本人の自己効力感を高めていくことも重要な目標となります。

　グループの規模は，小グループから大グループまでさまざまです。集団で行われる支援ではありますが，実際には各メンバー個別の目標を立て，一人ひとりにセラピストによる行動練習の提案が行われます。週1回のペースで継続的に行われることが多く，ほとんどの場合，セッション間に家で行う宿題が出されることが特徴です。セッションで用いられる介入には，現実場面のロールプレイによる行動リハーサル，強化，宿題などの行動療法的技法と，自己目標の決定，認知の再構成，感情のコントロール・修正，問題解決法などの認知療法的技法があり，個別の目標に合わせて適切なものが用いられます。

参照
行動療法
→5章

　具体的な流れとしては，まず本人が取り組みたい目標を話し合ったうえで，それを達成するために必要なスキルを確認します。そして今の状況のアセスメントと，目標の実現可能性とのバランスを検討しながら，スモール・ステップで段階的に練習できる計画を提案し，当面の目標を共有します。そして，グループのなかで行動練習とセラピストのフィードバックを繰り返し，宿題にも取り組んでいきます。ほかの集団療法と比較して，セッションのプロセスが細かく構造化されているといえます。

5　オープン・ダイアローグ

　オープン・ダイアローグ（Open Dialogue）とは，「開かれた対話」を繰り返すことを通して，精神症状を緩和し，クライエントの社会参加を促進するアプローチのことです。一般的な治療のようにあらかじめ診断を行うのではなく，対話のなかで治療のあり方を決定していきます。フィンランドの医療現場で導入されたニーズ適合型アプローチのなかで，社会構成主義的な考え方をもとにセイックラ（Seikkula, J）らによって形作られた新しい治療の考え方です（斎藤，2015）。

参照
社会構成主義
→8章

　オープン・ダイアローグの主軸は，クライエント本人を含む関係者全員が出席するミーティングのなかで，治療に関するあらゆる決定を，全員の意思表明と納得を得るかたちで行っていくプロセスです。「専門家が指示し，患者が従う」という構造ではなく，すべての参加者は平等に発言の権利と機会をもちます。さらには，専門家が「一人の人間として」発言をすることもあります。そうしてつくられる，多様な意見が自由に表明される場では，病的な混乱状態に陥ってしまっているクライエントであっても，徐々に理解可能な発話や，本来の意思が引き出されていきます。

　主に発症初期の精神疾患患者を想定して開発されましたが，近年では対象者が拡がっています。基本的には，クライエントが危機状況に陥ったときに，医師，心理士，看護師などの専門家チームが編成され，ほぼ毎日，10〜12日間継続してミーティングが実施されます。チームには，家族を含め本人に関わる重要な人物は誰でも参加することができます。また，みな平等な立場で参加するため，ミーティングのファシリテーターはいますが，リーダーは存在しません。危機状況が収束するまで同じチームで関わり続けます。

　ミーティングのなかでは，リフレクティングと呼ばれる技法が用いられます。これは，専門家から問題提起が行われ，その答えについて専門家同士が話し合っている様子をクライエントや家族が観察し，それを受けて自分たちもまた話し合い，今度はそれを専門家が観察する，というやりとりの繰り返しです。ここで重要なのは，話し合いが徹底してオープンに行われるということです。こうしたオープンな対話の継続により，クライエントの精神症状が緩和され，新たな健康的な側面の可能性が発見され，社会とのつながりが回復されます。また，精神症状を言語化することによる治療的効果や，継続的なミーティングが家族にとってのサポートになるという効果もあります。

6　災害時サポートグループ

　大規模災害が起こった際に，危機対応として集団への心理支援が行われることがあります。ズーニンとメイヤーズ（Zunin & Myers, 2000）は，大災害からの一般的な回復プロセスについて次のように説明しています。まず発生時か

プラスα
DPAT（Disaster Psychiatric Assistance Team）
災害時に被災地域で精神科医療および精神保健活動の支援を行う専門的なチーム。東日本大震災での緊急対応における課題を受け，2013年に発足した。

プラスα

サバイバーズ・ギルト

事故や大災害で生き
残った後に、自分だけ
が生き残ったことへの
罪悪感や、亡くなった
人々を救ってあげられ
なかったことへの自責
の念を抱くこと。

ら1週間程度は、痛みや喪失は強く意識されにくく、助け合いや絆といったコミュニティ感覚の確認が意識されます。そこから徐々に、恐怖や苦痛体験に関する感覚が強まり、身体的な不調や、怒り、疑念、無関心、引きこもり、不安の高まりといった症状がみられ始めます。同時に、支援への期待や要求が出現します。しかし3か月ほど過ぎると、世間の関心や支援が減ってくることもあり、孤立を感じ始めます。風評被害や、家族関係の崩壊などの二次災害・二次外傷が生じてくる場合もあります。さらには、サバイバーズ・ギルトを感じる人も少なくありません。そして数年の時間を経てようやく、生活や地域の再建に向かうことができます。

こうしたストレス反応と回復のプロセスに応じて、その時々に必要な心理支援を提供する必要があります（表9-6）。ただし、上述のようなショック反応のあり方や回復のプロセスは個人差が大きいため、全体として必要な支援を行いつつも、そうした個人差を十分に考慮に入れて対応する必要があります。サポートグループは多くの人にとって効果的ですが、急性精神病症状や自傷他害のリスクがある状態の人や、他者との交流を避けようとする人には個別対応の方が望ましいでしょう。

表9-6　トラウマ心理療法的な支援の展開

1	救急安全空間供与	関係形成，個人・小集団に対する面談，支持的心理教育
2	心的安全空間体験	サポートグループ，孤立を防ぐ心理教育，自我支持カウンセリング
3	現実対処能力向上	コンサルテーション，自我支持カウンセリング，認知行動療法
4	心的安全空間の再構成	心理力動的セラピー，集団精神療法から個人精神療法へ

出所：小谷，2014

考えてみよう

メンバー皆が、「ありのままの自分でいられる」と感じられるグループとは、どのようなグループでしょうか？　まずは、集団療法に限定せず、広くイメージしてみましょう。続いて、集団療法においてそうしたグループを生成し、維持するのに必要なことを考えてみましょう。

🪶 本章のキーワードのまとめ

集団療法	心理的な治療や支援を必要とする人に対して，1 対 1 ではなく集団（グループ）で同時に行う心理支援の形式。さまざまな理論的背景をもつアプローチが存在する。メンバー同士の関係性や力動が支援の重要な要素として活用される。
グループ・ダイナミクス（集団力動）	グループに所属する個々のメンバーが，相互的・相乗的に影響を与え合うことで，グループ全体のあり方が変化し，またそれに伴って個々人の認知的・情緒的・行動的な変化がもたらされること。
ストレングス	個人がこれまでの生活のなかで築いてきた経験や価値，強みのことを指す。クライエントの問題を解決することよりも，本人がもつ力や，その人らしさに焦点をあてて，それを活かした支援を目指すモデルをストレングス・モデルと呼ぶ。
バウンダリー	個人が自己を守るために，他者との間にもつ境界のこと。集団療法に安心して参加するためには，枠組みを明確に設定し，バウンダリーを守ることが重要である。境界を踏み越えた関わりをバウンダリー侵犯という。
並行治療	集団療法と個人療法が同時に行われている状態のことであり，両者は相補的・相乗的に機能する。別セラピストが担当する場合をコンジョインド・セラピー，同一セラピストが実施する場合をコンバインド・セラピーという。
グループ発達	集団療法の進行とともに生じるグループ全体の変化。自己開示，規範の形成，衝突とサブグループ生成，目的意識の共有等が段階的に生じる。5 段階モデルでは，形成期，動乱期，活動期，遂行期，別離期として説明される。
ファシリテーター	集団療法では，セラピストが専門家として一方的に治療的な介入をするのではなく，ファシリテーターとしてグループが主体的に機能していくための調整的な介入やサポート，モデルとしての役割などを担う。
精神分析的集団精神療法	自由連想や転移の分析を中心に行う精神分析的心理療法をグループで実施する方法。通常は治療者との間のみで起こる転移がグループのなかでも起こり，グループ全体の発達とともにメンバーそれぞれの自己理解や人格変化が促されていく。
サイコドラマ	ドラマとして設定された危機状況で役割を演じることを通して，人がそれぞれもっている，危機的な場面を克服するための力を引き出すことを目指すアプローチ。社会的役割をなぞりながら，徐々にその人固有の役割を育てていく。
エンカウンター・グループ	グループでの出会いと自己開示を通して，他者と本音で交流をしながら，自分や他者のかけがえのない固有性を見出し，人間的成長を目指そうとするアプローチ。構成的グループ・エンカウンターでは段階的なエクササイズが用いられる。
ソーシャルスキル・トレーニング	人間関係のなかで自分の目的を相手に伝え，相手からの反応を得るというやりとりを，うまく達成する能力の獲得を目指すアプローチ。個別の目標に沿って，行動療法的技法と認知療法的技法をうまく組み合わせた段階的な介入を行う。
サポートグループ	大災害を受けたコミュニティや，同じ体験をした虐待・DV 被害者，同じ病を抱えた人々などの集団を対象に，治療とは異なる形で必要な危機介入や情報提供，心理的介入を提供する支援。

第10章

コミュニティアプローチに基づく支援①：コミュニティ心理学

すべての人が心理的に安定した状態を保ち，またよりよく人生を生きていくためには，どのような心理援助が求められているのでしょうか。既存の相談の仕組みのなかでは十分に支援が行き渡らない人も含め，コミュニティにおけるニーズを見極め，積極的にサービス構築に努めていくことは，心理援助の専門職に求められる重要な役割です。本章では，専門職として，より広く社会的な責任を果たしていくことを可能とするコミュニティ心理学の考え方と，その考え方に基づくコミュニティアプローチによる支援を紹介していきます。

1 コミュニティ心理学の概要

1 コミュニティ心理学とは何か

　山本 (1986) は，**コミュニティ心理学**について，「さまざまな異なる身体的・心理的・社会的・文化的条件をもつ人々が，だれも切り捨てられることなく，ともに生きることを模索する中で，人と環境の適合性を最大にするための基礎知識と方略に関して，実際におこるさまざまな心理的社会的問題の解決に具体的に参加しながら研究をすすめる心理学である」と述べています。このようにコミュニティ心理学は，カウンセリングなどの個人と専門家の間で行われる心理援助の実践に加えて，専門家が職場や学校，地域など，より広い対象に対しても関わっていく実践を重視した心理学の領域です。さらにダルトンらは，コミュニティ心理学者について「共同・参画的 (collaborative) な研究と実践を通して，個人，コミュニティ，そして社会における生活の質 (Quality of Life：QOL) を理解し，これを向上させるための方策を模索し，実践する」(Dalton et al., 2001/2007) と説明しています。こうした記述からは，人々の生活の質を妨げるような状況を積極的に把握し，コミュニティ内の人的資源と協力しながら課題解決に向けて取り組んでいく心理援助者の姿が浮かんできます。

2 コミュニティ心理学の歴史

　コミュニティ心理学の発想は，米国における地域精神保健活動を母体として1960 年代に誕生したものです。また社会的少数者の権利擁護を求めた公民権運動の高まりも，コミュニティ心理学の発展を後押ししました。

　1965 年 5 月に，米国のボストン近郊スワンプスコットにおいて，地域精神保健センター等に勤務する全米の心理学専門家が集って行われた会議（地域精神保健のための心理学者教育に関するボストン会議：Boston Conference on the Education of Psychologists for Community Mental Health）は，コミュニティ心理学誕生の時として，しばしば紹介されます。ここでは，地域社会で心理専門家が果たすべき役割や，そのために必要な訓練・教育のあり方について議論が行われ（Bennett et al., 1966），後述するとおり，治療よりも予防，生態学的視点の重視というコミュニティ心理学の基本が確認されました。1966 年には，米国心理学会の第 27 分科会としてコミュニティ心理学の分科会が設けられ，その後 1973 年には *American Journal of Community Psychology* と *Journal of Community Psychology* が発刊されました（Toro, 2019）。

　日本では，1969 年に日本心理学会で「コミュニティ心理学の諸問題」というシンポジウムが実施されており，米国における誕生からさほど時間をおかずにコミュニティ心理学の考え方が紹介されました。また 1998 年には「日本コミュニティ心理学会」が誕生し，その設立趣意書においては「コミュニティの抱える諸問題を心理学的に解決しようとする，実践活動と研究活動を統合する領域としてのコミュニティ心理学」の普及に努めることが宣言されています（日本コミュニティ心理学会，1998）。さらに 1988 年から認定が始まった臨床心理士においては，その実践の形態の一つとして定められた「臨床心理的地域援助」において，コミュニティ心理学の考え方が示されています（臨床心理士資格認定協会）。同様に，公認心理師法に定められた公認心理師の職責においても，面接室にとどまらない幅広い活動を担うことが示されており，コミュニティ心理学的発想をもった関わりが期待されています。

2 ｜ コミュニティ心理学の基本的概念

1　コミュニティとは何か

　「**コミュニティ**」には，場の共有を前提とするコミュニティ（地理的コミュニティ，あるいは地域的コミュニティ）と，価値や信念，関心を共有する人々の関係性からなるコミュニティ（関係性コミュニティ）の側面があり，この 2 つの側面は時に重なりあいながらコミュニティを特徴づけます。後者の，関係性からなるコミュニティは，必ずしも物理的な空間を共有することを前提としないものであり，コミュニティがもたらす機能的側面に注目したものといえます。そのため単なる人の集まりをもってコミュニティとみなすのではなく，その集

プラスα

臨床心理的地域援助

1988年より，臨床心理士資格の認定が始まったが，「臨床心理的地域援助」は，当初より臨床心理士の実践を構成する一部として明示されている（臨床心理士資格認定協会）。

コミュニティ心理学の鍵概念

金沢（2007）は，コミュニティ心理学を特徴づける概念として，①予防，②能力強化と成長促進，③コミュニティ資源の向上，④自助と相互援助，⑤エンパワメント，⑥社会的マーケティングと社会システムの設計・評価，⑦社会システムの変化の 7 つをあげている。

プラスα

**コミュニティ感覚
の測定尺度**

マックミリアンとチャ
ビス (McMillan &
Chavis, 1986) は，
「メンバーシップ」「影
響力」「ニーズの統合
と充足」「情緒的なつ
ながりの共有」の4つ
の構成因子から，コ
ミュニティ感覚を測定
する尺度を開発してい
る。

プラスα

**コミュニティを分
析する枠組み**

ダルトンら (Dalton
et al., 2001/2007)
は，ブロンフェンブレ
ンナーの生態学的モデ
ルを修正し，個人・ミ
クロシステム・組織・
地域・マクロシステム
の5つの分析の次元か
ら，システムを分析す
る枠組みを提示してい
る。

まりに対して人々が「所属している」という感覚を有していること，さらにその集団を維持・発展させたいと感じていることが重視されます。サラセン (Sarason, 1974) は，こうした感覚を「**コミュニティ感覚** (Sense of Community)」と呼びました。

たとえば子育てサークルは，目的をともにした人が集うコミュニティであり，さらにそのサークルのやりとりが，インターネット上で交わされるものであっても，そのつながりに対して人々がコミュニティ感覚を共有しているのであれば，関係性に基づくコミュニティであるといえるでしょう。一方，すべての学生が大学に対して等しく所属感を有しているわけではなく，大学がコミュニティとしての機能を果たしているとはいえない場合もあるでしょう。

2 生態学的視点

コミュニティ心理学は，個々人を孤立した存在とはみなさず，個々人が生きる場と，その場に影響を及ぼす諸要因のなかに位置づけて理解します。すなわち，人を文脈内存在人間 (person in context) としてとらえます。さらに個人が生きる文脈を，複数の次元と次元間の相互作用によって構成される場として理解する，**生態学的視点** (ecological perspective) を重視します。

ブロンフェンブレンナー (Bronfenbrenner, 1979) は，生態学的モデルを用いて，子どもの成長発達がいかに環境との相互作用のなかで進むかを説明しています。このモデルにおいては，表10-1に示すような複数のシステムが入れ子状になったものとして環境が説明され，個々人の行動や発達は，直接的に関わりをもつミクロシステムのみならず，そのミクロシステムに影響を及ぼすより上位の次元の環境との相互作用のなかで方向づけられていくものと理解されます。

表10-1 生態学的モデルの複数の次元

システムの次元	特徴
ミクロシステム	個人が参加し，直接体験する次元であり，その体験様式によって，個人の行動が方向づけられる。
メゾシステム	2つ以上のミクロレベルのシステム同士の関わりから構成される次元。
エクソシステム	個人は直接参加しない次元であるが，個人のミクロ次元の体験と間接的に相互に影響し合う。
マクロシステム	特定の社会のなかで，下位システムを機能させる，一貫性のある信念体系・イデオロギー，社会的状況。

生態学的な視点に立つことで，心理的な問題の理解において困難を抱える個人のみならず，個人がおかれた状況にも注目することが可能となります。さらに問題状況を，個々人と環境との不一致によって生み出された状態ととらえることで，問題状況の改善のためには，人と環境の両方に働きかけ，**人と環境の**

適合性（person-environment fit）を高める必要があることがより明示的になります。また，社会的少数派に属する人が健康上のリスクを抱えやすい状況について，システム自体が社会的多数派の人を想定して構築されていることにより，環境との間に不適合状態が生まれやすいためと理解することができます。

3　エンパワメント

　コミュニティ心理学は，本来的に人間は強さ，有能さ（コンピテンス）をもつ存在であるという前提に立ち，個々人がもつ力や健康的な部分に注目し，本来その人がもっている力をよりよく発揮することができるように働きかけを行っていきます。こうした人間観や働きかけのありよう，またプロセスは**エンパワメント**（empowerment）という概念と深く関わりをもっています。エンパワメントは，公民権運動等を背景に，1960 年代以降に，米国を中心に発展した概念であり，「社会的に差別や搾取を受けたり，組織の中で自己選択・決定をしていく力を奪われた人たちが，その選択・決定力を取り戻していくプロセス」（金沢，2007）に対して用いられます。またラパポート（Rappaport, 1987）は，「エンパワメントはプロセスである。すなわち，人々，組織，コミュニティがそれぞれの生活に対する統制を獲得していくような仕組みである」と述べており，エンパワメントが複数の分析次元において生じ得ることを示唆しています。

　ジンマーマン（Zimmerman, 1995, 2000）は，それぞれの次元において生じるエンパワメントのプロセスと，その結果獲得されるエンパワメントされた状態について，表 10-2 のように整理しています。また特に個人の次元において生じるエンパワメントを「心理的エンパワメント」と称し，心理的にエンパワメントされた状態として，個人が統制感をもって人生に対して積極的な姿勢で臨み，社会政治的状況に対して批判的理解が可能であることと述べています（Zimmerman, 1995）。コミュニティ心理学の介入は，コミュニティや組織等の次元に働きかけつつ，最終的には個人のレベルの心理的エンパワメントを目指すものといえるでしょう。

プラスα

心理的エンパワメントに関する研究例

大西（2001）では，相互扶助を理念として掲げた外国籍住民の支援活動を取り上げ，活動への当事者としての参加によって，外国出身メンバーの心理的エンパワメントが達成されていく過程を説明している。

表 10-2　分析のレベルによるエンパワメントのプロセスと結果の比較

分析の次元	エンパワメントのプロセス（empowering）	エンパワメントの結果（empowered）
個人	意思決定スキルを学ぶ 資源を管理する 他者とともに働く	統制感 批判的気づき 参画的行動
組織	意思決定に参加する機会 責任の共有 リーダーシップの共有	資源獲得のための効果的競争 他の組織とつながる 政策に影響を及ぼす
コミュニティ	資源にアクセスできる オープンな政治構造 多様性への耐性	組織的連携 複数のリーダーシップ 住民参加のスキル

出所：Zimmerman, 2000（筆者訳）

3 | コミュニティ心理学的援助の実際

1 コミュニティ・リサーチ

　コミュニティにおける生活の質を改善し，個人と環境の適合を図るためには，まず状況についての理解が必要となります。そのため，コミュニティの成員の協力を得ながら，質的・量的にデータを収集し，環境と個人のどのような関係性のなかで問題が生じているのかについて多面的な理解を試みます。さらに，収集した情報の分析に基づいて介入の戦略を練り，実施します。こうした一連のプロセスは「コミュニティ・リサーチ」（箕口，2007）と呼ばれます。また，介入のプログラムを計画し，その介入の効果を評価することで，より効果的な働きかけに活用していく**プログラム評価**のプロセスも重要となります。なお，効果的な介入戦略を立てるためには，どのような集団がどのようなニーズを抱えているのかを明らかにするニーズアセスメントのみならず，コミュニティに存在する活用可能なサポート資源についても明らかにすることが必要です。取り組みの必要性や効果の根拠を示すことは，コミュニティにおける実践を進める際に関係者の理解や協力を得るためにも重要です。

2 介入の特徴

①予防の重視

　コミュニティが介入を必要とする状況はさまざまですが，問題の発生を抑制したり，早期介入により悪化を防ぐことを目指す「**予防**」は，コミュニティ心理学が最も重視するものといえます。

　カプランによると，予防は，第一次予防・第二次予防・第三次予防に分けられます（Caplan, 1964）。第一次予防は，問題のそもそもの発生を防止することを目標とし，第二次予防は早期発見・早期対処，第三次予防は，不調から回復した後にその状態を維持し，より健康度の高い状態を目指すものです。

　予防の方法には，大きく分けると教育的・臨床心理学的予防と社会システム的・公衆衛生的予防の2種類があります（金沢，2007）。心理援助の専門家は，特に前者のタイプの予防に向けてさまざまな取り組みを行っています。一方，心理学者が後者のタイプの予防プログラムを立案・実行する例は，日本ではまだあまり多いとはいえません（伊藤，2007）。

②心理教育

　教育的・臨床心理学的予防の実施方法として代表的なのは，課題を共有する小集団に対して行われる**心理教育**的プログラムの提供です。公認心理師法にお

語句説明

プログラム評価
「ある特定の目的を持った社会・コミュニティ介入プログラムに関しての実施状況や結果情報を系統立てて収集し，より効果的なプログラムに向けてそれらの情報を活用すること」と定義される（笹尾，2019）。

プラスα

予防プログラムの対象
伊藤（2007）は，身体的・精神的・社会的な面でコミュニティの健康（well-being of the community）を阻むあらゆる事象が，予防プログラムの対象となり得ると指摘する。

いても，職務内容の一つとして「心の健康に関する知識の普及を図るための教育及び情報の提供を行うこと」（第 2 条第 4 項）があげられています。

特に学校においては，さまざまな心理教育プログラムが導入されています。窪田らのチームは，学校場面で行われる心理教育の目的は，子どもたちのレジリエンスを高めることで，深刻な心理的被害を負うことがないように予防することであり，対人スキルの獲得・維持を目的としたプログラムを基盤に，いじめ等の特定問題に関する心理教育を行うことが効果的であると述べています（学校コミュニティ危機と心の支援プロジェクト）。こうした一次予防を目的とした心理教育の効果を高めるためには，子どもや学級，学校の様子を，観察やアンケート調査，面談などの方法で把握しておくことも重要です。効果の高い心理教育には，問題を早期に発見するとともに，地域や学校のニーズに合致した心理教育プログラムを構築することが求められます。

③危機介入

個人や集団，組織が危機状態に陥った際にも，コミュニティ心理学的アプローチは力を発揮します。危機とは通常の対処の仕方ではうまく対応ができない状況であり，個人の発達上の危機，あるいは事件や事故のような状態に起因して生じます（Caplan, 1964）。児童・生徒の自殺やいじめなど，個人や小集団において生じた危機が，学校全体・地域など，個人の属する組織に影響を及ぼす場合や，災害のように組織や地域レベルが同時に危機状態を体験することもあり得ます。たとえば，学校において生じる衝撃的な出来事は，児童・生徒，教職員，保護者，地域の多くの人々を巻き込み混乱を生じさせ，コミュニティの機能を麻痺させます。そうした状態において，関係者の状態を見極め，それぞれに適した形で「何が起きたか，起きているかについての情報」「身近に衝撃的な出来事を経験した際に，心や体，行動におこる反応と対処方法についての知識」「出来事に関連して，それぞれが感じたこと・考えたことを自由に表現する機会」を提供することで，混乱からの回復を支援します（福岡県臨床心理士会, 2017）。こうした介入は，**危機介入**と呼ばれます。

4 ｜ 多様なアプローチによる援助

1 チーム・アプローチ

予防においても，また危機介入においても，コミュニティで生じる課題に対応するためには，さまざまなサポート資源と協力しながら，チームとして取り組んでいく**チーム・アプローチ**が必要となります。たとえば，学校現場におい

危機介入のモデル
山本（2000）は，危機介入の導入から終結までの期間を 1 週間から数週間程度と設定し，その間を「危機状態時点での接触」「危機状態のチェック」「危機状態の理解」「危機介入の検討」「介入の具体策の決定と実行」の 5 期に分ける，危機介入モデルを示している。

ては，「チーム学校」（文部科学省，2015）を支える柱の一つとして，「専門性に基づくチーム体制の構築」が求められています。スクールカウンセラーは，問題状況にある児童・生徒に直接カウンセラーとして関わるだけでなく，ほかの専門職や非専門家と協力しながら，チームの一員として心理学の専門性を発揮していくことが期待されています。

藤川（2007）は，異業種間の協力の形に注目し，援助活動の主体，援助活動の内容，援助目標と援助計画の形成の仕方，援助活動の責任，援助活動のリソースの側面から整理を行っています（図10-1）。それぞれの協力の形は，援助領域によっても用語の用いられ方が異なっている場合がありますが，目的に応じた協力の形を模索することは，それぞれの専門家が効果的に役割を遂行していくために重要です。

①リファー・コーディネーション

援助の現場において実際に用いられることが多いのは，援助者や相談機関同士でクライエントに関する情報共有を行い，各担当者が対応を選択していく方法です。このうち，問題に関するより適切な対応が可能な別のサポート資源に個人をつなぐ方法は，「リファー」とよばれます。また，サポートネットワークを調整してよりよく機能させるために，関係する専門家や相談施設の間でクライエントに関する情報を共有・交換しそれぞれの援助計画を練ることを，「コーディネーション」とよびます。

たとえば大学の学生相談の場においては，医療的な支援が必要と考えられる学生を，カウンセラーが保健センターの医師に「リファー」したり，障害をもつ学生のキャンパスでの生活を支えるために，関係者の会議を実施して，情報を共有する「コーディネーション」を行ったりします。

②コンサルテーション

たとえば，スクールカウンセラーは，児童・生徒と日々関わる担任教師を黒子的に支え，学校全体の援助力の向上に努めることで，間接的に児童・生徒の心理支援に貢献することが可能です。この場合，スクールカウンセラーは「コンサルタント」，担任教師は「コンサルティ」，こうした援

プラスα

公認心理師と関係者との協力

公認心理師法第42条第1項において，「公認心理師は，その業務を行うに当たっては，その担当する者に対し，保健医療，福祉，教育等が密接な連携の下で総合的かつ適切に提供されるよう，これらを提供する者その他の関係者等との連携を保たなければならない」と明記されている。

参照

リファー
→1章

図10-1 異業種間の協力の形の比較

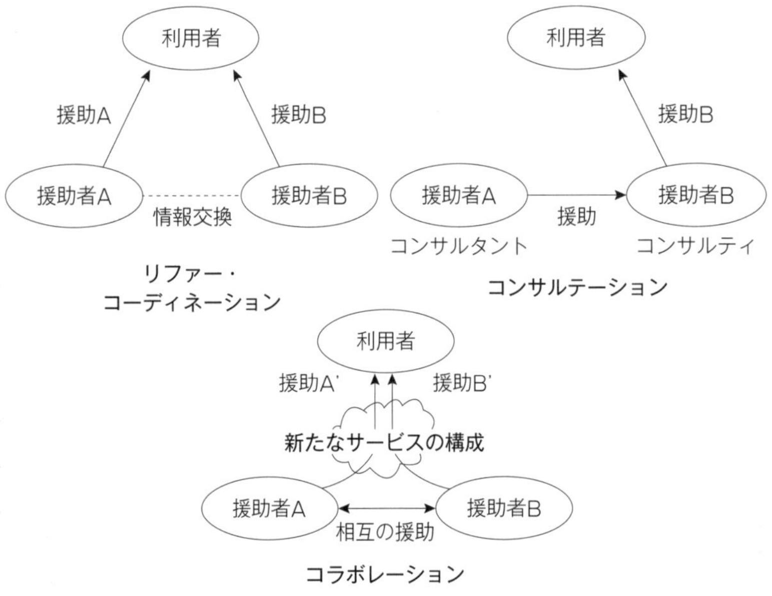

出所：藤川，2007 p. 18 より抜粋

助的アプローチは「**コンサルテーション**」と称されます。複数の異なる専門性をもつ関係者が，チームとしての援助に関わっていくためには，チーム内の調整も必要であり，こうした役割も心理援助者がコンサルタントとして担う役割の一つといえるでしょう。

③コラボレーション

コラボレーション（協働）とは，「異なる専門分野が共通の目標の達成にむけて，対等な立場で対話しながら，責任とリソースを共有してともに活動を計画・実行し，互いにとって利益をもたらすような新たなものを生成していく協力行為」を意味します（藤川, 2007）。また高畠（2007）は，「さまざまな臨床現場で続出している困難な問題に対して，その解決が一人の専門家の力量だけでは不可能である状況を踏まえて，さまざまな専門家ときには非専門家も交えて，積極的で生産的な相互交流や相互対話を重ねながら，共通の目標や見通しを確認し，問題解決に必要な社会資源を共有し，必要ならば新たに資源や社会システムを開発する活動」と定義しています。つまりコラボレーションは，専門家間の協力関係にとどまらず，非専門家の参加も想定した概念といえます。さらにコラボレーションは，単なる異なる専門性の足し合わせを越え，「新たなサポート資源」を生み出し得る協力の形態であり，既存のサービスでは十分に対応できないような問題に対する介入を可能とします。

④セルフヘルプグループ

コミュニティアプローチでは，コミュニティや個人の援助において，専門家以外の人々も重要なサポート資源とみなされます。なかでも，当事者が自らの問題の解決に主体的に取り組んでいく**セルフヘルプグループ**の活動は，専門家による援助とは異なる形で効果を発揮するものとして重視されています。高松（2009）は，セルフヘルプグループの定義として「同じ悩みや障害を持つ人たちによって作られた小グループのことである。その目的は，自分が抱えている問題を仲間のサポートを受けながら，自分自身で解決あるいは受容していくことにある。問題解決を目指したり社会に対して働きかけるグループもあるが，解決できない問題（障害や死別など）をどう受容していくかを考えるのもセルフヘルプグループの大きな特徴である」と述べています。専門家は，問題状況を共有する人々で構成されるセルフヘルプグループの情報を個人に提供したり，セルフヘルプグループの活動の立ち上げや活動の展開を後方から支援します。

2　新たなシステムの構築

既存のシステムのなかでは十分に対応することが難しい問題や，支援が行き渡らない人々に対しては，資源をつなぎサポートネットワークを充実させていくことや，利用者のニーズにあったサービスを提供できるようにシステム構築（system organization）を行うことが求められます。また当事者が自ら声を上

> **プラスα**
> **セルフヘルプグループと専門家**
> 高松（2009）は，セルフヘルプグループの活動においては，「専門家がグループ開設・維持に協力することはあるが，基本的には本人たちの自主性・自発性が最も重視される」と述べている。

げることが難しい状況にある場合や，ニーズが潜在化し社会的な理解が十分で
はない場合などには，援助を必要とする人々の声を代弁（アドボケート）し，
新たなサービスの実現を求めていくことが必要となります。特に援助の取り組
みが遅れた領域においては，まずはコミュニティ・リサーチの手法を用いなが
ら，利用者と地域両方の状況理解を深め，不足している支援や必要なサービス
の姿を説明できるようにしていくことが重要です。

　高齢化や経済的な格差の拡大，外国人材の積極的受け入れに伴う支援の多文
化・多言語化など，日本社会には課題が山積しています。公認心理師などの心
理援助の専門家には，本章で示してきたような発想をもち，コミュニティに積
極的に関わっていくことが，ますます期待されていくものと思われます。

考えてみよう

みなさんの身の回りを見渡してみて，心理援助のニーズが高いと考えられ
るが，実際にはサービスを利用していない人はいませんか？　そうした
人々について，心理援助者はどのような工夫を行い，必要な心理援助サー
ビスを提供していけばよいのか，考えてみましょう。

本章のキーワードのまとめ

コミュニティ アプローチ	コミュニティ心理学の考え方を用いて，問題状況を理解し，援助的介入を行うこと。専門家以外の人々も重要なサポート資源とみなされることや，援助対象が個人に限定されないことなどが特徴的。
コミュニティ 心理学	問題状況を，当該個人をとりまく環境的諸要因との関係のなかでとらえ，個人と環境の両方に働きかけることで，人間と環境との間の適合性を向上させることを目指す心理学の研究と実践の領域。
コミュニティ	場を共有する地理的コミュニティと，価値や信念，関心などを共有する人々から構成される関係性コミュニティとに分けられ，後者は物理的な場の共有を必須要件としない。
コミュニティ感覚	人々が集まりに対して抱く，所属しているという感覚であり，そうした感覚は，「メンバーシップ」「影響力」「ニーズの統合と充足」「情緒的なつながりの共有」の 4 つの構成要素を有する。
生態学的視点	人間のすべての行動は，その人を取り巻く状況，すなわちその人がおかれている文脈（context）との相互の関わりのなかで生じるものであるとする見方。
人と環境の適合性	人間の行動や感情，認知を，個人の単なる特性ととらえるのではなく，生活主体としての個人と，その生活する環境の相互的な関係のなかでとらえる視点にたち，人のニーズと環境の特性の適合度によって，問題状況を理解する視点。
エンパワメント	エンパワメントは，個人・組織・コミュニティの 3 つの層と各層の相互作用から構成される。心理援助においては，人が自らの有する力に気づき，その力を使って環境の変化を求めていく，個人のなかで生じるプロセスに焦点がおかれることが多いが，実際にはこの 3 つの層のエンパワメントは影響を与え合っている。
プログラム評価	特定の目的をもった社会・コミュニティ介入プログラムに関する実施状況や結果情報を系統立てて収集し，より効果的なプログラムに向けてそれらの情報を活用すること。
予　防	問題の発生を予防する狭義の予防を一次予防，早期発見・早期介入を目指す二次的予防，再発防止や社会復帰等を目指す三次的予防に分けられる。コミュニティ心理学においては，第一次予防がまず目標にされる。
心理教育	課題を共有する小集団に対して，心理的な健康を維持・向上させることに関連した知識やスキルの獲得を促すことを目的に行われる教育。問題発生の抑制や，悪化・再発の予防などにつながるもの。
危機介入	個人や集団，組織が，危機状態に陥った際に，その状態を適確に見極め，崩れたバランスを取り戻し，元の状態に回復できるように行われる介入。
チーム・ アプローチ	さまざまな関係者がチームを構成し，情報を共有しながら各々の専門性を発揮して効果的に援助を進めていくこと。チームの構成員や専門家間の協力の形態は援助領域や援助目標によって異なり，目的に応じて選択される必要がある。
コラボレーション（協働）	さまざまな専門家・非専門家が，共通の目標に向けて，社会資源を共有し協力して取り組み，必要な場合には，社会資源やシステムを新たに開発しながら問題解決に取り組むこと。
コンサル テーション	コンサルタントである専門家が，別の専門性をもつコンサルティに対して，相談・助言を行い，コンサルティがクライエントに対して有効な援助が出来るよう支援すること。
セルフヘルプ グループ	共通する問題を抱える人々が，自分自身の抱える問題の解決や，あるいはその問題を受容していくために，自発的かつ意図的に組織化したグループ。

第11章 コミュニティアプローチに基づく支援②：支援の実際

> 本章では，訪問支援や地域支援の意義と，具体的な対応のポイントについて学びます。特に，身体的な病気が重く外に出られない，心理相談に行くことに不安を感じる，相談するのは社会的に恥だと思われるといった理由から，自ら支援機関に援助を求められない人に対するアプローチを考えます。

1 コミュニティアプローチとは

コミュニティアプローチは，クライアントの不確実な未来やあらゆるリスクの想定，多様な特性をもつ関係機関との協働や調整，公認心理師としての研究や専門知見に対するリテラシー・アセスメント・面接コミュニケーションスキル，そして啓発を行うフットワークの軽さなど，高度な専門性とクリエイティブな行動力が求められるアプローチの一つです。本章では，コミュニティアプローチに基づく支援の実際に触れていきます。

1 コミュニティアプローチにおけるアウトリーチ

コミュニティアプローチとは，生物─心理─社会レベルで困難を抱えるクライアントに対し，クライアント本人だけでなく，クライアントを取り巻くさまざまな関係者や組織，地域文化，法制度を包括的に見立て，介入・支援を行う取り組みです。特に，クライアントが自ら援助を求めない，あるいはさまざまな理由により援助を求められない環境にいて，クライアント一人の力では課題から抜け出すことが困難な場合は，多機関・多職種が連携して介入・支援を行うことが必要になります

なかでも重篤度が高い場合の介入・支援の手段として，支援者または組織単位でクライアントの家庭や所属組織に訪問する**アウトリーチ**（訪問支援）があります。アウトリーチ時は，クライアントが自ら援助を求めていないので，相談に対するニーズが低いこともよくあります。そのため，クライアントから「助けなんて求めてないから帰れ！」と怒鳴られることも少なくありません。しかしながら，公認心理師として最も専門性を高く発揮できるのがこのアウト

リーチです。上記のような反応をクライアントが示した場合，なぜそのような反応をしたのかについて生物―心理―社会的な見立て，そのような反応をすることでクライアントにどのようなメリットがあるのかの予測など，さまざまな心理的なプロファイリングを行います。それに基づき，具体的な介入計画を立てて実行し，介入前後でどのような効果や変化があったかを検証するまでがコミュニティアプローチの醍醐味といえます。特に，自殺企図や精神障害，虐待・DV（ドメスティックバイオレンス），性暴力，事故や天災など，トラウマを抱えたクライアントへの介入が必要な場合には個人情報保護を越えた情報共有や，場合によっては警察の臨検・捜索，児童相談所の立入調査，医療保護入院＊などの法的対応が必要なこともあります。ときにはクライアントと信頼関係を築くよりも前に，クライアントの命の安全が優先される場合も起こりえます。その際に最も重要なアプローチが，公認心理師が自らクライアントや関係機関に出向いていくアウトリーチとなります。

　具体的な場面としては，クライアントが抱える精神障害により本人が家から出ることが難しい場合や，自殺リスクが高く緊急の対応が求められる場合，子ども虐待や性暴力など被害児・者が自ら SOS を出しにくい場合があげられます。ほかにも，ミクロレベルでは家庭内暴力，高齢者虐待，DV，認知症や介護，**終末期ケア**などに対する支援を行います。メゾレベルではいじめやハラスメント対応など，マクロレベルでは事件や災害後のトラウマケアなどが当てはまります。

2　アウトリーチの対象

　通常の心理面接だけを行う場合，公認心理師の関わりは週1回1時間程度であることが多いといえます。しかしながら，クライアントの視点に立つと，心理面接時以外の6日間と23時間に想定外の出来事が起こる場合もあります。公認心理師も人である以上，ある程度の見立てができても，完璧な予測はできません。そのため，なんらかのリスクが想定されるのであれば，誰が・いつ・どこで・どのように関わることで，そのリスクを低減・分散できるのかを検討することが重要です。

　たとえば，自傷他害のリスクや疑いがあるクライアントに危機介入をする際は，クライアントに近いミクロレベルの関係者である家族やパートナーなどに支援者が連絡や情報共有をしたり，心理教育（リスクや疑いがある場合に何をすべきかの伝達，どこに連絡すべきかの具体的な関係機関情報の提供など）を行ったりすることがあります。また，メゾレベルの学校や職場などへのアウトリーチにより，事前に問題をスクリーニングしたり，不登校や復職時にクラスや職場としてどのような点に気をつけたらいいかというコンサルテーションを行ったりすることもあります。ほかにも，マクロレベルとして，支援者が関係機関を

支援を突っぱねることのメリット
支援を突っぱねることのメリットとしては，クライアントにとって「問題に向き合う怖さを先延ばしにできる」「自分でできると言い聞かせる」「支援を受ける恥を感じずにすむ」「自分の不適切な行為を指摘されずにすむ」などがあげられる。こうした反応をとる背景には，自分自身の自由などに介入や制限が入る場合にはそれを守ろうとする認知特性（心理的リアクタンス）の働きがある。

語句説明
医療保護入院
医療保護入院とは，精神保健指定医の診察によって医療と保護のため入院の必要があると判断され，かつ患者本人の代わりに家族等が患者本人の入院に同意する場合に，入院が可能となることである。もし連絡のとれる家族等がいない場合，代わりに市町村長の同意が必要となる。しかし自己決定権についてなど課題も多く，2022年現在，障害者の権利を守るため，基準の見直しなどが始まっている。

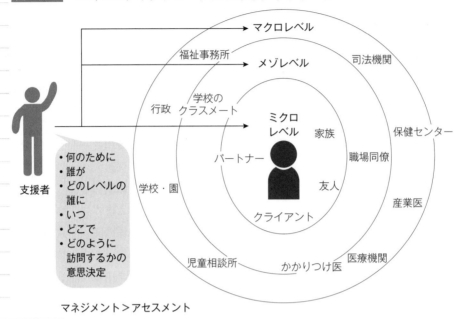

図11-1　コミュニティアプローチにおけるアウトリーチ

マクロレベル

福祉事務所　　メゾレベル　　司法機関

行政　学校の　　　　　　保健センター
　　　クラスメート　ミクロ
　　　　　　　　　　レベル　家族
支援者　　　　　　　パートナー　　職場同僚
　　　　　　　　　　　　　　友人
・何のために
・誰が　　　　学校・園　　　　　　産業医
・どのレベルの
　誰に　　　　　　　　クライアント
・いつ
・どこで
・どのように　　児童相談所　かかりつけ医　医療機関
　訪問するかの
　意思決定

マネジメント＞アセスメント

集めた研修やスーパービジョンをしたり，あるいはコミュニティに出向いて正しい情報発信をすることもあります（図11-1参照）。

　アウトリーチは，クライアントが抱える問題のリスクを下げ，かつ問題解決によりクライアントが得られる利益（ベネフィット）を最大にすることが目的です。一方で，支援者が（場合によっては複数人）直接現地に出向くことによる移動や拘束時間，およびそれにかかる旅費も生じるため，通常の支援よりも費用コストが高くなります。そのコストをかけてでも支援が必要かどうか，あるいは緊急で介入すべき問題の解決のみに焦点化させるのかなど，組織運営ではコスト面をなるべく最小化させる効率化も，持続可能な支援のためには重要な視点です。いずれにせよ，問題をどのように解決するのかという目的設定が第一で，アウトリーチは支援の一手段としてとらえ，どの支援者が，どのクライアントに，いつ・どこで・どのようにアプローチするのかなどを意思決定することが必要となります。

3　アウトリーチに不可欠な視点

①生物―心理―社会的支援とコスト・リスク・ベネフィットの検討

　生物―心理―社会レベルにおけるさまざまなリスクとして，自殺やメンタルヘルスの悪化，暴力や災害に巻き込まれることがあげられます。アウトリーチはそれらの被害リスクを最小限にすることが目的です。リスクはストレスと同様に，人間生活を営む以上決してゼロにはできないからです。特に社会レベルでは，他者との関係性，組織要因などクライアントだけでは制御不能な外的

要因に常にさらされるからこそ，考え得るあらゆるリスクの想定が大切です。

　次に，生物─心理─社会的な支援によって，どのような利益があるのかを検討することが重要です。たとえば，生物学的には薬物療法を受けることで，心理支援だけでは対処できない症状を抑えられるかもしれません。また心理的には発達特性のアセスメントにより，より個人の特性にあった自己理解や学習方法を提案できる利点があります。社会的には生活保護や就労支援プログラムを提供すると，クライアントが安心して社会復帰に取り組める機会となる場合もあります。

　最後に，先述のリスクとベネフィットを勘案して，それに対してクライアントが払う時間・金銭・心理的負担などのコストを検討します。生物学的なコストとは，たとえば手術をした際に，どれくらいの身体的な犠牲や副作用を伴うのかを指します。心理的コストには，今まで話せなかったことに向き合う勇気などが該当します。社会的コストとしては，経済的な費用やクライアントが支払える金額，移動にかかる負担，支援を受けることの地域的な垣根の高さなどもあげられます。

　いずれにせよ，人の意思決定や行動は，コスト・リスク・ベネフィットを勘案して動いており，コミュニティアプローチ全体，またアウトリーチのなかでも常にそれらの落としどころ（最適化）を探っていくことが重要となります。

②マネジメント

　危機介入的な位置づけが高いアウトリーチの場合，急な連絡への対応，予期せぬ変化，複雑な事例の背景，自殺や虐待リスクが慢性的に高い場合に終結ができないなど，さまざまな不確実性のなかで対応することが求められます。特に緊急性が高い場合には，法的権限を用いて急に介入せざるを得ないことも多く，どうしても限られた職員体制のなかで，最大限の効果を発揮することが求められる流動的な対応が前提となります。こういった喫緊のリスクが高い状況にフレキシブルに対応するためには，丁寧なアセスメントやケース・フォーミュレーションも大事ですが，それ以上に，限られた人材のなかでできる限りの対応をするマネジメント（業務管理）を優先する必要が生じます。

参照

ケース・フォーミュレーション
→1章

　たとえば子ども虐待対応においては，保護者が嘘をついている場合や，十分な発話がまだない年齢（例：0歳から2歳くらい）の子どもで聴取ができない場合，加害者から脅され子どもが真実を話せない場合などがありえます。その場合のマネジメントとは，不確実な状況であっても「疑わしきは子どもの安全を優先する」というポリシーの共有，児童相談所が一時保護するなどの判断手続きの標準化，職場内の役割分担の確立，人員が限られている場合に関係機関に助っ人として入ってもらうネットワークづくりなどがあげられます。重大なリスクがあるからこそ，理想としては潤沢な人員配置予算が付いていればよいのですが，行政が行う以上，限られた予算内で最大の効果を出すことが求められます。

公認心理師が関わる現場においても，丁寧に時間をかけてアセスメントやケース・フォーミュレーションをしようとしたことにより，その間にクライアントにもしものことがあっては意味がありません。とはいえ，何でもかんでも保護・監視すればよいというわけでもありません。現場の人員体制で最大限の効果を発揮するという，コミュニティアプローチにおける公認心理師のプロフェッショナリズムが求められます。

③段階的アセスメントによる対応の優先順位づけ

　上記のようなマネジメントに役立てるため，リスクの判断に特化した段階的アセスメント（Structured Decision Making）という考え方があります。担当する業務量が多すぎる場合や，過去にも担当したクライアントや家庭に対して信頼関係があった場合などに，主観的な忖度が生じ，「おそらく大丈夫であろう」とリスクを過小評価してしまう正常性バイアスは，どんなに経験の長い支援者であっても起こりえます。この正常性バイアスを避けるためには，客観的なデータを用いた判断が有効です。そのため，段階的アセスメントには統計的に重要な項目が盛り込まれます。特に自殺や虐待，DV など早期に介入すべき重篤事例の対応においては，これまでの研究からも段階的アセスメントが有効とされています。アウトリーチが求められる現場においては，一般的にリスクが高い事例が多くマネジメントが優先されるため，不確実な情報があった場合は大事をとってリスクを多めに見積もることがリスク管理として重要です。以下では，子ども虐待における段階的アセスメントの流れを説明します（図11-2参照）。

図11-2　段階的アセスメントの流れ

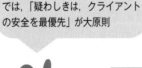

支援・治療を行う臨床心理学領域では，「疑わしきは，クライアントの安全を最優先」が大原則

```
┌─────────────────────────────────┐
│ 誰が（どの機関が）関わるかの判定        │
│ コールセンターなどでのトリアージ        │
└─────────────────────────────────┘
┌─────────────────────────────────┐
│ 命に関わるかどうかの判断             │
│ セーフティアセスメント              │
│ 死亡や自傷他害の最重篤リスクへの対応     │
└─────────────────────────────────┘
┌──────────────────┐  ┌──────────────────┐
│ 現時点のリスク判定    │  │ 現時点のストレングス判定 │
│ リスクアセスメント    │  │ ニーズアセスメント    │
│ 軽度なのか中度なのかの重篤 │  │ クライアントや家族がもってい │
│ リスクの振り分けと，将来的な自 │  │ る強みや得意な点，できている │
│ 傷他害のリスクなど    │  │ ことは何かなど      │
└──────────────────┘  └──────────────────┘
┌─────────────────────────────────┐
│ 不確実な未来に対する               │
│ リミットアセスメント              │
│ 何が観測されたら，現状の支援計画を即見直すのかのリミット条件の設定。 │
│ これらが観測されたら，トリアージに戻る。  │
│ 例）面接の無断キャンセル，再度自傷他害の跡が確認される， │
│ 連絡が3日以上とれないなど          │
└─────────────────────────────────┘
```

　アウトリーチにはコスト面の問題もあるため，まず第一にどの機関（児童相談所，警察，市区町村など）や専門職が担当すべきかを決めるトリアージ機能があります。必要な支援や介入を求めているクライアントに，最適な組織や専門職が最短時間で関わることが重要だからです。ただし，機関や組織によって根拠となる法律も違います。警察であれば刑事訴訟法上，「疑わしきは罰せず」という原則に立ちますが，児童相談所であれば児童福祉法上，「疑わしきは子ども（クライアント）の安全（保護）が最優先」となります。トリアージの後は，重篤な虐待の場合に子どもを保護すべきかといったセーフティアセスメントを行います。セーフティアセスメントで保護の判断をした後に，現時点の重症度や将来的な再発リスク評価などのリスクアセスメントが行われます。リスクアセスメントの後，または並行して，クライアントや関係者のストレングス（強み）を見立てるニーズアセスメントを行います。最後に，喫緊のリスクが低くなって落ち着いている場合，どのような状況になったら支援計画を即見直すのかという，リミット条件の設定が必要です。子ども虐待の場合のリミット条件は，子どもが急に連絡もなく学校や保育園・幼稚園を欠席した場合や，保護者が面談を無断キャンセルした場合，子どもに再度傷アザが確認された場合などです。リミット条件は事前に子どもや家族，関係機関とも共有することが重要となります。

　以上のように，アセスメントにおいてはリスクとストレングスの両方をみることが大切ですが，問題なのはそのタイミングです。特に重篤事例かどうかのセーフティアセスメントと，現状のリスクアセスメントの後に，ストレングスをみるニーズアセスメントに移行することが重要です。なぜならば，最初からストレングス情報だけを集めてしまうと正常性バイアスが生じ，肝心なリスクを見落としてしまう危険性があるからです。このようにリスクの高い事例が紛れていないかの判断を含め，アセスメントにより対応の優先順位づけをし，実際のアクションにつなげるマネジメントに活用します。

④多職種・多機関連携

　多職種連携とは，多くの機関の専門職が，多様なネットワークを用いてモニタリングの漏れがないようにしたり，さまざまな複合的な視点や制度を用いてクライアントの介入・支援を行う方法です。日本では組織間の壁がまだ高いために，多機関連携という言葉のほうがよく聞かれるかもしれませんが，世界的には目的に合わせてさまざまな専門職の強みを最大限活かせることが重要視されるため，多職種連携（Multi-Disciplinary-Team：MDT）と呼ばれることが多いです。特にアウトリーチが求められるコミュニティアプローチでは，一専門職や一組織だけでクライアントを切れ目なくモニタリングすることは不可能です。たとえば，自殺リスクが高いクライアントがいた場合，家庭だけで見守るのではなく，学校や職場での見守り，担任やスクールカウンセラーのサポー

トなど，多くの組織や専門職で見守っていくことが重要といえます。

　ただし，多職種連携においてクライアントの抱える問題を情報共有する場合は，自傷他害のリスクがある場合以外は，基本的に本人の了解が必要です。誰にどの程度情報を共有するかどうかは，クライアントの意向をもとに，また実際に協力者の特徴や所属組織の考え方などを見立てながら，クライアントの安全・利益につながることを優先します。

2 ｜ コミュニティアプローチの例

　以下では，コミュニティアプローチの例として，簡潔に現場の実践に触れていきます。

1 緩和ケア＆グリーフケア

　人生の最期を迎えるクライアントには，心理的な苦痛や，場合によってはスピリチュアルで実存的な問題が生じることがあります。たとえば，「なぜ自分が死ななければならないのか？」という死にたくない思いや，「もっと元気なころにこうしておけばよかった」という後悔，「大切な人達と過ごす時間を増やせばよかった」という回顧，さらには「自分が生きてきた意味は何だったのか」という思いなどさまざまな苦難があります。また，ガンなどの身体的な病気により，どうしても生活の質（QOL）が下がり，思いどおりの生活ができない苦しみもあります。**緩和ケア**は，痛み止めや治療といった生物─医学的な問題への対処だけでなく，心理─社会的な苦難に対する寄り添いや，クライアントの気持ちに耳を傾けるケアにも役立ちます。たとえば，身体の症状に対する治療や，痛みをとる医療的ケアを要するクライアントが身体科の外来または入院病棟にいた場合，そのクライアントの心の問題に対して，公認心理師が**リエゾン・ネットワーク活動**として他科の病棟や外来に出向いて心理支援を行うこともあります。また，クライアントの家族やパートナーなどが悲嘆（グリーフ）に暮れる場合にも，**グリーフケア**として話を聴くなどの家族支援も重要になります。

　ほかにも，高齢者や障害者などの生活の介助が必要な人も，なるべく住み慣れた地域で尊厳を保持しながら自立した生活を送れるよう支援するために，地域の包括的な支援やサービスの提供を行う**地域包括ケアシステム**があります。たとえば，医学的な治療やケアは医療機関が行い，日頃の介護や社会的なサポートは自治体が行うなど，連携のなかでクライアントとその家族を支援する仕組みです。

2　自殺予防

　自殺予防には大切なポイントがさまざまありますが，コミュニティアプローチのなかで外してはならないポイントは3つあります。

　1つ目は死にたいと思うほどの生きづらさに共感することです。クライアントが「死にたい」という思いを出した際に，どうせ口だけだろうと思い込むことは禁物です。現状が死にたいくらいしんどい，生きづらいという背景に共感することが不可欠です。

　2つ目は，それらを理解したうえでの危機介入としてのコミュニティアプローチです。自殺を企図する場合，自傷他害（のリスク）に該当します。すなわち，個人情報保護を越える内容となるため，まずは医療機関への受診や，クライアント一人では受診できない場合にはソーシャルワーカーや公認心理師の付き添いを検討します。また，クライアントの家族など，クライアントを近くでみてくれる人にも心理教育として状況を伝えます。心理教育として伝えるべきことは，今家族に何をしてほしいのか（すぐに医療機関受診を勧めるのか，それとも在宅で普段どおり生活してもらい，状況がどのように変わったら医療機関受診を勧めるのかなど），具体的にどこに相談したらいいのか（最寄りの精神科救急病院の情報など）です。自殺対応には，医療や福祉・保健機関だけでなく，関係機関との連携が必要不可欠です。また，クライアントが子どもの場合，学校や園の担任，学年主任，副校長，養護教諭，スクールカウンセラー，スクールソーシャルワーカーなどとの多職種・多機関連携も必要です。情報共有が適切と思われる専門職と連携しましょう。自殺に対するリスクを下げるためには，心理の専門家が多職種と協働するコミュニティアプローチが必要不可欠です。実際のコミュニティアプローチの連携において，経験が少ないと，相手機関との調整がうまくいかない（相手担当者が親身に聞いてくれない，医療機関が混んでいて喫緊で診てくれないなど）こともあるかもしれません。ただ，連携は相手の立場もあってのことなので，目の前のクライアントにとって重要だと思うことを優先します。

　3つ目のポイントは，援助を求めることと，今後もしんどい時は話を聞かせてほしいという意思を伝えることの心理教育です。相談に来たときは褒める，ねぎらうなど，その援助要請*を強化することが重要です。

3　災害時における支援

　災害後などは，規模によっては被災者が1万人を超えるなど，専門職だけでは対応できない数のクライアントが想定されます。心理専門職の数が限られるため，**災害時における支援**では重症度の高い被災者から対応しつつ，軽度の被災者であっても心理的な不安定さや悪夢をみることもあるため，サイコロジ

語句説明

援助要請
援助要請とは，相談のニーズや自らSOSを出す行動のこと。

サイコロジカルファーストエイド
サイコロジカルファーストエイド（Psychological First Aid）は，心理的応急処置と訳され，災害や事故，犯罪などに巻き込まれた人の心理的被害を防ぎ，支援が必要な人に多機関が関われるようにする手法。

カルファーストエイド*を市民やメディアと協働しながら，あらゆる人への支援の必要性を啓発することが重要となります。一方で，本当にリスクが高い人を見分けるためには，スクリーニングテストなどの段階的アセスメントが必要になります。スクリーニングテストでリスクが高いと見分けられた人には，医療機関への受診を勧めます。場合によっては，医療機関受診は恥だから行きたくないという思いをもつクライアントもいますが，精神科を嫌う地域性があったり，トラウマ反応を起こしていて日常生活自体が不安定である場合もあります。そのような場合，公認心理師は「何かあれば連絡をください」ではなく，災害時のトラウマ反応には，災害後のストレス，大切なつながりを喪失したストレス，日常生活が変化したストレスの3つが重なっていることを伝えます。災害の記憶が具体的にフラッシュバックする，急にボーッとしたりイライラしてしまったり，お酒やタバコがないと気が紛れないなど，日常生活に支障が出ている場合は，医療機関の受診が必要であると明確なリスク基準を情報提供します。さらにそのような症状が災害後最低1か月以上続く場合は，病院に行かないと症状が軽減しない可能性が高くなると伝えるなど，具体的な心理教育を伝えることが必要です。

　ほかにも，災害後は心的外傷後ストレス障害（Post-traumatic Stress Disorder：PTSD）*だけでなく，もともと地域に隠れていた引きこもりや感覚過敏などから発達障害が疑われる人や，精神障害（統合失調症，双極性障害，物質使用障害など）を抱えたクライアントが避難所生活などであらわになることがあります。そのような場合，ただでさえイライラしている避難者同士のトラブルにつながることもあるため，避難所に出向いてのコンサルテーションなども大切です。たとえば，どうしても環境調整として個別対応が必要なクライアントの場合，「なぜあの人だけ個室？」という住民の不満に対して，クライアント自身の個別具体的な情報は開示せずとも，専門家としてクライアントとコミュニティ運営の双方にとって必要と判断し，「管理者の承認をもらっている」と説明するなど，病状以外の管理・運営に関する住民への心理教育なども重要になります。

語句説明

PTSD
PTSD（心的外傷後ストレス障害）とは，災害や深刻な怪我を負う暴力事件，重度事故，戦争，虐待などにより，死の危険を感じたり，性的暴力などの心理的な衝撃を受けるトラウマ（心的外傷）体験に晒されたことで生じる，特徴的なストレス症状群のこと。

3 ｜ コミュニティアプローチのこれから

1　オンラインコミュニティとテクノロジー

　私達の生きるコミュニティはすでに現実世界だけでなく，バーチャルな世界へと広がっています。VR（仮想現実）や AR（拡張現実）だけでなく，MR

(Mixed Reality：混合現実) など，現実とバーチャルが共存するメタバースも存在しています。さまざまな SNS やアプリを通して，特に会話がなくても常時友人グループやパートナーとつながり続けるという状況も珍しくありません。現在，インターネット環境での一般向け認知行動療法のゲームなども広まり，すでに効果が示されてきています。一方で SNS の投稿情報や IoT ウェアラブルデバイスで取得された生体指標，カメラなどの画像・動画認識などをリアルタイム解析する人工知能（AI）により，メンタルヘルスの悪化予測や，オンライン上でアウトリーチ（Web 面接や SNS でメンタル的に懸念される文章を検出したら，自動的に情報提供を行うリターゲティング手法など）する仕組みもできてきています。そのため，公認心理師として，今後は最新のテクノロジーを用いたユーザーのトレンドを常に押さえ，オフライン環境でのコミュニティアプローチに限定しないクライアントへの支援・介入サービスを立案，実装していくことが求められます。

2 科学者兼実務者モデルから多職種チームモデルへの展開

　AI や ICT の発展が当然とされている時代においては，科学者兼実務者モデルは研究と実践をするうえではベースとなりますが，そこからさらに発展させることが重要です。新しい技術は火の使い方と同様に，イノベーションとリスクが常に交錯するからこそ，公認心理師として臨床―研究に加えて，倫理と道徳に基づいた教育・研修，新しい支援方法をロボティクスや AI，IoT などを用いて構築する技術開発，さらには持続的な支援サービスにできるようなビジネスモデルへの展開が求められています。これらは，一人で行う科学者―実践者モデルを超えて，さまざまな領域の専門家の人達と協働するチームへの発展が不可欠といえます。

　ダイバーシティやインクルージョンとして，さまざまな多様性を受け入れる社会でありながら予算的に小さな政府を世界が目指す以上，すべてを公的資金で補うことは難しく，民間サービスとして展開することが求められています。すでに子どもの保育から介護まで，多様なユーザーのニーズにテクノロジーを用いて対応するコミュニティアプローチが，新しい社会起業スタートアップとして世界的に立ち上がっています。そこでは，現場実践と同様に，課題解決に向けて高速（アジャイル）に仮説生成―仮説検証―実装を繰り返すアプローチが必須となります。クライアントのニーズが多様化しているからこそ，今後ますますコミュニティアプローチも時代に合わせた変化と発展が求められます。専門職の職業倫理としてすべきこと，してはいけないことを遵守したうえで，上記のようにクライアントとコミュニティのニーズを高速に検証し，リアルタイムにデータを利活用しながら支援を行うコミュニティアプローチが，これからの公認心理師には必須となってきます。

参照
科学者―実践者モデル
→6章

1. 以下の A〜C に当てはまるクライアントが支援機関に援助を求めない，求められない場合，どのような理由を臨床心理学的に考えておく必要があるでしょうか？　検討すべき背景や要因を調べてみよう。
    A：虐待を疑われる児童
    B：自然災害の被災者
    C：DV の被害者
2. コミュニティアプローチにおける多職種連携のメリットとデメリットを考えてみよう。

本章のキーワードのまとめ

アウトリーチ	支援者自らが対象者や関係者のもとに出向き，調査や支援，介入を行う訪問支援のこと。援助を自ら求めない人も多く，そのような反応であっても，リスクを見立て，重篤度が高い場合には多機関と連携して介入を行う。
リエゾン・ネットワーク活動	特に精神科以外の医療機関において心理社会的な課題を抱えるクライアントに対し，精神科医や公認心理師などが他科に出向き，支援を行うこと。
多職種・多機関連携	リスクが高いクライアントを多職種で探し，対応する。特に大規模災害などでは，リスク軽度から重度まで多岐にわたるため，科学的に信頼性の高い情報を市民と連携しながら情報啓発し，支援が必要なクライアントに支援が届くようにすること。
地域包括ケアシステム	高齢者や障害者であっても，なるべく住み慣れた地域で，尊厳を保持しながら自立した生活を送れるよう支援するために，地域の包括的な支援やサービス提供の体制を行うこと。
緩和ケア	ガンなどを患う患者と家族が抱える生物－心理－社会的な苦痛の緩和を行い，どう「生きるか」に焦点を当てた支援のこと。
終末期ケア	緩和ケアと同様に，生物－心理－社会的な苦痛の緩和を行い，患者の QOL（Quality of Life）を保ち，残りの余命を少しでも心穏やかに過ごせるように支援すること。
グリーフケア	クライアントにとって重要な家族や友人，パートナーなどを死別でなくした喪失体験に伴う深い悲しみ（悲嘆）に寄り添い，支援すること。
自殺予防	さまざまな要因により自殺を考えるクライアントに対し，自殺に至る要因を低減し，自殺に対するレジリエンスを促進させる支援を行うこと。
災害時における支援	災害時には，心的トラウマ，悲嘆喪失（怒りや罪責），社会・生活ストレスの3つの心理的負荷が生じる。災害発生から1か月後までは，サイコロジカルファーストエイドを用いた情報提供と重症患者の対応，1か月後以降は隠れた重症患者を見つけ出すスクリーニングが重要となる。

第12章

遊戯療法に基づく支援

遊戯療法は，主に言葉のやりとりによって進む心理療法と異なり，遊びを介して心と生活の回復をはかる支援方法です。この章では，遊戯療法を理解するために必要な，遊びのもつ意味やセラピストの役割，そして遊戯療法の対象やセッションの実際について述べていきます。

1 遊戯療法とは何か

　本章では，**遊戯療法**（play therapy）とはどのような支援法なのか，どのような時にどのようなクライエントに役立つのかといったことについて学んでいきます。遊戯療法は，セラピストとクライエントが一緒に遊ぶことによって，クライエントの回復を目指す関わりです。遊戯療法のクライエントの多くは，幼児期から学齢期までの子どもです。通常子どもたちは日常の生活のなかでも遊びますが，遊戯療法として特別な遊びの時間を経験することで，不安を和らげたり，自分自身のさまざまな気持ちに気づいたり，新しいことやそれまで難しかったことに挑戦する力を身につけたりするようになります。

　遊戯療法は，遊びのもつ力を活用した支援方法といえます。そのため，遊戯療法を学ぶときにはまず，遊びのもつ多くの機能や効果を知っておくとよいでしょう。それらは子どもたちが遊んでいる様子からみてとれます。子どもたちは，商品化されたおもちゃがなくても，その時そばにある石段や椅子や段ボールの箱を"基地"や"武器"や"ステージ"に見立てて遊びます。遊び相手がいれば，自分が今演じている場面を全身で伝えようとしたり，勝負事のルールを決めたりもします。負けて悔しいときに相手を叩いたりしたら，その先楽しく遊べなくなってしまうことも学んでいくでしょう。このように遊びとは，子どもたちにとって表現の手段であり，役割の練習であり，新しいことへの挑戦であり，社会性を身につける機会でもあります。

　さらに，心が弱っている子どもたちにとって，遊びは心の元気を回復する役割も担っています。子どもたちは遊びのなかで，自分が体験した楽しかったことや悲しかったことをしばしば再現します。たとえばある5歳の女の子は，

大きな手術を終えた翌週，筆者の前で，ぬいぐるみに布団をかけてから，「いっかいねたら，おわってるからね」と伝えた後，「はい，しゅじゅつはおしまいです！」と言いながらぬいぐるみを起こすという遊びを繰り返し行っていました。この様子からは，子どもたちが体験を再現し，記憶を整理しようとしていることがよくわかります。東山（2005）は，子どもたちが「単に遊んでいるのではなく心の安定を取り戻すための手段として」遊ぶことを指摘しています。手術から目覚める場面を再現する遊びには，まさにこうした機能が働いているといえるでしょう。

2 ｜ 遊戯療法の歴史

　遊戯療法の歴史は，遊びのもつ意味が"発見"されたことによって始まります。大人が言葉によって自分の内面を理解し，表現するように，子どもたちはまず遊びを介して自分の体験や要求，感情とのつながり，そして他者とのつながりを作り上げていきます。このことがセラピストの共通認識となって以来，遊戯療法は心理療法として発展してきました。

1　遊戯療法の成り立ち

　子どもたちが，遊びのなかで再現することによって自らの経験を受け入れようとしているということは，1920 年代にフロイト（Freud, S.）によって指摘されました。その後，娘の**アンナ・フロイト**（Freud, A.）と**クライン**(Klein, M.) によって，児童精神分析や児童心理療法などの構築がなされました。両者の間では，1920 年代後半から 1940 年代にかけて遊びのとらえ方や発達理論をめぐる論争が起こり，それが結果として「精神分析的遊戯療法」の発展につながったといわれています。両者の主張の違いとして，遊びの位置づけがあげられます。アンナ・フロイトは，遊びを子どもたちと支援者との関係づくりのための段階と位置づけています。つまり，遊びは言葉による心理面接の導入部であると考えていたのです。一方クラインは，遊びを子どもたちの無意識の象徴的な表現ととらえました。そのため，遊びそのものの分析と解釈が可能であると述べました。クラインのこのような視点は，今日の遊戯療法における遊びのとらえ方にも大きな影響を与えています。

　その後，"遊ぶこと自体に子どもが回復する機能が備わっている"という認識がセラピストの間に広がっていきます。たとえば**ローエンフェルト**（Lowenfeld, M.）は子どもたちの遊びを解釈するよりも，彼らのそのままの表現を阻害しないことを重視し，「世界技法」を開発しました。世界技法は，子ども

プラスα

箱庭療法

砂の入った箱にフィギュアやおもちゃなどを自由に置いて遊んだり，1 つの作品をつくったりする心理療法で（丹，2019），子どもだけでなく大人のセッションでも用いられる。箱庭療法のセットは遊戯療法を行う部屋に備えられていることもあり，子どもたちが内的世界を表現したり，砂の感触を味わい楽しんだりする場になる。

図12-1 世界技法を用いて子どもの治療を行うローエンフェルト

出所：The Dr Margaret Lowenfeld Trust, 2017

表12-1 アクスラインの遊戯療法における8つの原則

①子どもと温かく友好的な関係を築く
②あるがままの子どもを受け入れる
③子どもが自由に表現できるように，許容的な雰囲気をつくる
④遊びのなかで表現される子どもの感情を適切に理解する
⑤子どものもつ問題解決の力を尊重する
⑥非指示的態度をとり，セラピストは子どもの後に従う
⑦セラピーを急がない。セラピストは，支援には時間がかかることを認識する
⑧必要な制限を与える

出所：Moss & Hamlet, 2020（筆者訳）

たちが内的世界を表現し活性化できるよう工夫された方法であり，箱庭療法の原型となりました（図12-1）。その後ロジャース（Rogers, C.）の展開したクライエント中心療法の考えを子どものセラピーにも応用できると考えた**アクスライン（Axline, V.）**によって子ども中心遊戯療法（child-centered play therapy：CCPT）が誕生しました。

2 子ども中心遊戯療法

　子ども中心遊戯療法（以下，CCPT）では，子どもには生まれつき自分の力をのびのびと発揮しながら良い方向へ向かっていく性質（自己実現の力）が備わっていると考えます。そのため，何らかの問題や不調が生じているのは，子どもたちがその力を発揮できていないためであると考えます。たとえば，幼児期の基本的な欲求に対し，身近な他者が無視や拒否，否定を繰り返すと，子どもは自分自身を肯定することができず，自尊心や他者への信頼感を十分に育てることができません。そうすると，自分の要求や感情に気づいたり，整理することが難しくなるため，さまざまな混乱や葛藤が生じることになります。言い換えれば，子どもは身近な他者から認められることによって自分自身を認めることができ，その後の発達段階における課題や葛藤を乗り越え，その子らしく成長していくことができるのです。

　このような考えに基づき，CCPTではセラピストが子どもの存在を認め，要求や感情などのメッセージを受け取ることで，子どもがこれまで得られなかった承認を経験できるように働きかけます。そうして，子どもの自己実現の力を活性化することを目指していきます。アクスラインによって提示された遊戯療法における8つの原則は，子どもたちの自己実現の力を引き出すためのものであり，今日のわが国でも非常によく知られているものです（表12-1）。

3 ｜ 遊戯療法の技法と手続き

　さてここまで遊びそのものがもつ意味，そして遊戯療法がいかにして成立してきたのかをみてきました。次に，"子どもにとって最も意味のある遊戯療法

にするための準備"についてご紹介します。

1　プレイルームとおもちゃを用意する

図12-2　プレイルーム
（東京大学心理教育相談室）

　遊戯療法が行われる場所は，病院であったり，学校や地域の相談室，福祉施設とさまざまです。遊戯療法を行う部屋をプレイルームと呼びますが，プレイルームは安全で，セッションが邪魔されることのない，静かな個室であることが望まれます。また子どもたちが自由に動けるスペースが必要です（図12-2）。

　おもちゃは，子どもの自由な自己表現を促すもの，子どもの生活を再現できるもの，セラピストと2人で遊ぶことができるもの，攻撃性を発散できるものなどが適しているとされます。一人ひとりの子どもに専用のボックスを用意して，そこにその子のためのおもちゃを入れておく方法もあります。

2　遊戯療法を導入する

　導入ではまず，子どもと保護者の双方に，遊戯療法について説明を行い，同意を得ます。子どもには，発達年齢に合わせた説明の仕方で，①プレイルームでは自由に過ごしてよいこと，②遊戯療法の目的，③自分とセラピスト，おもちゃを傷つけないなどの制限，④今後のセッション頻度と1回のセッションの時間を伝え，それでよいかどうかを尋ねます。通常，セッションは1回40〜50分，1週間に1回くらいの頻度で行われます。保護者にも同様にセラピーの目的や頻度を伝え，セッションに協力してもらえるよう働きかけます。特に遊戯療法は"遊ぶだけで子どもはよくなるのか？"といった疑問を保護者に抱かれやすいため，子どもの様子を客観的に伝え，遊戯療法がどのようなものなのか，遊戯療法によってどのような変化が期待されるのかということをわかりやすく伝える努力が必要です。

3　保護者への関わり：保護者が支援に参加することの意義

　多くの効果研究において，保護者が支援に参加することは子どもの回復・成長に良い影響があることが指摘されてきました。たとえば家族関係における葛藤やストレスが減少したり，子どもの自尊心が改善したりすることがわかっています。保護者の参加の仕方としては，大別すると以下の2つの方法があげられます。

　①親子並行面接：子どもの遊戯療法と保護者の面接をそれぞれ別の部屋で行います。子どもと保護者それぞれの表現が制限されにくく，秘密保持の度合いが高いという特長があります。

語句説明
モデリング
他者を観察し模倣（真似）することによって成立する学習のこと。親子同席面接では，保護者がセラピストの行動を観察し模倣することで，子どもとの関わり方や遊び方の学習が進む。

②親子同席面接：保護者が遊戯療法に同席します。保護者と子どもの関わりを直接観察できたり，セラピストと子どもの関わりを保護者がモデリング*できるといった特長があります。ただし，やみくもに保護者の協力を促すことが最善ともいえません。子どもが何らかの困難に直面している時は，保護者もまた子どもへの関わりに自信を失くして深く傷ついている場合があるからです。また，保護者自身が何らかの葛藤や不調，疾患を抱えていて心にゆとりがない場合もあります。そういう時には，保護者は支援への協力を促されると追い詰められてしまうこともあります。子どもの支援はすなわち親子の支援であり，保護者を常に視界に入れた支援のあり方を考える視点が不可欠です。

4 遊戯療法の対象

遊戯療法では，どのような子どもたちが対象になるのでしょうか。あるいは，どのような遊戯療法がどのような子どもたちに効果があるのでしょうか。近年の効果研究の結果から，考えてみたいと思います。

1 CCPT の対象とその有効性

2015 年に行われた研究（Lin & Bratton, 2015）では，CCPT が子どもの自尊心，親との関係性，学習成績，内在化問題*，外在化問題*に対して改善効果をもつと報告されています。また研究者らは，CCPT の効果を左右する重要な変数として，子どもの年齢，支援の枠組みへの保護者の参加，主訴をあげています。

CCPT を含む多くの遊戯療法は，概ね 4〜12 歳頃の子どもに対して行われることが多いですが，遊びを通して自己を表現することに臨床的な意義がある場合は，より年長の子どもや大人が対象になることもあります。遊戯療法は特にその報告や研究の数と比較して実施されている数が多いと指摘されてきた支援法であり，実際にどのようなケースに効果があるのかは今後さらなる研究が必要です。少なくとも低年齢のクライエントで，自尊心の低下，親子関係の困難や葛藤，内在化・外在化問題が生じている場合に，CCPT が有効であるということができるでしょう。

2 発達障害の子どもへの遊戯療法

近年，**発達障害**をもつ子どもや，後述する深刻な心的外傷（トラウマ）を負っている子どもなど，特別なニーズのある子どもへの遊戯療法の開発が進んでいます。そうした子どもへのセラピーでは，ニーズに応えるためある程度進

語句説明
内在化問題と外在化問題
内在化問題は過度の不安や恐怖，抑うつ，心身症状など，他者よりも本人に問題を生じさせるタイプの問題行動を指す。それに対し外在化問題は，落ち着きのなさ，癇癪，人や物への攻撃，過度の反抗や非行など，他者との関係に軋轢を生じさせ，環境との葛藤を含むものを指す（水野，2017）。

め方が定められています。

発達障害，なかでも自閉スペクトラム症をもつ子どもへの支援では，目的と内容が焦点化された遊戯療法の報告も増えてきています。たとえばスタニッティとファイファー（Stagnitti & Pfeifer, 2017）は Learn to Play Therapy と呼ばれる，自閉スペクトラム症や関連する障害をもつ子どもを対象に，指示的な遊戯療法を実施した 3 事例について報告しています。自閉スペクトラム症の子どもたちは社会性相互交流，コミュニケーション，想像力に障害をもつことから（Wing & Gould, 1979），他者とのやり取りや，役割・場面の理解を必要とするごっこ遊びの獲得に困難があることが知られています。このセラピーは，子どもがごっこ遊びを自発的に行うようになることを目的としており，セラピストは子どもに肯定的関心を示し，子どもの遊びについていくという点を大切にしながらも，段階的に抽象度の高い遊び方を子どもに紹介していきます。このほかにも，注意欠如・多動症をもつ子どもへの認知行動遊戯療法を行った事例なども報告されています。

3 トラウマを負った子どもへの遊戯療法

トラウマ，すなわち深刻な精神的傷つきを経験した子どもたちへの遊戯療法については，多くの実践が報告されています。たとえば誘拐や交通事故，ハリケーンや地震をはじめとする自然災害，そしてテロによる被害を受けた子どもに対して遊戯療法が行われた事例があげられます。

西澤（2015）は，特に幼少期から虐待を受けた子どもは，「アクスラインが考えるような問題解決能力を担う自我が年齢相応には形成されていないことが多い」ため，自由な表現を促すだけでは問題解決に向かうことが難しいと述べています。幼い頃から非常に不適切な養育を受けてきた場合には，養育者との安定した**アタッチメント**（情緒的な結びつき）が形成されておらず，感情や衝動のコントロール方法を獲得できていない場合が多くあります。また自分自身を大切に思う感覚がもてない子どもも少なくありません。つまり，幼少期から虐待を受けてきた子どもたちは，"より良い方向に向けて行動を選択し問題を解決していく"ことが難しいといえます。

こうした理由から，トラウマからの回復に焦点を当てたトラウマフォーカスト遊戯療法も開発されました。虐待を受けた子どもたちの支援においては，子どもが遊びを通して，虐待体験を間接的に再体験し，その時の記憶を整理し再構築することによって，虐待の記憶から受ける衝撃を徐々に減じていくことが目標となります。通常，子どもがセラピーのなかで自ら虐待の記憶に向き合うことは非常に難しいため，トラウマフォーカスト遊戯療法では訓練されたセラピストが，虐待の記憶につながるおもちゃを用いたり，ストーリーを展開したりすることで少しずつ記憶の再体験を促します（図12-3）。その際，虐待を受

プラスα

認知行動遊戯療法
欧米では1980年代から，認知行動療法や認知療法とプレイ（遊び）を組み合わせる試みがなされている。ネル（Knell, 1998）が概念化した認知行動遊戯療法は，モデリング（観察学習）とロールプレイ（役割を演じること）をプレイの中心に位置づけて，セラピストが子どものプレイを主導する。そのなかで，より適応的な考え方や感情表現の獲得を目指す。

図12-3 再体験にも用いられるさまざまなおもちゃ

けた子どもに関する知識は不可欠です。そうでなければ，遊戯療法のなかで起こってくるさまざまな反応や状況に適切に対応することができないばかりでなく，セラピストが巻き込まれ，子どもにさらなる傷つきを与える危険性があるからです。たとえば，虐待を受けた結果として子どもが「大人に対して挑発的ともいえるような態度や言動をとる」（西澤，1997）ということを知らない場合，そうした子どもの振る舞いに対してセラピストが怒りや無力感を抱き，子どもを責めたり拒絶したりしてしまうことがあります（これは決して珍しいことではありません）。わが国でも，発達障害や被虐待体験などを抱える特別なニーズのある子どもたちへの遊戯療法が必要とされていますが，相応の専門知識やスキルをもつセラピストが足りているとはいえない現状があります。

5 │ 遊戯療法の実際

　最後に，筆者が担当した事例をもとに，遊戯療法がどのように行われているのかをご紹介します。お子さんの様子を想像しながら読んでください（事例の内容は，個人情報に配慮し設定や背景を若干変更して記載しています）。

1 事例の背景：家庭復帰をした女の子との遊戯療法

　8歳のあやちゃんは，5歳の時から3年間，2人の姉と一緒に児童養護施設に預けられていました。以前はお母さんと子どもたちの4人で暮らしていましたが，お母さんが家事をしたりすることが難しくなったためです。しかし遊戯療法を開始する数か月前に，お母さんの希望で姉妹は家庭に戻ることになり，施設からの依頼で当時クリニックに勤めていた筆者が遊戯療法を担当することになりました。あやちゃんは家庭復帰してから姉たちと毎日激しい喧嘩をしており，夜はよく眠れていないのことでした。遊戯療法を受けることは家庭復帰の条件の一つであり，お母さんは「あやにとって必要なら（遊戯療法は）お願いしたい」と話していて，あやちゃん本人はというと，「私のプレイセラピーはいつなの？　まだ？」と話し楽しみにしているとのことでした。

2 初回の様子

　1回目の遊戯療法の日に筆者が待合室に迎えに行ったとき，あやちゃんは8歳という年齢よりも幼くみえました。小柄で痩せていて，ピンク色のややくた

びれたＴシャツに染みのついたスカートをはいていました。肌にはつやがなく，目元はぼんやりとしていました。しかしお母さんが，寄り添っていたあやちゃんに「それじゃあ，行っておいで。よかったね，楽しみにしてたもんね」と伝えると，あやちゃんは「うん！」と笑顔をみせました。

　初めてプレイルームに入ったあやちゃんは，ミニチュアの人形をみて「わー！　かわいい。いいな，これで遊びたいな。あ，でもこれもかわいいな」と興奮しながら，いくつか人形を手に取りました。筆者は横に立って，あやちゃんの探索の邪魔をしないようにしながらプレイルームの紹介をしました。シルバニアファミリー（動物をモチーフにした人形とドールハウスのおもちゃ）を見つけたあやちゃんが「これがしたい！」と勢いよく言い，シルバニアで遊ぶことになりました。あやちゃんはすぐに，「先生はお母さんをやって。私は赤ちゃんをやるね」ときっぱりと言い，筆者はお母さんウサギの役をすることになりました。あやちゃんによると，このお家には「赤ちゃんとお母さんだけ」が住んでいて，その後ずっと２人の世界が展開されました。あやちゃんははじめ筆者に，「ミルクを買いに行かないと」とか「ミルク飲んだから，げっぷをさせないと」と伝え，赤ちゃんが求めているものを教えてくれました。筆者（母ウサギ）は赤ちゃんを抱っこしながら〈寒くない？　ふわふわのお布団があるよ〉などと赤ちゃんを常に気にかけるようにしていました。あやちゃんは「おなかすいたよう」などと言いながら赤ちゃん役をすることに没頭しているようでした。あやちゃんは上記のやりとりの合間に，「台所ないかなあ」「お鍋はないのかなあ。赤ちゃんのデザートはないのかな」と，台所用具と食事の準備に非常に集中していました。図12-4は，初回にあやちゃんが展開したシルバニアの様子の再現です。

　以上が，初回の様子です。遊戯療法の初回には，子どもの目標を達成するために課題になることや，その後のセッションの見通しが示されることが多いため，初回の子どもの様子は非常に重要であるといわれています（West, 1996/2010）。筆者ははじめてあやちゃんに会った初回セッションの様子から，次のように見立てました。

- 赤ちゃんとお母さんだけの世界：お母さんに自分だけをみてもらいたい，気にかけてもらいたいという要求の強さがみえる。
- 食べ物への強い執着：幼少期に十分得られなかった"温かな養育の経験"を，ここでやり直そうとしている。
- 初回から筆者に要望をはっきりと伝えてくれた：自分が必要なものを求めてよいということを知っていて，求める力があるというあやちゃんの強みも現れている。

図12-4　初回セッションであやちゃんが展開した遊びの様子（再現）

そこで，まずは①あやちゃんが小さい頃十分に得られなかったケアをプレイルームで体験できるようにすること，②姉たちとの葛藤を受け止めることを方針としました。また，お母さんとのやりとりでは，あやちゃんの思いがお母さんに伝わっているかどうかを確認すること，お母さんを労うことを意識しました。

3 事例の経過

あやちゃんは，2回目のセッションからも毎回シルバニアで遊ぶことを選びました。しかし，2回目以降はお母さんと赤ちゃんの役割を筆者に任せ，あやちゃん自身は「ペット」や家の外からくる「お手伝いしてくれる人」を演じることが増えました。お手伝いさんはそのまま，あやちゃんやお母さんをサポートしている支援者であり，あやちゃんが支援者を拠り所にできているように感じました。また，4回目には家に「お父さん」と「お姉ちゃん」が現れ，お母さんやペットと一緒に赤ちゃんウサギのお誕生日会をしました（筆者には，あやちゃんが新しい家庭環境を自分の居場所だと感じられているように思われました）。この頃には現実世界においても，姉たちに喧嘩をしかけることはなくなり，夜中に起きることもなくなっていました。お母さんによると，「たまに，「抱っこして」って甘えてくることはあるんですけど，前よりは落ち着きました。お休みの日にはお友だちと遊んでいる時間が増えました」とのことでした。

この事例からは，子どもたちがもつ自然の回復力をはっきりとみてとれることと思います。子どもは遊戯療法のなかで基本的な要求を受容され，遊びを通して満たされることで，プレイルームの外においても心の安定を取り戻し，のびのびと世界を広げていく力を発揮することができるのです。

> **考えてみよう**
>
> できれば身近にいる子どもと遊んでみましょう。もし遊ぶチャンスがなければ，公園などで遊んでいる子どもを，離れた場所から観察してみましょう。そのうえで，その遊びが子どもにとってどんな機能，どんな意味があるのかを考えてみましょう。

🦅 本章のキーワードのまとめ

遊戯療法	主に子どもを対象とした心理療法で，遊びのもつさまざまな機能を活性化させることにより，心の回復を促し成長を助けようとする。子ども中心遊戯療法のほか，特別なニーズに焦点化された遊戯療法もある。
アンナ・フロイト (Freud, A.)	大人の場合と異なり，子どもに対しては無意識の解釈は困難であると考え，遊戯療法は子どもとセラピストの関係性を築くために行った。自我心理学者であり，防衛機制のもつ機能について理論を発展させた。
クライン (Klein, M.)	子どもであっても無意識の解釈は可能と考えて，遊戯療法の位置づけをめぐってアンナ・フロイトと対立した。また乳幼児期から用いられる心の安定を保つための仕組み（原初的防衛機制）を提唱し，対象関係論の発展に寄与した。
ローエンフェルト (Lowenfeld, M.)	子どもが心に負った傷を癒すためには遊ぶことが重要であると考え，子どもが自分の内面を表現し活性化することができるよう，寄木細工と箱庭を用いた「世界技法」を開発した。世界技法は，箱庭療法の原型といわれている。
アクスライン (Axline, V.)	遊戯療法に，クライエント中心療法や支持的心理療法の考え方を取り入れて，現在の子ども中心遊戯療法の基礎を築いた。子どもがもつ回復力を引き出すために提唱した「遊戯療法の8原則」は，アクスラインの8原則とも呼ばれる。
子ども中心遊戯療法	ロジャース（Rogers, C.）の人間性アプローチの考え方をもとに，アクスラインが発展させた遊戯療法。子どもに本来備わっている自己実現の力が発揮されるために，セラピストが守るべき基本的な態度が示されている。
アタッチメント	特定の他者との間に築かれる情緒的な結びつきのことであり，ボウルビィ（Bowlby, J.）によって最初に理論化された。発達早期の養育者との相互交流により育まれ，対人関係の基礎となる。安定型・回避型・両価型・無秩序型に分類することができる。
発達障害	コミュニケーションや注意機能，運動，知的能力，学習等の発達に偏りや遅れがあり，それによって生活が阻害されている状態のことをいう。自閉スペクトラム症や注意欠如・多動症などが含まれる（診断基準によって名称は異なる場合がある）。

第13章

日本で生まれた心理療法

この章では，日本で生まれた心理療法の概要を学びます。はじめに，日本で生まれた心理療法の歴史と特徴について解説します。さらに，その代表として森田療法，内観療法，動作法という3つの心理療法を取り上げ，その概要と実際について説明します。本章を通じて，日本で生まれた心理療法は欧米の心理療法と比べてどのような特徴があるのかを理解し，それらにはどのような理論的，実践的な意味があるかを考えてみてください。

1 日本で生まれた心理療法の特徴

1 世界の心理療法と日本固有の心理療法

　心理療法の歴史は19世紀末のフロイトの精神分析に始まり，ロジャーズのクライエント中心療法，1950年代に登場した行動療法と1970年代に確立した認知療法を統合した認知行動療法に至るまで，基本的に欧米の心理療法が世界を席巻してきました。一方，日本でも井上円了の心理療法，森田正馬の森田療法，吉本伊信の内観療法などの心理療法が生まれました。また，1960年代には成瀬悟策が動作法を開発しましたが，日本の臨床心理学は戦後欧米の心理療法を輸入する形で発展したため，これらの日本で生まれた心理療法は必ずしも注目されてきませんでした。しかし，近年仏教や禅など東洋的人間観を背景とするマインドフルネス*が注目されるなか，日本文化に根付いた心理療法の価値が再認識されています。

2 日本で生まれた心理療法の共通性

　本章では日本で生まれた心理療法の代表として，森田療法，内観療法，動作法を取り上げます。この3つの心理療法に共通するところは大きく2点指摘できます。

①生活や人生に関係する

　いずれも援助や治療の対象に生活や人生という概念が含まれています。森田療法の原法と内観療法の集中内観は，1週間以上の長期間にわたって，病院や研修所などで生活をしながら取り組みます。また，森田療法は生活発見の会，

プラスα
生活臨床
1950年代に群馬大学精神科で生まれた生活臨床も，日本的発祥の精神療法とされている（秋田，2014）。

語句説明
マインドフルネス
第3世代の認知行動療法といわれるアプローチ。瞑想など仏教や禅の要素を取り入れている。
→6章参照

プラスα
東洋思想と心理療法
東洋思想と心理療法の関係については，川原ほか（2004）に詳しい。

内観療法は自己発見の会という形で治療を受けた人たちが集中的な治療後にも定期的に集う機会を設け，治療を日常化することを重視していました。動作法も，援助による努力をして，その動作の仕方が日常生活のなかへ自然に溶け込むことを重視しています。

　このような治療の特徴は，日常の生活で身につけた癖を相対化している点にあるといえるでしょう。森田療法では長年培われた病理や自己に対する認知の修正，内観療法では他者との関係性における認知の修正，動作法では生活のなかで身につけた動作の修正が図られます。ターゲットとするテーマや対象に違いはあっても，いずれも自身が人生の中で自然に身につけてきたある種の型と逆の型を提示することで，これまでの自分を客体化し，自分に直面化する作業を行います。

②症状不問──我を捨てること

　もう一つ重要な共通点は，症状や心理的問題の原因を探求したり，症状の軽減や消失を標的とせず，最終的に自らの生き方を問う点です（秋田，2014）。森田療法でいう症状不問という姿勢です。では何をするかというと，安心できる治療構造を提供し，そのなかで我を捨てて，無心の状態で身をあずけてみます。それによって素直になり，本来の自分らしい姿が立ち現れ，主体的に新たな生き方をするようになります。これは人生観や生き方の転換につながるものであり，疾患の治療や個々の心理的問題解決とは次元が違います。

プラスα

我を捨てること
我執の病理については，北西（2001）が参考になる。

3　背景にある日本文化の特徴

　日本の心理療法の背景には，仏教や老荘思想などの東洋的な文化を背景とする「自然論」や「心身一体論」があります。今の自分の生きづらさは，心身の活動を自分の思うように支配しようとして自分でつくり上げたものと考えるため，自然に**あるがまま**に服従することで自己呪縛から脱することが生きやすさにつながります。具体的には，まずは事実ベースで客観的にものを観るところに立ち返る必要があります。森田療法では「死は恐れざるを得ない」「欲望はあきらめることができない」という人生の2つの事実を認め，内観療法では自分自身の目から観た主観的な感情に基づくのではなく，他者の目から観た自分を客観的な事実としてとらえます。動作法も意図や課題がそのとおりに動きとして実現されるかどうかという現実検証をするという点で，事実重視といえます。動作法はからだを介して心理的な援助を行い，森田療法と内観療法は非日常に身を置き，心身が整うなかで援助が行われることから，心身一体論に基づいているといえるでしょう。これらの自然論や心身一体論に基づく心理療法では，欧米の心理療法のように症状や問題の消失や軽減を直接的に志向しないで，症状や問題をあるがままに受け入れて生活や活動に取り組むことによって，結果的に症状や問題が消失します。

2 | 森田療法

1 森田療法の概論

①森田療法の誕生

　森田療法は精神科医の**森田正馬**（1874〜1938）が開発した精神療法です。森田は幼少期から活発である一方，神経質であったといわれています。9歳のころにお寺にあった地獄絵をみて以来，死の恐怖を抱き，それをいかに克服するかが人生のテーマとなりました。実際に，夜尿・パニック発作・心気性脚気・脚気恐怖・慢性頭痛・坐骨神経症・神経衰弱や脚気などで治療を受けていました。このころに関心をもち始めた宗教や東洋哲学が，森田療法の理論的な基盤となっています。森田は，その後東京帝国大学医学部に入学しますが，在学中に必死必勝の思いで恐怖に入り込み（恐怖突入），目の前の現実的な課題に取り組むことで，神経衰弱や脚気の症状が一時的に軽快したという経験をします。自身のこうした経験が，のちに治療技法として理論に組み込まれていきます。また，自らのキャリア選択としても精神医学を学び，死の恐怖をいかに克服するかをテーマとして不安障害の精神療法を探究しました。1919年，森田は自宅を治療施設として開放し，家庭的な環境のなかで治療を行う森田療法を完成させました。

　森田が着目した神経質性格は森田神経質*という言葉が使われており，病態をさす場合は神経質症と呼ばれています。今でいうと，強迫性障害，社交不安障害，パニック障害，心気症が該当します。

②森田療法の理論

　森田神経質では，不安に陥りやすい生来的な傾向（ヒポコンドリー性基調*）をもつ人が，内的あるいは外的な刺激による何らかのきっかけ（機会）によって，誰にでも起こり得る心身反応を起こします。これは自然な心身の反応であり，それ自体は病理ではないにもかかわらず，否定的な反応であるととらえて何とか取り除きたいと思います。たとえば，ある病感や身体感覚，不安，恐怖，観念に注意を集中し，それがまた起こるのではないかと予期して恐怖を感じます。予期することによってますます心身の反応に注意が集中して，その病感や身体感覚，不安，恐怖，観念がさらに強く感じられるという悪循環が起きます。森田はこれを**精神交互作用**（とらわれ）と呼んで神経質（神経症）の病因と考えました。さらに，不快な反応を引き起こした刺激状況を回避すること（はからい）によって，悪循環が強まるという二重，三重にわたる悪循環が形成されます。

プラスα

森田療法の概説
森田療法については，北西・中村（2005）が参考になる。

語句説明

森田神経質（症）
内的な不安を自覚し，自らの性格や症状に悩んで，それらの改善を望み治療を受ける人。

ヒポコンドリー性基調
自己の心身の変化に敏感に反応し，不安や恐怖などの感情が起こりやすい傾向。

このような悪循環が固着してしまう背景には，自身の心身の自然な反応を「そうあってはならない」ととらえて，それを取り除こうとする認知があります。これを森田療法では人生観と呼んでいます。また，「かくあるべし」とする高い要求水準にこだわることによって，現実の自分を認めることができず，そのギャップに苦悩します。このような現象を**思想の矛盾**ととらえました。

これに対して，森田は「死は恐れざるを得ない」「欲望はあきらめることができない」という人生の2つの事実に到達します。「死は恐れざるを得ない」のであれば，心身の兆候や不安や恐怖などをあるがままに受け入れるしかありません。不安を受け入れることで，はからわない素直な心が生まれ，「欲望はあきらめることができない」という事実に従って主体的な生き方に転換します（図13-1）。

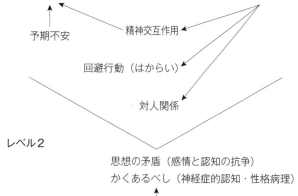

図13-1　悪循環（閉じられた運動）

レベル1

出来事→心身の反応（身体的兆候）→心気的解釈（破局的認知）→恐怖反応（落ち込み）

予期不安

精神交互作用

回避行動（はからい）

対人関係

レベル2

思想の矛盾（感情と認知の抗争）
かくあるべし（神経症的認知・性格病理）

欲望と恐怖（二つの事実）
「死は恐れざるを得ない」
「欲望はあきらめることができない」

出所：北西・中村（2005）を元に作成

③森田療法の特徴

森田療法は自然論に則った人間理解を特徴としています。自身に起こる心身の反応は自然なものであり，それ自体は病理的ではないと考えます。むしろ，自然な反応に対する向き合い方（認知・行動・注意）が課題であり，その向き合い方によって悪循環が起こり，それが精神病理的な問題になると考えます。したがって，心身の反応を自然なものとしてあるがままに受け入れて限界を知るとともに，たとえば，健康でありたい，人から認められたいという健康な欲望に向けて自己実現することを援助します。その根底には，自然論や心身一元論という東洋的自然論や東洋的人間論があるといえます。

2　森田療法の実際

①森田療法の入院治療

原法では森田が自宅を開放して家庭的な環境で治療が行われていましたが，現代は病棟で治療スタッフが運営しています。慈恵医科大学附属第三病院の入院森田療法の治療構造は，絶対臥褥期，軽作業期，重作業期，実生活（社会復帰）期の4期に分類されます（図13-2；久保田・橋本，1995）。第1期の**絶対臥褥**期（1週間）は臥床を維持します。この期の目的は，鑑別診断，心身の安静，不安機能との直面，煩悶即解脱*の体験であるとされています。第2期の軽作業期（7日間）は軽い作業を行う時期で，心身の自発的活動を促します。

語句説明

煩悶即解脱
不安や発作などの症状から逃げず，逆にそれらに向き合い，その状態になりきることによって，そこから脱することができる。

153

図13-2　森田療法における時間的・空間的セッティングと治療の流れ

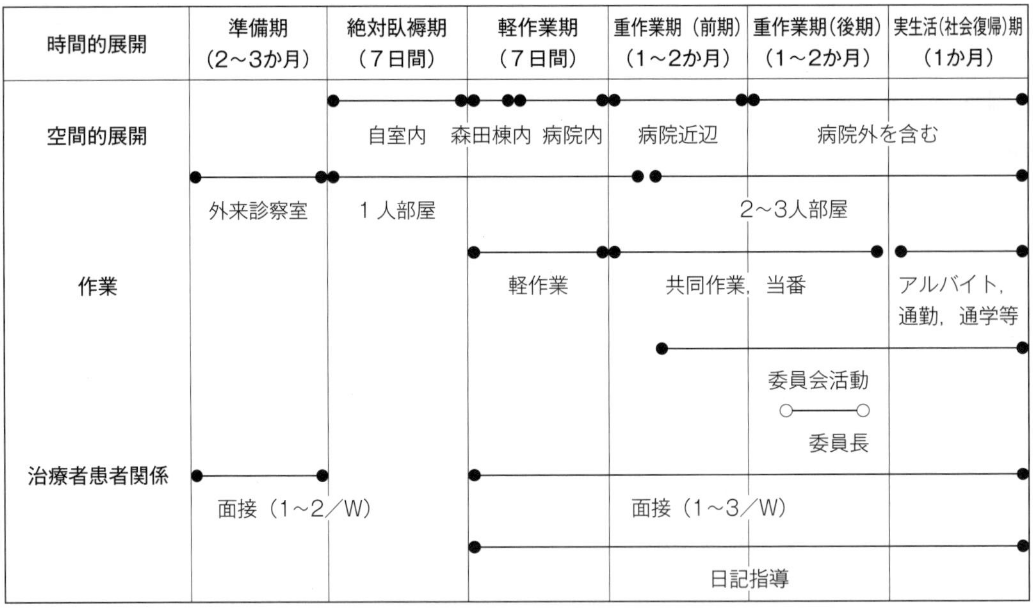

時間的展開	準備期（2〜3か月）	絶対臥褥期（7日間）	軽作業期（7日間）	重作業期（前期）（1〜2か月）	重作業期（後期）（1〜2か月）	実生活（社会復帰）期（1か月）
空間的展開	外来診察室	自室内　森田棟内　病院内		病院近辺	病院外を含む	
		1人部屋		2〜3人部屋		
作業			軽作業	共同作業，当番		アルバイト，通勤，通学等
					委員会活動 ○──○ 委員長	
治療者患者関係	面接（1〜2／W）		面接（1〜3／W）			
				日記指導		

出所：久保田・橋本，1995 を元に作成

第3期の重作業期（2〜4か月）はやや重い仕事をしますが，知らず知らずの間に作業に対する持久忍耐力を養成して自信を得ること，さらに仕事に対する成功の喜びを反復して勇気を養うようにします。第4期の実生活（社会復帰）期（1か月）は社会復帰に向けた準備を行い，これまで身につけた行動の仕方を実生活で行えるかどうかを試すことを目的とします。

　なお，治療プロセスでは面接や日記，通信による治療者の関わりが併用されてきました（久保田，2005）。特に日記療法は，森田の時代から入院療法で用いられてきましたが，外来でも患者の生活を直接観察できないことから日記が活用されています。日記療法は，患者が一日の体験を日記に記し，それに治療者がコメントを返すことによって症状や不安に対する態度を修正しようとするものです。治療者がコメントをする際に重要となるのは，①不安と付き合おうとする態度の促しと励まし，②健康な欲望への注目とその発揮への援助，③患者のつらさに対する共感です。

②外来森田療法

　入院森田療法を実施している病院や施設は限られていることもあり，現在，森田療法は入院よりも外来で実施されることが多くなっています。外来森田療法は，治療導入期，治療の地固め期，治療の展開期，治療のまとめの順に展開します（館野・中村，2005）。外来森田療法のガイドライン（中村ほか，2009）によれば，治療の基本的構成要素として，感情の自覚と受容の促し，生の欲望を発見し賦活する，悪循環を明確にする，建設的な行動の指導，行動や生活のパターンの見直し，があげられています。

　森田療法の面接の特徴の一つは，認知的介入と行動的介入を円環的に行う点にありますが，外来でも同様の介入が指向されます。まずは，クライエントの悪循環を共有して，認知に対して体験的修正を試みたうえで，クライエントの不安，恐怖，思考の矛盾を欲望から読み解く不安の読み替え作業を行います。認知的介入により，不安などの否定的な感情への関わり方からクライエントの生き方の特徴を抽出します。さらに，そうした感情を感じ，それに付き合い，どうやってともに生きるかを考えてもらいます。そのうえで行動的介入を行い，恐怖突入とその経験により認知の修正を図ります。両介入により，不安や恐怖を恐れ，それを避けようとして恐怖を強化していた防衛的な生き方から，不安を背負って主体的に生きることに転換します。

3 ｜ 内観療法

1　内観療法の概論

①内観の誕生

　内観療法は，**吉本伊信**（1916～1988）が自分自身を観察し自分に気づくための手法として開発した「内観」を，心身の疾患の治療や心理的困難の解決を目的に心理療法として用いるものです。内観自体は方法論なので一般の人が悩みを解決したり，あるいは自己啓発のために用いる時は内観法と呼ばれています。

　吉本伊信は大阪でレザー会社を経営する実業家でしたが，幼少期から母親の影響を受けて信仰・求道の精神が強く，浄土真宗の「見調べ*」といわれる精神修養法に何度も挑戦しました。そこで生じる宿善開発といわれる悟りを得る経験を，より多くの人に理解し体験してもらいたいと考えました。そのため，もともと見調べのなかに含まれていた「今を臨終と思い死を問い詰めよ」とする死生観や有限性など宗教色のあるものを一切排除したほか，「今，誰に対して，いつ頃の自分を調べていますか」と具体的な対象人物と年代を区切ってリアルな想起を求めるなど指導技法を改革して，1940 年にこれを「内観」と命名しました。さらに，1968 年には想起方法を「お世話になったこと（してもらったこと）」「して返したこと」「迷惑をかけたこと」の 3 項目（**内観 3 項目**）に限定し，内観の原型（原法）を完成させました。

　内観療法は刑務所などの司法・矯正領域で活用されてきたほか，学校などの教育領域，病院などの医療領域，実業界などの産業領域といった幅広い領域で関心を集めてきました。近年では欧米や，中国や韓国などのアジア圏でも行われています。

プラスα

内観療法の概説
内観療法については，三木ほか（2007）が参考になる。

語句説明

見調べ
浄土真宗の特殊な一派に伝わる修行法であり，一定の場所に一人で過ごして，数日間の断食・断水・断眠という厳しい条件下で今日までの行いを反省する（吉本，1983）。

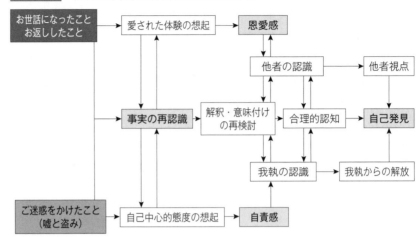

図13-3 認知の内容に着目した理論モデル

出所：川原，2002 を元に作成

②内観療法の理論

　内観療法は心理職でも精神科医でもない民間人が，浄土真宗の見調べをもとに開発したため理論的背景がないという点が課題とされてきました（村瀬，1993）。これまで検討されてきたのは，内観3項目の内容に注目した"認知の内容"による自己理解モデルです。たとえば，川原（2002）は内観で客観的現実的認知をすることによって恩愛感と自責感を得て，他者視点，脱我という気づきに到達するとしています（図13-3）。また，竹元・竹元（2005）は，真実の愛情を発見すると同時に現実開放的罪悪感[*]を得て，その相乗効果により自己肯定と他者肯定が生じるとしており，いずれも認知の変容が生じる点に治療機序があると考えています。

　一方，高橋（2016）は他者の視点から事実を観るという"認知の仕方"に着目し，理論的な説明を行っています。吉本伊信は「検事が被告を取り調べるように自分を調べなさい」と述べていますが，これは事実を客観的に観るということを意味すると考えられます。日常的にしている自己中心的・主観的・感情的なものの見方から，他者視点的・客観的・事実から考える複眼的視点を獲得することの効果を指摘しているのです（図13-4）。認知の仕方を変えることで今まで気づかなかった視点から自己をとらえ，バランスの良いものの見方ができるようになり，最終的に自分が生かされてきた事実に気づきます。

③内観療法の特徴

　内観療法は特段の問題や疾患をもたない健康度の高い人から，心身の疾患や問題行動，心理的困難をもつ人まで幅広く適用できるという点が大きな特徴といえます。そのため，支援者が被援助体験をする方法ともなり得ます。ただし，後述する集中内観は行動制限を伴う非日常的な生活のなかで自分自身に向き合うため，一定のモチベーションと自我機能[*]が必要です。また，精神症状がある

語句説明

恩愛感
これまでいかに他者に支えられ，愛されて生きてきたかを想起することによって得られる情動体験。

現実開放的罪悪感
内観をすることによって，利己的な自分本位や迷惑行為を合理化していたことに気づき強い罪悪感を抱くが，同時に他者から愛され赦されてきた事実にも気づくことで心が開かれる。それは病理的ではない，健康的で純粋な罪悪感となる。

自我機能
人格の中枢機関として各精神機能の統合のために働く自我がもつ機能であり，現実検討や思考過程，防衛機能，対象関係などさまざまな機能に分類される（深津，1992）。

場合には，主治医の許可とフォローアップ
体制などの配慮が必要ですが，それらにつ
いて配慮が十分になされれば，1 週間とい
う短期間で一定の効果がみられること，治
療の枠組みに支えられることでクライエン
トの自己治癒性が高まる効果が得られる点
は特筆すべき特徴です。また，それらの効
果が，心身の疾患の症状や心理的・行動的
な問題そのものを直接扱わない不問的態度
のなかで生じるという点も，東洋的・全人
的なアプローチといえるでしょう。

2　内観療法の実際

①原法に基づいた集中内観

　内観療法には，1 週間を基本として行わ
れる**集中内観**と，集中内観の後に，日常生
活のなかで短時間，継続的に行う**日常内観**

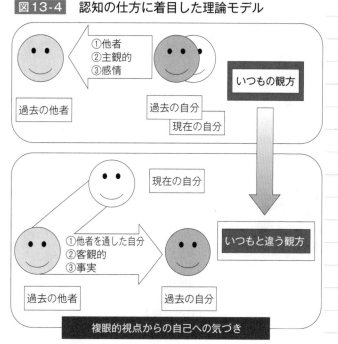

図13-4　認知の仕方に着目した理論モデル

①他者
②主観的
③感情

いつもの観方

過去の他者　　過去の自分　　現在の自分

現在の自分

いつもと違う観方

①他者を通した自分
②客観的
③事実

過去の他者　　過去の自分

複眼的視点からの自己への気づき

出所：高橋，2016

があります。以下では，吉本伊信が行っていた集中内観のやり方（原法）に
沿った実施例を紹介します（表13-1）。表13-1からもわかるように，集中内
観を行うためには 1 週間という時間と，安心して集中内観に取り組むための
空間的・人的な環境が必要となります。そのため，内観法を行うための専門施
設である内観研修所のほか，依存症などの患者を受け入れている特定の病院で
実施されています。各々の施設の特徴や制約があるため，実際には各施設に
よって柔軟に実施されています。

　集中内観の体験プロセスについては，さまざまな報告がなされていますが，
村瀬（1996）は導入・模索期，始動・抵抗期，洞察・展開期，定着・終結期
の 4 期に分けています。多くの内観者*の経験から，3～4 日目ごろに自己の否
定的な側面に触れたり，罪悪感を抱いて，強い抵抗を感じることが報告されて
いますが，その抵抗を超えることで洞察が深まります。

②内観の柔軟な実施法

　吉本伊信が開発した内観療法のやり方に忠実な内観原法以外にも，最近では
内観を実施する場面や相手に応じて，内観療法の実施法を部分的に柔軟に変え
る「変法」が試みられることがあります。その背景には，内観者側が 1 週間
のまとまった時間を確保することの難しさのほか，面接者の負担の大きさや，
内観療法を提供する内観研修所や病院などの施設が限られており，より簡便な
方法で実施する必要性が高まっているということがあります。

　変法には，内観療法の期間を短くする一日内観，半日内観や，ヨガやマイン

語句説明

内観者
内観療法では内観をす
る人を内観者と呼ぶが，
これは心理療法のクラ
イエントに当たる。

表 13-1 内観療法の治療的構造

カテゴリ		内　　容
外面的治療構造	空間	内観：部屋の隅を屏風で半畳のスペースに仕切り，そこに自由な姿勢で座って一日を過ごす 生活：食事は屏風のなかで採り，入浴・トイレ・就寝以外は屏風から出ない 　　　就寝時は屏風を片付けて，その場に布団を敷いて寝る
	時間	期間：7 日間 時間：午前 5 時〜午後 9 時まで 1 日約 16 時間内観をする
	対人関係	内観：面接者との面接（ただし，面接者は一人には限らない） 生活：面接者が食事を運ぶなど生活の世話をする 環境：同室者がいる場合には，同室者の声が聴こえたり，所作を感じることもあるが，話さない 終了後：座談会で内観後の洞察の確認，日常内観の動機づけ
	行動	制限：新聞・雑誌・ラジオ・テレビ・携帯電話・インターネット・外出などは禁止 義務：起床後 30 分間，部屋・トイレ・浴室の掃除をする 　　　食事中にほかの内観者の深化した内観体験を放送で聴く
	面接	回数：1〜1.5 時間おきに，1 日 8〜9 回 時間：1 回 3〜5 分間 内容：内観者は 3 項目の各項目について，一つのエピソードを語る 　　　面接者は基本的に内容についてのコメントはせず，テーマに厳密に沿って具体的に想起されているかを確認し，想起できていなければ，内観の方法に沿って想起するよう指導する
内面的治療構造	調べる対象	自分自身
	想起対象	母，父など人間関係の密度の高い人を自由に選択する
	年代区分	小学校より現在まで 3 年間隔
	テーマ	3 項目：1）お世話になったこと（してもらったこと） 　　　　2）して返したこと 　　　　3）迷惑をかけたこと その他：嘘と盗み，養育費など
	想起の方法	客観的に事実を調べる

出所：竹元，2007 を参考に作成

ドフルネスなど内観療法以外の要素を加えるもの，内観療法の一部を取り出して学校や企業で内観ワークとして活用するものもあります。集中内観終了後に日々の生活のなかで行う日常内観では，E メールやオンラインによる実践も試みられています。

4 ┃ 動作法

1 動作法の概論

①動作法の誕生

　動作法は 1960 年代に，日本で**成瀬悟策**（なるせ ごさく）（1924〜2019）らによって開発された心理療法です。もともと脳性まひは脳の損傷に基づく脳機能障害であり生

理学的な問題ととらえられてきました。これに対して成瀬らは，脳性まひの人のからだは動かないどころか器質的には動くのに，思ったように動かせないという意味で不自由であることを明らかにしました。つまり，不自由を発達過程での動作学習の困難に由来すると考え，動作不自由を改善するための技法として動作訓練法が開発されました。また 1970 年代には，自閉や多動のある発達障害児，重度知的障害児，重度・重複障害児の行動・動作の改善にも適用範囲を広げました。そうした行動問題児に動作訓練法を適応した際に，動作の主体者の自立[*]を図ることの有効性が明らかになり，動作訓練法を心の働きを活性化するための方法論として発展させたものが，動作法です。

　その後，動作法は障害の有無に関わりなくノイローゼや不適応行動などのさまざまな心理的問題や行動問題，心身の健康の改善から，スポーツ選手のコーチングや老年期の心の再活性化，精神的健康の保持にも活用されています。動作法を用いた心理的援助は動作療法（臨床動作法）とも呼ばれています。

　成瀬（2000）は動作法について，「クライエントの要請に応えて，治療セッションで治療のための動作課題を作成ないし選択し，その課題を自分の意図として動作の実現に向けて努力するプロセスを治療者が援助すること」としています。つまり，動作法では課題の動作ができることが直接の目的ではなく，課題どおりの動作をしようと努力するプロセスのなかで得られる体験が，当人にとって必要・有効・有用な治療体験として経験されることが真の狙いとなります。臨床心理的援助として課題があることはもちろん重要ですが，援助者がどのように対応し，どのように援助をし，それによってクライエントはどんな努力や体験が得られ，それがどんな経緯で臨床効果をもたらしたかが問題となります。

②動作法の理論

　動作法における動作とは，からだの持ち主が行う主体的な操作の過程から身体運動として発現するに至る一連の過程であり，図13-5上段のように示すことができます。たとえば，人が立ち上がろうとする場合，まずは本人が立とうという「意図」をもち，そうなるような「努力」ができて，初めて意図どおりの立つという「身体運動」が実現されます。

図13-5　動作図式と動作法図式

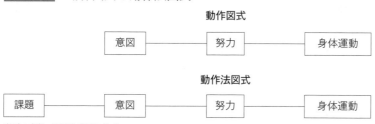

出所：成瀬，2000 を元に作成

　図13-5の動作は，人が生活上の必要性から，本人が動きたいと望んでそれ

語句説明

自立
障害児者がそれぞれの障害の状態や発達段階に応じて，主体的に自己の力を可能な限り発揮し，よりよく生きていこうとすること（村田，2003）

を意図し努力をし，自分自身が行うことです。これに対して動作法は，目的のために他者ないし援助者が動作者であるクライエントに動作課題を与え，ある動作をすることを要請します。クライエントがそれを積極的に受け入れてやる気になると図13-5下段のような図式で動作法となります。

なお，援助者はクライエントに課題を出すと当時に，動作がしやすいように援助的な働きかけをします。そしてクライエントは課題努力をしながら，自身を動かすために努力をしている感じ，動いていく自分のからだの感じ，それを整理している自分自身の活動の体験，課題を実現する自分自身についての感じなど，動作体験に伴うさまざまな体験をします。その体験のなかから自分に役立つ体験を選択したり，手を加えたりして，自分自身のために必要・有効・有用な治療体験をします。つまり，図13-6に示すように，クライエント自身が動作による治療体験の自己処理・自己選択という自己操作の努力をしており，この自己操作は動作者自身の主体的・能動的な体験となります。したがって，援助者がその状況を理解するためには，クライエントのその場・その時の微妙な動作体験の状況に細心の注意を払う必要があります。

図13-6　治療体験の自己操作

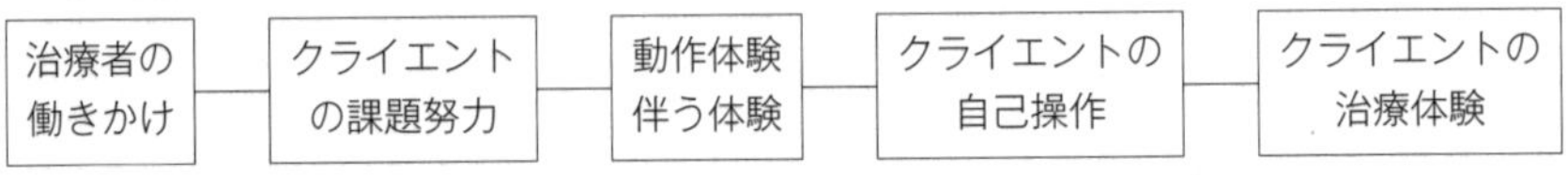

| 治療者の働きかけ | — | クライエントの課題努力 | — | 動作体験伴う体験 | — | クライエントの自己操作 | — | クライエントの治療体験 |

出所：成瀬，2000 を元に作成

③動作法の特徴

動作法の特徴は動作を主体的な活動としてとらえ，支援の際には動作を扱う点にあります。生活上の困難や心の問題を同形的に表現するのは動作であるため，最も直接的・同形的に働きかけやすいのも動作といえます（心とからだの関係については図13-7参照）。深刻な悩みを言葉で表すことに抵抗がある人にとっては，自分の考えの深いところや気持ちとは関係ない動作を介すため安心して取り組めます。

からだは気持ちや体験の仕方によって成長の過程で変化し，動きが偏って姿勢に影響したり，習慣化・慢性化して動きの型ができあがります。その動作のあり方を変えるには，その人の日常の態度やものの見方・考え方，生活の感じ方・体験の仕方，自分自身についての感じ方，他者への対応の仕方などを変える必要があります。つまり，動作のあり方はその人の生き方や生き様を示しており，それを変えることは生き方を変えることともいえます。

2　動作法の実際

①動作法の基本原則

動作法の訓練では，まず動作の円滑な遂行を妨げる慢性的な不当緊張を制御

語句説明

不当緊張
からだが動かしづらく，動作が不調になるような慢性的・常態的な身体的な緊張。

図13-7　心とからだの不調和と調和

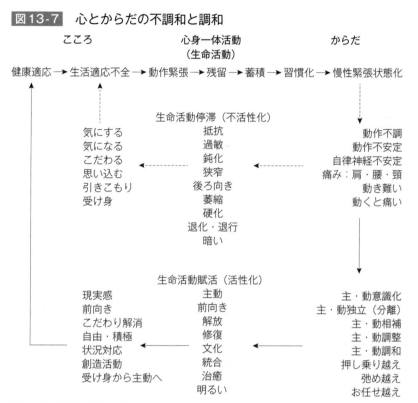

出所：成瀬，2019 を元に作成

するための自己弛緩の練習を行います（弛緩動作訓練）。その次に，からだの動きに関わる適切な緊張の仕方を練習します（単位動作訓練）（表13-2）。また，解決すべき課題となる不当緊張を見つけるために，日常的に行っているからだの動かし方とは異なる動かし方をする動作法の訓練パターンを行います（基本動作訓練）。援助者が訓練のモデルパターンを先導して行い，援助をすることで不当緊張を見つけて，それを緩めるなどの訓練を行います。その際，言葉による指示は補助的なものであり，相手のからだに添えた手の動きでからだの動かし方を伝えるのが基本となります。

表13-2　動作法を行うための基本原則

訓　練	内　　　容
弛緩動作訓練	身体各部位の不当緊張を自ら弛緩させる方法を学習する
単位動作訓練	適切な緊張と弛緩のバランスを細かく調整する
基本動作訓練	全身的に適切な緊張と弛緩のバランスを調整し，適切な緊張の仕方を積極的に学習する。座位，立位，歩行，書字動作，発声・発語動作など

出所：大野・村田（2003）を参考に作成

②心理療法としての動作法

　動作訓練は動作中心であるのに対して，動作法では動作に伴う体験とその仕

表13-3	長期型のプロセス

期	内　　容
第1期：導入－動作と体験が一応わかるまで	動作法に従うことを通して，動作法や援助者を少しずつ受け入れていく。徐々に主導感や自体感がわかり，自分のからだとそれを動かす自分の努力の仕方にも注意が向けられるようになる。
第2期：動作と体験の明確化	リラックスしてじっくりと動かし，動く感じを深く体験する。クライエントの主訴や生活体験の問題に関わると思われる課題について，余計な力を入れないようにしながら，動きに必要な力だけを入れるよう努力する。
第3期：受動から能動へ	十分にリラックスできるようにする。クライエント自ら積極的に課題を試み，能動的に自分に必要な動き，治療に有効な体験ができるように工夫する。
第4期：終結－生活化	クライエント自身が，その後，自ら生活体験の安定・安心やリラクセーションの感じを恒常化できるような自己管理能力を養う。

出所：成瀬，2000 を参考に作成

方を中心に進めるため，課題どおりの動作をしようと努力することは援助のための手段や手続きであり，重要なのは治療体験となります。

　まずはインテーク（初回）面接を行います。言語面接で，困っていることやその体験の内容，体験の仕方を丁寧に聴いたうえで，動作法による援助について話し合います。また，動作特徴を診るために課題テストを行い，動作の進み具合や努力の状況，でき難さや進行上の難所を確認するとともに，援助テストによって援助のあり方についても調べ，動作に対する体験様式をつかみます。そのうえで，クライエントとの共感を深めながら援助のあり方について見立てます。

　治療のプロセスは大きく分けて長期型とブリーフ型の2つに類型化されます。長期型は比較的長い期間をかけて良くなるもので，段階を踏みます（表13-3）。一方，概ね10回以内くらいの短期間で終結するブリーフ型のセッションもあります。ブリーフ型の動作法は，ある特定の体験が得られただけで良くなっていく特定体験型と，セッション中にある順序の体験変化を経て良くなっていく順次体験型の2つの型に分けることができます。

考えてみよう

日本で生まれた心理療法が，欧米で生まれた心理療法よりも優れていると思われる点はどこでしょうか。逆に，どうして日本ではあまり注目されてこなかったのでしょうか。あわせて考えてみましょう。

🪶 本章のキーワードのまとめ

あるがまま	自然に服従し環境に従順な心のことであり，自分の心で素直に感じたことから出発することが重要となる。森田は，「素直」「純な心」とも呼んでいる。
森田正馬	高知県出身の精神科医。東京帝国大学医学部に進学し，精神科医として自身も苦しんだ神経症の治療や研究を行った。1919年に入院森田療法を確立。
精神交互作用	不快な感覚や体験が生じた際に発動する悪循環過程であり，症状の発展固着に決定的な役割を果たす。症状を除去しようとしてそれにとらわれることで，症状に注目し，それによって一層症状が強く感じられる。
思想の矛盾	不快な感情反応，身体感覚にとらわれ，それを観念的に取り除こうとする態度。自然な感情や身体感覚，欲望を，言語を中心とした知識・概念・思想で操作しようとする認知あるいは心のあり方。
絶対臥褥	トイレ・洗顔・食事以外は一人部屋で終日横になって過ごす。主治医は1日1回，臥褥続行の妨げにならないよう短時間の問診を行う。不安に直面化するとともに，知的努力によって葛藤を解消するのではなく，実践的努力を重視する態度に変換する。
吉本伊信	奈良県出身の実業家。1968年に心理療法としての内観の原型を確立。浄土真宗の見調べから宗教的要素を払拭し，自己を観察し自分に気づく自己観察法としての内観法を開発。
内観3項目	「お世話になったこと（してもらったこと）」「して返したこと」「迷惑をかけたこと」の3つの質問を指す。想起する際には，前者2つのテーマに2割程度ずつ，最後のテーマに6割の比重をかける。
集中内観	1週間を基本として，宿泊しながら研修所や病院など特定の施設で集中的に行う内観。1週間集中して非日常の生活をするなかで，外界の刺激から離れて自分自身の内面に向き合うことができる。
日常内観	集中内観の体験者が日常のなかで，短時間の内観を継続的に行うこと。元来は集中内観を経験した後に行われるものとされていたが，近年では時間の確保の難しさや心理的抵抗により集中内観が難しい人が試行的に行うこともある。
成瀬悟策	戦後の日本の臨床心理学界を牽引した臨床心理学者の一人であり，催眠療法の第一人者。催眠をベースに動作訓練，動作法，臨床動作法の理論と実践技法を開発した。
動作法	成瀬悟策らは，1960年代に脳性まひ児の動作制御能力を高め，動作不自由を改善することを目的として動作訓練法を開発。その後，適用範囲を広げ，動作法として心理療法の一つとされる。

引用文献・参考文献

●第1章
引用文献

CTI ジャパン（2014）．マンガでやさしくわかるコーチング　日本能率協会マネジメントセンター

福原眞知子（監修）（2007）．マイクロカウンセリング技法——事例場面から学ぶ　風間書房

岩壁茂（2007）．カウンセリング・心理療法の過程　金沢吉展（編）　カウンセリング・心理療法の基礎——カウンセラー・セラピストを目指す人のために（pp. 121-161）　有斐閣

北田雅子・磯村毅（2016）．医療スタッフのための動機づけ面接法——逆引き MI 学習帳　医歯薬出版株式会社

Miller, W. R. & Rollnick, S. (2002). *Motivational Interviewing* (2nd ed.). New York: Guilford Publications, Inc.（ミラー，W. R.・ロルニック，S.　松島義博・後藤恵（訳）（2007）．動機づけ面接法——基礎・実践編　星和書店）

諸富祥彦（2015）．傾聴　岩壁茂（編）　カウンセリングテクニック入門——プロカウンセラーの技法 30（pp. 34-38）　金剛出版

O'Connor, J. & Lages, A. (2007). *How Coaching Works: The Essential Guide to the History and Practice of Effective Coaching.* London: A & C Black.（オコナー，J.・ラゲス，A.　杉井要一郎（訳）（2012）．コーチングのすべて——その成り立ち・流派・理論から実践の指針まで　英治出版株式会社）

大谷彰（2004）．カウンセリングテクニック入門　二瓶社

下山晴彦（2009）．臨床心理学の全体構造　下山晴彦（編）　よくわかる臨床心理学（改訂新版）（pp. 2-5）　ミネルヴァ書房

下山晴彦（2010）．臨床心理学をまなぶ 1 これからの臨床心理学　東京大学出版会

下山晴彦（2014）．臨床心理学をまなぶ 2 実践の基本　東京大学出版会

参考文献

下山晴彦（編）（2009）．よくわかる臨床心理学（改訂新版）　ミネルヴァ書房

下山晴彦（2010）．臨床心理学をまなぶ 1 これからの臨床心理学　東京大学出版会

下山晴彦（2014）．臨床心理学をまなぶ 2 実践の基本　東京大学出版会

●第2章
引用文献

岩壁茂（2007）．心理療法・失敗例の臨床研究——その予防と治療関係の立て直し方　金剛出版

Strupp, H. H., (1993). The Vanderbilt psychotherapy studies: synopsis. *Journal of Consulting and Clinical Psychology,* **61**, 431-433.

参考文献

南風原朝和（2011）．臨床心理学をまなぶ 7 量的研究法　東京大学出版会

Hulley, S. B., Cummings, S. R., Browner, W. S., Grady, D. G., & Newman, T. B. (2013). *Designing Clinical Research,* 4th Edition. Philadelphia: Lippincott Williams & Wilkins.（ハリー，S. B.・カミングス，S. R.・ブラウナー，W. S.・グレイディー，D. G.・ニューマン，T. B.　木原雅子・木原正博（訳）（2014）．医学的研究のデザイン 第 4 版——研究の質を高める疫学的アプローチ　メディカルサイエンスインターナショナル）

石丸径一郎（2011）．調査研究の方法（臨床心理学研究法 5）　新曜社

●第3章
引用文献

三國牧子（2015）．共感的理解をとおして　野島一彦（監修）三國牧子・本山智敬・坂中正義（編著）　ロジャーズの中核三条件 共感的理解（pp. 4-20）　創元社

本山智敬（2015）．一致をめぐって　村山正治（監修）本山智敬・坂中正義・三國牧子（編著）　ロジャーズの中核三条件 一致（pp. 4-23）　創元社

坂中正義（2015）．無条件の積極的関心とは　飯長喜一郎（監修）坂中正義・三國牧子・本山智敬（編著）　ロジャーズの中核三条件 受容：無条件の積極的関心（pp. 4-20）　創元社

参考文献

フランクル，V. E.　赤坂桃子（訳）（2016）．ロゴセラピーのエッセンス　新教出版社

ジェンドリン，E. T.　村瀬孝雄・池見陽・日笠摩子（監訳）池見陽・日笠摩子・村里忠之（訳）（1998）．フォーカシング指向心理療法（上）体験過程を促す聴き方　金剛出版

パールズ，F. S.　倉戸ヨシヤ（監訳）日高正宏・井上文彦・倉戸由紀子（訳）（1990）．ゲシュタルト療法——その理論と実際　ナカニシヤ出版

グリーンバーグ，L. S.　岩壁茂・伊藤正哉・細越寛樹（監訳）関屋裕希・藤里紘子・村井亮介・山口慶子（訳）（2013）．エモーション・フォーカスト・セラピー入門　金剛出版

●第4章
引用文献

Alvarez, A. (2012). *The Thinking Heart: Three levels of psychoanalytic therapy with disturbed children.* London:

Routledge.（アルバレズ，A. 脇谷順子(監訳)（2017）．子どものこころの生きた理解に向けて——発達障害・被虐待児との心理療法の3つのレベル　金剛出版）

Bion, W. (1961). *Experiences in Groups*. New York: Basic Books.

Grinberg, L. (1962). On a specific aspect of countertransference due to the patient's projective identification. *International Journal of Psychoanalysis*, **43**, 436-440. （グリンバーグ，L. 下河重雄(訳)（2003）．患者の投影同一化による逆転移のある特異面　松木邦裕(編)　対象関係論の基礎——クライニアン・クラシックス (pp. 197-212)　新曜社）

平井正三(2015)．新訂増補 子どもの精神分析的心理療法の経験——タビストック・クリニックの訓練　金剛出版

井口由子(2019)．子どもの精神分析的アセスメント　木部則雄(編)　精神分析／精神科・小児科臨床セミナー総論——精神分析的アセスメントとプロセス　福村出版

木部則雄(2019)．精神分析と小児科／児童精神科　木部則雄(編)　精神分析／精神科・小児科臨床セミナー総論——精神分析的アセスメントとプロセス　福村出版

Kohut, H. (1984). *How does analysis cure?* Chicago: University of Chicago Press. （コフート，H. 本城秀次・笠原嘉(訳)（1995）．自己の治癒　みすず書房）

Malan, D. H. (1979). *Individual Psychotherapy and the Science of Psychodynamics*. London: Butterworth & Co., Ltd. （マラン，D. H. 鈴木龍(訳)（1992）．心理療法の臨床と科学　誠信書房）

丸田俊彦(1992)．コフート理論とその周辺——自己心理学をめぐって　岩崎学術出版社

松木邦裕(2005)．私説 対象関係論的心理療法入門——精神分析的アプローチのすすめ　金剛出版

Meltzer, D., & Harris, M. (2013). *The Educational Role of Family: A Psychoanalytical Model*. London: Karnac Books Ltd. （メルツァー，D.・ハリス，M. 木部則雄・池上和子ほか(訳)（2018）．こどものこころの環境——現代のクライン派家族論　金剛出版）

Menninger, K. (1958). *Theory of psychoanalytic technique*. New York: Basic Books.

小此木啓吾(1990)．治療構造論序説　岩崎徹也ほか(編)　治療構造論 (pp. 1-46)　岩崎学術出版社

Rycroft, C. (1968). *A Critical Dictionary of Psychoanalysis*. Edinburgh: Thomas Nelson and Sons. （ライクロフト，C. 山口泰司(訳)（1992）．精神分析学辞典　河出書房新社）

Symington, N. (1993). *Narcissism: A New Theory*. London: Karnac Books Ltd. （シミントン，N. 成田義弘・北村婦美・北村隆人(訳)（2007）．臨床におけるナルシシズム——新たな理論　創元社）

Symington, J. & Symington, N. (1996). *The Critical Thinking of Wilfred Bion*. London: Routledge. （シミントン，J.・シミントン，N. 森茂起(訳)（2003）．ビオン臨床入門　金剛出版）

Tustin, F. (1972). *Autism and Childhood Psychosis*. London: Hogarth Press. （タスティン，F. 齋藤久美子監修・平井正三監訳・辻井正次他(訳)（2005）．自閉症と小児精神病　創元社）

Tustin, F. (1981). *Autstic State in Children*. London: Routledge.

鵜飼奈津子(2010)．子どもの精神分析的心理療法の基本　誠信書房

渡辺久子(2000)．母子臨床と世代間伝達　金剛出版

参考文献

Casement, P. (1985). *On Lerning From The Patient*. London: Tavistock Publications Ltd. （ケースメント，P. 松木邦裕(訳)（1991）．患者から学ぶ——ウィニコットとビオンの臨床応用　岩崎学術出版社）

Harris, M. (2022). *Thinking about Infants and Young Children*. Karnac Books Ltd.: London. （ハリス，M. 山上千鶴子(訳)．児童分析家の語る 子どものこころの育ち　岩崎学術出版社）

祖父江典人(2019)．公認心理師のための精神分析入門——保健医療，福祉，教育，司法・犯罪，産業・労働領域での臨床実践　誠信書房

●第5章
引用文献

Abramowitz J. S., Deacon, B. J., & Whiteside, S. P. H. (2011). *Exposure therapy for anxiety: Principles and practice*. New York: Guilford Press.

Alberto, P. A., & Troutman, A. C. (1999). *Applied behavior analysis for teachers*, 5th edition. Columbus, OH: Prentice Hall. （アルバート，P. A.・トルートマン，A. C. 佐久間徹・谷晋二・大野裕史(訳)（2004）．はじめての応用行動分析 日本語版第2版　二瓶社）

Cooper, J. O., Heron T. E., & Heward, W. L. (2007). *Applied behavior analysis,* 2nd edition. Upper Saddle River, NJ: Pearson （クーパー，J. O.・ヘロン，T. E.・ヒューワード，W. L. 中野良顯(訳)（2013）．応用行動分析学　明石書店）

Foa, E. B., & Kozak, M. J. (1986). Emotional Processing of Fear: Exposure to Corrective Information. *Psychological Bulletin*, 99, 20-35.

Kanfer, F. H., & Saslow, G. (1969). Behavioral diagnosis. In C. M. Franks (Ed.), *Behavior therapy: Appraisal and status* (pp. 417-444). New York: McGraw Hill.

Mowrer, O. H. (1947). On the dual nature of learning—a re-interpretation of "conditioning" and "problem-solving." *Harvard Educational Review,* **17**, 102-148.

Pavlov, I. P. (1927). *Conditioned reflexes.* Oxford: Oxford University Press.

Ramnero, J., & Törneke, N. (2008). *The ABCs of Human Behavior: Behavioral Principles for the Practicing Clinician.* Oakland, CA: New Harbinger. (ランメロ, J.・トールネケ, N. 松見淳子(監修)武藤崇・米山直樹(監訳) (2009). 臨床行動分析の ABC 日本評論社)

鈴木伸一・神村栄一 (2005). 実践家のための認知行動療法テクニックガイド──行動変容と認知変容のためのキーポイント 北大路書房)

Watson, J. B., & Rayner, R. (1920). Conditioned emotional reaction. *Journal of Experimental Psychology*, **3**, 1-14.

Wolpe, J. (1958). *Psychotherapy by reciprocal inhibition.* Stanford, CA: Stanford University Press.

参考文献

Cooper, J. O., Heron T. E., & Heward, W. L. (2007). *Applied behavior analysis,* 2nd edition. Upper Saddle River, NJ: Pearson(クーパー, J. O.・ヘロン, T. E.・ヒューワード, W. L. 中野良顯(訳) (2013). 応用行動分析学 明石書店)

三田村仰(2017). はじめてまなぶ行動療法 金剛出版

Ramnero, J., & Törneke, N. (2008). *The ABCs of Human Behavior: Behavioral Principles for the Practicing Clinician.* Oakland, CA: New Harbinger. (ランメロ, J.・トールネケ, N. 松見淳子(監修)武藤崇・米山直樹(監訳) (2009). 臨床行動分析の ABC 日本評論社)

●第6章

引用文献

Beck, A. T., Rush, A. J., Shaw, B. F., & Emery, G. (1979). *Cognitive Therapy of Depression.* Guilford Press. (ベック, A. T.・ラッシュ, A. J.・ショウ, B. F.・エメリー, G. 坂野雄二(監訳)神村栄一ほか(訳) (1992). うつ病の認知療法 岩崎学術出版社)

Ferster, C. B. (1973). *A Functional Analysis of Depression.* American Psychologist, **28**(10), 857-870.

Gloaguen V, Cottraux J, Cucherat M, & Blackburn I. M. (1998). A meta-analysis of the effects of cognitive therapy in depressed patients. *Journal of Affective Disorders*, **49**, 59-72.

Hays, S. C., Follette, V. M., & Linehan, M. M. (2004). *Mindfulness and Acceptance Expanding the Cognitive-Behavioral Tradition.* New York: Guilford Press. (ヘイズ, S. C.・フォレット, V. M.・リネハン, M. M. 春木豊(監修)武藤崇・伊藤義徳・杉浦義典(監訳) (2005). マインドフルネス&アクセプタンス──認知行動療法の新次元 ブレーン出版)

Hays, S. C., & Pistorello, J. (2009). ACT と RFT におけるカッティング・エッジ(最先端)の探索 こころのりんしょう à-la-carte, **28**(1), 77-86.

Harris, R. (2009). *ACT Made Simple: An Easy-to Read Primer on Acceptance and Commitment Therapy.* Orkland: New Harbinger Publications. (ハリス, R. 武藤崇(監訳) (2012). よくわかる ACT 星和書店)

金築優 (2019). ストレス免疫訓練(SIT) 認知行動療法事典 日本認知・行動療法学会(編) 認知行動療法事典 (pp. 270-271) 丸善出版

越川房子 (2013). マインドフルネス認知療法──レーズン・エクササイズの実際例を含めて 認知療法研究, **6**, 9-19.

Martell, C. R., Dimidjian, S., & Herman-Dunn, R. (2010). *Behavioral activation for depression: A clinician's guide.* New York: Guilford Press

三田村仰 (2017). はじめてまなぶ行動療法 金剛出版

武藤崇 (2006). アクセプタンス&コミットメント・セラピーの文脈──臨床行動分析におけるマインドフルな展開 ブレーン出版

武藤崇・三田村仰・大屋藍子 (2013). アクセプタンス&コミットメント・セラピーの「来し方, 行く末」──それは認知療法との邂逅から始まった(特集 新世代の認知行動療法) 認知療法研究, **6**, 20-30.

岡島義・国里愛彦・中島俊・高垣耕企 (2011). うつ病に対する行動活性化療法──歴史的展望とメタ分析 心理学評論, **54**, 473-488.

坂野雄二 (1995). 認知行動療法 日本評論社

Segal, Z. V., Kennedy, S., Gemar, M., Hood, K., Pedersen, R., & Buis, T. (2006). Cognitive reactivity to sad mood provocation and the prediction of depressive relapse. *Archives of general psychiatry*, **63**, 749-755.

菅村玄二 (2016). マインドフルネスの意味を超えて──言葉, 概念, そして体験 貝谷久宣・熊野宏昭・越川房子(編著) マインドフルネス──基礎と実践 (pp. 130-149) 日本評論社

谷晋二 (2009). アクセプタンス&コミットメント・セラピー Q&A 集「Q17 ACT の基礎理論とされる関係フレーム理論とは, どのようなものでしょうか?」 熊野宏昭・武藤崇(編) ACT=ことばの力をスルリとかわす新次元の認知行動療法 こころのりんしょう à-la-carte, **28**(1), 25.

Williams, M., Teasdale, J., Segal, Z., & Kabat-Zinn, J. (2007). *The Mindful Way through Depression.* New York: Guilford Press. (ウィリアムズ, M.・ティーズデール, J.・シーガル, Z.・カバットジン, J. 越川房子・黒澤麻美(訳) (2012). うつのためのマインドフルネス実践 慢性的な不幸感からの解放 星和書店)

Wright, J. H., Basco, M. R., & Thase, M. E. (2006). *Learning Cognitive-Behavior Therapy: An Illustrated Guide*. American Psychiatric Publishing, Inc. (ライト, J. H.・バスコ, M. R.・テイス, M. E.　大野裕(訳) (2007). 認知行動療法トレーニングブック　医学書院)

参考文献

熊野宏昭・鈴木伸一・下山晴彦 (2017). 臨床心理フロンティアシリーズ　認知行動療法入門　講談社

Ramnero, J. & Törneke, N. (2008). *The ABCs of Human Behavior: Behavioral Princples for Practing Clinician*. Oakland, CA: New Harbinger (ランメロ, J. & トールネケ, N.　松見淳子(監修)武藤崇・米山直樹(監訳) (2009). 臨床行動分析の ABC　日本評論社)

熊野宏昭 (2012). 新世代の認知行動療法　日本評論社

●第7章

引用文献

平木典子 (1996). 隠された親密さ──忠誠心　現代のエスプリ, (353), 61-68.

平木典子・野末武義 (2000). 家族臨床における心理療法の工夫──個人心理療法と家族療法の統合　精神療法, **26**(4), 334-343.

McGoldrick, M., Gerson, R., & Petry, S. (2008) *Genograms: Assessment and Intervention Third Edition*. W. W. Norton & Company. (マクゴールドリック, M.・ガーソン, R.・ペトリー, S.　渋沢田鶴子(監訳) (2018). ジェノグラム──家族のアセスメントと介入　金剛出版)

Minuchin, S. (1974). *Families & Family Therapy*. Cambridge: Harvard University Press. (ミニューチン, S.　山根常男(監訳) (1984). 家族と家族療法　誠信書房)

Minuchin, S., Rosman, B. & Baker, L. (1978). *Psychosomatic Families: Anorexia Nervosa in Context*. Cambridge: Harvard University Press. (ミニューチン, S.・ロスマン, B.・ベイカー, L.　福田俊一(監訳) (1987). 思春期やせ症の家族──心身症の家族療法　星和書店)

Minuchin, S., Nichols, M., & Lee, W. (2007). *Assessing families and couples: From symptom to system*. Allyn & Bacon. (ミニューチン, S.・ニコルス, M.・リー, W.　中村伸一・中釜洋子(監訳) (2010). 家族・夫婦面接のための4ステップ──症状からシステムへ　金剛出版)

中釜洋子 (2001). いま家族援助が求められるとき　垣内出版

中釜洋子 (2010). 個人療法と家族療法をつなぐ──関係系志向の実践的統合　東京大学出版会

野末武義 (2003). 個人療法と家族療法の統合──個人療法の中で家族療法の理論と技法を生かす　カウンセリング研究, **36**(4), 6-15.

遊佐安一郎 (1984). 家族療法入門──システムズ・アプローチの理論と実際　星和書店

参考文献

平木典子・中釜洋子・藤田博康・野末武義 (2019). 家族の心理　サイエンス社

中釜洋子・野末武義・布柴靖枝・無藤清子 (2019). 家族心理学──家族システムの発達と臨床的援助 第2版　有斐閣

日本家族心理学会(編) (2019). 家族心理学ハンドブック　金子書房

●第8章

引用文献

Anderson, H., & Goolinshian, H. (1992). The client is the expert: A not-knowing approach to therapy. In S. McNamee & K. J. Gergen (Eds.), *Therapy as social construction* (pp. 25-39). London: SAGE Publications.

Bloom, M. (2017). 10 songs inspired by George Orwell's 1984 - Paste Retrieved from https://www. pastemagazine. com/music/1984/10-songs-inspired-by-george-orwells-1984/ (最終アクセス日：2023年2月21日)

Berger, P. L., & Luckmann, T. (1966). *The social construction of reality: A treatise in the sociology of knowledge*. New York: Anchor Boolcs.

Burr, V. (2015). *Social constructionism* (3rd ed.). New York, NY: Routledge.

Corey, G. (2017). *Theory and practice of counseling and psychotherapy* (10th ed.). Boston, MA: Cengage Learning.

De Jong, P., & Berg, I. K. (2013). *Interviewing for solutions* (4th ed.). Belmont, CA: Brooks/Cole. (ディヤング, P & バーグ, I. K.　桐田弘江・住谷祐子・玉真慎子(訳) (2016). 解決のための面接技法──ソリューション・フォーカストアプローチの手引き 第4版　金剛出版)

Gergen, K. J. (2015). *An invitation to social construction* (3rd ed.). London: SAGE Publications.

岩崎稔 (1998). ポストモダン　廣松渉・子安宣邦・三島憲一・宮本久雄・佐々木力・野家啓一・末木文美士(編)　岩波哲学・思想事典 (pp. 1491-1492)　岩波書店

Madigan, S. (2019). *Narrative therapy* (2nd ed.). Washington, DC: American Psychological Association.

宮田敬一(1994). ブリーフセラピーの発展　宮田敬一(編)　ブリーフセラピー入門 (pp. 11-25)　金剛出版

森俊夫・黒沢幸子(2002). 〈森・黒沢のワークショップで学ぶ〉解決志向ブリーフセラピー　ほんの森出版

野村晴夫 (2004). ナラティヴ・アプローチ　下山晴彦(編著)　臨床心理学の新しいかたち (pp. 42-60)　誠信書房

Norcross, J. C., & Goldfried, M. R. (Eds.) (2019). *Handbook of psychotherapy integration* (3rd ed.). New York, NY: Oxford University Press.

能智正博(2006). "語り"と"ナラティヴ"のあいだ 能智正博(編) 〈語り〉と出会う──質的研究の新たな展開に向けて (pp. 11-72) ミネルヴァ書房

Orwell, G. (1949). *Nineteen Eighty-Four*. London: Secker & Warburg.

Prochaska, J. O., & Norcross, J. C. (2018). *Systems of psychotherapy: A transtheoretical analysis* (9th ed.). New York, NY: Oxford University Press.

下山晴彦(2010). これからの臨床心理学 東京大学出版会.

鈴木淳子(2017). ジェンダー役割不平等のメカニズム──職場と家庭 心理学評論, 60(1), 62-80.

White, M., & Epston, D. (1990). *Narrative means to therapeutic ends*. New York, NY: W. W. Norton & Company.

参考文献

De Jong, P., & Berg, I. K. (2013). *Interviewing for solutions* (4th ed.). Belmont, CA: Brooks/Cole. (ディヤング, P & バーグ, I. K. 桐田弘江・住谷祐子・玉真慎子(訳) (2016). 解決のための面接技法──ソリューション・フォーカストアプローチの手引き 第4版 金剛出版)

Gergen, K. J. (1999). *An invitation to social construction*. London: SAGE Publications. (ガーゲン, I. K. 東村知子(訳) (2004). あなたへの社会構成主義 ナカニシヤ出版)

White, M., & Epston, D. (1990). *Narrative means to therapeutic ends*. New York, NY: W. W. Norton & Company. (ホワイト, M. & エプストン, D. 小森康永(訳) (2017). 物語としての家族 [新訳版] 金剛出版)

●第9章

引用文献

The American Group Psychotherapy Association (2007). *Clinical Practice Guideline for Group Psychotherapy*. (アメリカ集団精神療法学会 日本集団精神療法学会(監訳)西村馨・藤信子(訳) (2014). AGPA集団精神療法実践ガイドライン 創元社)

浜田晋 (1967). 分裂病者と「遊び」──とくに球遊びについて 精神経誌, 69, 1371-1393.

國分康孝・國分久子(総編) (2004). 構成的グループエンカウンター事典 図書文化社

小谷英文 (2014). 集団精神療法の進歩──引きこもりからトップリーダーまで 金剛出版

Lieberman, M. A., Miles, M. B., & Yalom, I. D. (1973). *Encounter groups: First facts*. New York: Basic Books

MacKenzie, K. R. (1990). *Introduction to Time-Limited Group Psychotherapy*. Washington DC: American Psychiatric Press.

前田ケイ (1999). ソーシャル・スキルズ・トレーニング(SST) 近藤喬一・鈴木純一(編) 集団精神療法ハンドブック (pp. 131-142) 金剛出版

増野肇 (1999). サイコドラマ 近藤喬一・鈴木純一(編) 集団精神療法ハンドブック (pp. 110-120) 金剛出版

Rapp, C. A., & Goscha, R. J. (2012). *The strengths model: A recovery-oriented approach to mental health services*. New York, NY: Oxford University Press.

斎藤環 (2015). オープンダイアローグとは何か 医学書院

鈴木純一 (1999). 集団精神療法の臨床的意義 近藤喬一・鈴木純一(編) 集団精神療法ハンドブック (pp. 67-77) 金剛出版

Yalom, I. D. (1995). *The Theory and Practice of Group Psychotherapy* (4th ed.). New York: Basic Books. (ヤーロム, A. D.・ヴィノグラードフ, S. 川室優(訳) (1997). グループサイコセラピー──ヤーロムの集団精神療法の手引き 金剛出版)

吉松和哉 (1999). 集団精神療法の枠組みと発展的歴史 近藤喬一・鈴木純一(編) 集団精神療法ハンドブック (pp. 11-32) 金剛出版

Zunin, L. M., & Myers, D. (2000). *Training manual for human service workers in major disasters* (2nd ed.). Washington, DC: U. S. Department of Health and Human Services, Substance Abuse and Mental Health Services Administration, Center for Mental Health Services.

参考文献

近藤喬一・鈴木純一(編) (1999). 集団精神療法ハンドブック 金剛出版

アメリカ集団精神療法学会 日本集団精神療法学会(監訳)西村馨・藤信子(訳) (2014). AGPA集団精神療法実践ガイドライン 創元社

ヤーロム, A. D.・ヴィノグラードフ, S. 川室優(訳) (1997). グループサイコセラピー──ヤーロムの集団精神療法の手引き 金剛出版

●第10章

引用文献

Bennett, C. C., Anderson, L. S., Cooper, S., Hassol, L., Klein, D. C. & Rosenblum, G (Eds.) (1966). *Community

Psychology: A report of the Boston conference on the education for psychologist in community mental health. Boston: Boston University.

Bronfenbrenner, U. (1979). *The Ecology of Human Development: Experiments by Nature and Design.* Cambridge Harvard University Press

Caplan, G (1964). *Principle of Preventive Psychiatry.* Basic Books.

Dalton, J., Elias, M., & Wandersman, A. (2001). *Community Psychology: Linking Individuals and Communities. Wadsworth Pub.* (ダルトン, J.・イライアス, M.・ウォンダースマン, A. 笹尾敏明(訳)(2007). コミュニティ心理学――個人とコミュニティを結ぶ実践人間科学　トムソンラーニング)

藤川麗 (2007). 臨床心理のコラボレーション――統合的サービス構成の方法　東京大学出版会

福岡県臨床心理士会(編)窪田由紀(編著)(2017). 学校コミュニティへの緊急支援の手引き 第 2 版　金剛出版

学校コミュニティ危機と心の支援プロジェクト　http://kinkyusien. info/ (2022 年 9 月 3 日)

伊藤亜矢子 (2007). 予防教育　日本コミュニティ心理学会(編)　コミュニティ心理学ハンドブック (pp. 257-265)　東京大学出版会

Toro, P. A. (2019). History. In L. A. Jason, O. Glantsman, J. F. O'Brien, & K. N. Ramian (Eds.). *Introduction to Community Psychology- Becoming an Agent of Change* (pp. 23-39). Montreal: Rebus Press. https://press. rebus. community/introductiontocommunitypsychology/ (2022 年 12 月 15 日)

金沢吉展(編)(2007). 臨床心理的コミュニティ援助論　誠信書房

McMillan, D. W., & Chavis, D. M. (1986). Sense of community: Definition and theory. *Journal of Community Psychology*, 14, 6-23.

箕口雅博 (2007). コミュニティ・リサーチ　日本コミュニティ心理学会(編)　コミュニティ心理学ハンドブック (pp. 354-376)　東京大学出版会

文部科学省 (2015). 中央教育審議会「チームとしての学校の在り方と今後の改善方策について」(答申)　https://www. mext. go. jp/b_menu/shingi/chukyo/chukyo0/toushin/1365657. htm (2022 年 12 月 15 日)

日本コミュニティ心理学会 (1998). 日本コミュニティ心理学会について 設立趣意書　http://jscp1998. jp/about_society/prospectus/ (2022 年 12 月 15 日)

大西晶子 (2001). 「外国人労働者」のストレス対処と相互援助組織の役割　コミュニティ心理学研究, 4(2), 107-118.

Rappaport, J. (1987). Terms of empowerment/exemplars of prevention: Toward a theory for community psychology. *American Journal of Community Psychology*, 15, 121-148.

臨床心理士資格認定協会　臨床心理士の専門業務　http://fjcbcp. or. jp/rinshou/gyoumu/ (2022 年 12 月 15 日)

Sarason, S. B. (1974) *The psychological sense of community: Prospects for a community psychology.* San Frasisico: Jossey-Bass.

笹尾敏明 (2019). プログラム評価　植村勝彦・高畠克子・箕口雅博・原裕視・久田満(編)　よくわかるコミュニティ心理学 [第 3 版] (pp. 112-115)　ミネルヴァ書房

高畠克子 (2007). コラボレーション　日本コミュニティ心理学会(編)　コミュニティ心理学ハンドブック (pp. 100-114)　東京大学出版会

高松里 (2009). セルフヘルプ・グループとサポート・グループ実施ガイド――始め方・続け方・終わり方　金剛出版

山本和郎 (1986). コミュニティ心理学　東京大学出版会

山本和郎 (2000). 危機介入とコンサルテーション　ミネルヴァ書房

Zimmerman, M. A. (1995). Psychological empowerment: Issues and illustrations, American. *Journal of Community Psychology*, 23, 581-600.

Zimmerman, M. A. (2000). Empowerment theory: Psychological, organizational, and community levels of analysis. In J. Rappaport & E. Seidman (Eds.), *Handbook of community psychology* (pp. 43-63). Kluwer Academic Publishers.

参考文献

日本コミュニティ心理学会研究委員会(編)(2019). コミュニティ心理学――実践研究のための方法論　新曜社

窪田由紀・シャルマ直美・長﨑明子・田口寛子 (2016). 学校における自殺予防教育のすすめ方――だれにでもこころが苦しいときがあるから　遠見書房

水野治久(監修)(2019). 心理職としての援助要請の視点　金子書房

● 第 11 章
参考文献

植村勝彦・高畠克子・箕口雅博・原裕視・久田満(編)(2017). よくわかるコミュニティ心理学 [第 3 版]　ミネルヴァ書房

ギーゲレンツァー, G. 吉田利子(訳)(2010). リスク・リテラシーが身につく統計的思考法――初歩からベイズ推定まで　早川書房

Luxton, D. D. (2015). *Artificial Intelligence in Behavioral and Mental Health Care.* Academic Press.

●第12章

引用文献

東山紘久（2005）．遊戯療法論　東山紘久・伊藤良子（編）　京大心理臨床シリーズ3 遊戯療法と子どもの今　創元社

Knell, S. M. (1998). Cognitive-Behavioral Play Therapy. *Journal of Clinical Child Psychology*, **27**, 28-33.

Lin, Y, W & Bratton, S. C. (2015). A meta-analytic review of child-centered play therapy approaches. *Journal of Counseling & Development*, **93**, 45-58.

水野里恵（2017）．就学前期の内在化・外在化問題行動と2つの気質との関連——行動的抑制傾向とエフォートフル・コントロールの縦断データの分析から　日本心理学会第81回大会，1A-077.

Moss, L. & Hamlet, H. (2020). An introduction to child-centered play therapy. *The Person-Centered Journal*, **25**(2), 91-103.

西澤哲（1997）．子どものトラウマ　講談社

西澤哲（2015）．トラウマとアタッチメントに焦点を当てた心理療法——施設での支援・治療③　青木豊（編著）　乳幼児虐待のアセスメントと支援 (pp. 75-191)　岩崎学術出版社

Stagnitti, K & Pfeifer, L. I. (2017). Methodological considerations for a directive play therapy approach for children with autism and related disorders. *International Journal of Play Therapy*, **26**, 160-171.

丹明彦（2019）．プレイセラピー入門——未来へと希望をつなぐアプローチ　遠見書房

The Dr Margaret Lowenfeld Trust (2017). THE WORLD TECHNIQUE Retrieved from http://lowenfeld.org/the-world-technique/

West, J. (1996). *Child Centred Play Therapy* (2ed). Hodder Education. （ウエスト，J.　倉光修（監訳）(2010)．子ども中心プレイセラピー　創元社）

Wing, L. & Gould, J. (1979). Severe impairments of social interaction and associated abnormalities in children: epidemiology and classification. *Journal of Autism and Developmental Disorders*, **19**, 11-29.

参考文献

東山紘久・伊藤良子（編）(2005)．遊戯療法と子どもの今　創元社

West, J. (1996). *Child Centred Play Therapy* (2ed). Hodder Education. （ウエスト，J.　倉光修（監訳）(2010)．子ども中心プレイセラピー　創元社）

田中千穂子（2011）．プレイセラピーへの手びき——関係の綾をどう読みとるか　日本評論社

●第13章

引用文献

秋田巌（編）(2014)．日本の心理療法 思想編　新曜社

深津千賀子（1992）．自我機能　氏原寛・小川捷之・東山紘久・村瀬孝雄・山中康裕（編）　心理臨床大事典　培風館

川原隆造（2002）．内観療法の原理と応用　心身医学，**42**(6), 356-362.

川原隆造・巽信夫・吉岡伸一（編）(2004)．東洋思想と精神療法——東西精神文化の邂逅　日本評論社

北西憲二（2001）．我執の病理——森田療法による「生きること」の研究　白揚社

北西憲二・中村敬（編著）(2005)．心理療法プリマーズ 森田療法　ミネルヴァ書房

久保田幹子（2005）．日記療法　北西憲二・中村敬（編著）　心理療法プリマーズ 森田療法　ミネルヴァ書房

久保田幹子・橋本和幸（1995）．森田療法　野島一彦（編著）　臨床心理学への招待 (pp. 130-134)　ミネルヴァ書房

三木善彦・真栄城輝明・竹元隆洋（編著）(2007)．心理療法プリマーズ 内観療法　ミネルヴァ書房

村瀬孝雄（1993）．内観法入門——安らぎと喜びにみちた生活を求めて　誠信書房

村瀬孝雄（1996）．内観——理論と文化関連性（自己の臨床心理学3）　誠信書房

村田茂（2003）．動作訓練と自立活動　大野清志・村田茂（編）　動作法ハンドブック基礎編——初心者のための技法入門（改訂版）(pp. 12-13) 慶應義塾大学出版会

中村敬・北西憲二・丸山晋（2009）．外来森田療法のガイドライン　日本森田療法学会雑誌，**20**(1), 91-103.

成瀬悟策（2000）．動作療法——まったく新しい心理治療の理論と方法　誠信書房

成瀬悟策（2019）．不調動作の解消で心の適応が促進　成瀬悟策（編著）　動作療法の治療過程　金剛出版

大野清志・村田茂（監修）(2003)．動作法ハンドブック応用編——行動問題，心の健康，スポーツへの技法適用　慶應義塾大学出版会

高橋美保（2016）．内観療法の作用機序に関する一考察　内観研究，**22**(1), 47-57.

竹元隆洋（2007）．内観療法の技法と理論　三木善彦・真栄城輝明・竹元隆洋（編著）　心理療法プリマーズ 内観療法 (pp. 3-28)　ミネルヴァ書房

竹元隆英・竹元隆洋（2005）．内観療法の全人的治癒機制——ギャンブル依存症の内観記録より　内観研究，**11**(1), 39-48.

舘野歩・中村敬（2005）．第6章 入院治療Ⅱ（第三病院方式）　北西憲二・中村敬（編著）　心理療法プリマーズ 森田療法　ミネルヴァ書房

吉本伊信 (1983). 内観への招待──愛情の再発見と自己洞察のすすめ　朱鷺書房

参考文献

三木善彦 (2019). 内観療法入門──日本的自己探求の世界　創元社

北西憲二 (2001). 我執の病理──森田療法による「生きること」の探究　白揚社

針塚進(監修)遠矢浩一(編) (2019). 臨床動作法の実践をまなぶ　新曜社

このページでは，「考えてみよう」の回答例や回答するためのヒントを示しています。自分で考える際の参考にしましょう。

■第1章 （12ページ）

状況に応じた支援が求められるので，いくつかの視点から状況を場合分けしたうえで検討するとよいでしょう。たとえば，クライエントは親がいっしょの場面で自身の希望を表明できるのか，あるいは，言語による関わりが可能なのか，親自身が固有の問題を抱えているのか，などです。

■第2章 （22ページ）

まず，関心のあるテーマを，原因と結果という因果関係の形に整理します。これを具体的に定義して測定可能にしたものが，それぞれ予測因子とアウトカムになります。ランダム化比較試験を行う場合には，ランダム割り付けを行った後に予測因子を操作してアウトカムを測定します。コホート研究では，操作はしませんが，一定期間追跡した後に，アウトカムがどうなったかを，そもそも持っていた予測因子別に比較します。ケース・コントロール研究では，アウトカムが有りの人と無しの人とを集め，それぞれの過去の予測因子を調査します。

■第3章 （34ページ）

• 相談相手は，（クライエント中心療法が重視する）「無条件の積極的関心」「共感的理解」「一致」した態度で，あなたの話を聞いてくれていたでしょうか。3つのうち，どの態度があなたにとって役立ったと感じたのか（逆に，どの態度の不足があなたを不快にさせたり，役立たないものと感じさせたのか）を整理してみましょう。

• 相談相手は，あなたに生じる「フェストセンス」を大切にした関わりをしてくれていましたか（フォーカシング）。また，あなたがもっている「欲求」とそれへの気づきを大切にした関わりをしてくれていましたか（ゲシュタルト療法）。あなたの「自己決定できる意志の力」を信じ，尊重した関わりをしてくれていましたか（ロゴセラピー）。あなたの「感情」体験への理解とそれに基づく効果的な関わりをしてくれましたか（感情焦点化療法）。これらの視点のうち，あなたが役立ったと感じた聴き方において該当するものがあるかを振り返ってみましょう。

■第4章 （48ページ）

葛藤の三角形，人の三角形をみると，転移はさまざまなところに飛び火し，また人間関係のなかで経験される情緒や葛藤が，繰り返されて生じることがみえてきます。冬人君は親子関係を家族以外の関係で再現していないでしょうか？　また，その場合誰がどの役割をとっていると考えられるでしょうか？　そして冬人君の心のなかには，どのような自己が存在して

いるかを考えてみるとよいでしょう。あなたの見立てを子どもが理解できるように伝えるには，どうすればよいでしょうか？　さらに家族は集団でもあります。冬人君の家族内では，個々人の気持ちが尊重されて，言葉でのコミュニケーションで意思の疎通が図られていたのでしょうか？　集団の負の側面が促進されていないかどうかを考えてみましょう。

■第5章（61ページ）

犬が怖くなる過程はレスポンデント条件づけで，犬を避ける行動の増加（犬に接近する行動の減少）はオペラント条件づけで説明できるかもしれません。そこから，具体的な支援方法を考えてみましょう。

■第6章（78ページ）

まず，休職前におけるクライエントが落ち込みやすかった状況の聞き取りや，その状況からの認知的概念化を行いましょう。落ち込みがどのような認知・行動によって維持・悪化しやすいのか，悪循環のパターンを明らかにします。そして，それらの悪循環をクライエント自らが断ち切れるように，認知再構成法を用いた認知の変容や，行動活性化法やアクセプタンス＆コミットメント・セラピーなど効果的な行動の選択を支援する方法を考えてみましょう。支援の際には，今後どのように働きたいのか，何を大切にしていきたいのかといった価値や目標についても一緒に考えて，クライエントがそれに向けた認知や行動を選択できるようにしていくとよいでしょう。

■第7章（90ページ）

3人それぞれに対して，「よくわかる」「好感がもてる」「かわいそう」「嫌だな」「理解できない」「ひどい」など，どんなことを感じるでしょうか。そうした見方や感じ方は，3人に対する言葉かけにどのように表れるでしょうか。たとえば，「お父さんがこれまで息子さんに関わってこなかったのが問題です」「お母さんが息子さんを甘やかすからです」「学校に行くよりも，ゲームをしていた方が楽しいよね」など。

■第8章（102ページ）

たとえば，世の中には，どのような人が「きれい」「かっこいい」「かわいい」とみなされるかという「現実」がありそうです。そして，そのような「現実」の影響を受けながら，「本当の自分」とは違う部分を演じていることもあるのではないでしょうか？　この「現実」と「本当の自分」との乖離が大きい場合，「現実」のために苦痛を感じることがあっても不思議

ではありません。ただ，魅力的に感じる相手というものは，そもそも理屈では説明できない固有な面もありそうです（たとえば，「どうしてかわからないけれども，この人といると落ち着く」みたいなことは，よく耳にします）。また，時代や社会によっても，どのような人が「きれい」「かっこいい」「かわいい」とみなされるかは異なりそうです。したがって，自分の固有な面を大切したり，大きな視点に立ちながら考えてみることで，人を困らせていそうな「現実」から解放されやすくなるのではないでしょうか？　この例のように，想像力を働かせながら，自身の固有な体験に注目しつつ，身近なテーマをもとに考えてみるとよいでしょう。

■第9章（116ページ）

メンバーの多様な意見や価値観が，批判や否定的な評価にさらされることなく表明できる場であることが必要といえます。そのためには，ルールや枠を設定し，そのなかでの自由な自己表出を担保できることや，お互いを承認し受容するようなメッセージが豊かに交わされること，共同作業や対話を通してメンバー同士が信頼感を構築していける場になるよう工夫していくことも重要です。

■第10章（126ページ）

サービスに対するわかりやすい情報提供を行うことが利用を促す場合もあるが，平日のサービス利用の時間がとれない，外出が困難である，日本語が話せないなど，既存のサービスのままでは，十分にニーズに対応できない場合もある。

そのため，コミュニティ・リサーチの手法を用いながら，利用者の支援ニーズだけではなく，サービス利用の障壁となっている要因も明らかにしていくことが重要となる。

■第11章（138ページ）

1. 背景や要因を考える際は，個人内の視点（ミクロ），家族や友人関係の視点（メゾ），学校や習い事先など地域の視点（マクロ）をイメージしながら考えてみよう。人が自らの行動を意志決定する時には，その人なりのメリットがあるから選択をしたはずです。また，虐待や災害，DVなどトラウマに関わる事例の場合は，クライアントが支援を受けることでどのようなデメリットがあると考えられるか，特に支援を受けることの「恥」という概念や，何が起こることを恐れているのか，という視点でみてみましょう。

2. 連携をとるという意志決定をする場合には，個々人の相性や組織方針の違い，文化の違いなども大きく影響することから，必ず何らかのコスト・リスク・ベネフィットが生じます。

メリットはベネフィット，デメリットはリスクやコストの視点から考えてみましょう。

■第12章（148ページ）
遊びの機能はさまざまですので，まずは先入観をもたずにあらゆる可能性を考えることが役立ちます。役を通して希望を叶えたり何かを達成したりすること，コミュニケーションの練習，ストレスの発散，自己表現，安心感を得ること等の機能をたくさん思い浮かべてから，１つずつ検討していくやり方です。ほかにもお勧めなのが，子どもの遊びを全く同じようにやってみることです。ちょっと恥ずかしいかもしれませんが，追体験することで子どもたちの遊びの世界に接近できるでしょう。

■第13章（162ページ）
日本で生まれた心理療法に共通する点には，どんなことがあったでしょうか。心理療法の文化という視点や，心理療法の枠組みの変化という視点から考えてみることもできるでしょう。

執筆者紹介 （執筆順）

下 山 晴 彦　（しもやま・はるひこ，跡見学園女子大学心理学部教授）編著者まえがき，第 1 章

森田慎一郎　（もりた・しんいちろう，東京女子大学現代教養学部教授）第 1 章

石丸径一郎　（いしまる・けいいちろう，お茶の水女子大学生活科学部教授）第 2 章

林　潤一郎　（はやし・じゅんいちろう，成蹊大学経営学部教授）第 3 章

田 中 志 帆　（たなか・しほ，文教大学人間科学部教授）第 4 章

首 藤 祐 介　（しゅどう・ゆうすけ，立命館大学総合心理学部准教授）第 5 章

松 永 美 希　（まつなが・みき，立教大学現代心理学部教授）第 6 章

野 末 武 義　（のずえ・たけよし，明治学院大学心理学部教授）第 7 章

藤 岡　　勲　（ふじおか・いさお，佛教大学教育学部准教授）第 8 章

平 野 真 理　（ひらの・まり，お茶の水女子大学生活科学部准教授）第 9 章

大 西 晶 子　（おおにし・あきこ，東京大学相談支援研究開発センター教授）第 10 章

髙 岡 昂 太　（たかおか・こうた，株式会社 AiCAN 代表取締役）第 11 章

小倉加奈子　（おぐら・かなこ，成仁病院こころの発達支援室臨床心理士）第 12 章

高 橋 美 保　（たかはし・みほ，東京大学大学院教育学研究科教授）第 13 章

監修者

下山晴彦（しもやま・はるひこ，跡見学園女子大学心理学部教授）

佐藤隆夫（さとう・たかお，人間環境大学総合心理学部教授）

本郷一夫（ほんごう・かずお，東北大学名誉教授）

編著者

下山晴彦（しもやま・はるひこ）
東京大学大学院教育学研究科博士課程中退，博士（教育学）
現在：跡見学園女子大学心理学部教授
主著：『公認心理師の職責（公認心理師スタンダードテキストシリーズ1)』（共編著）
　　　　ミネルヴァ書房，2020 年
　　　『臨床心理学概論（公認心理師スタンダードテキストシリーズ3)』（共編著）
　　　　ミネルヴァ書房，2020 年

森田慎一郎（もりた・しんいちろう）
東京大学大学院教育学研究科博士課程修了，博士（教育学）
現在：東京女子大学現代教養学部教授
主著：『社会人と学生のキャリア形成における専門性——今日的課題の心理学的検討』（単著）
　　　　武蔵野大学出版会，2010 年
　　　『認知行動療法臨床ガイド』（共訳）金剛出版，2012 年

公認心理師スタンダードテキストシリーズ⑮
心理学的支援法

2023 年 4 月 30 日　初版第 1 刷発行　　　　〈検印省略〉

定価はカバーに
表示しています

監 修 者	下	山	晴	彦
	佐	藤	隆	夫
	本	郷	一	夫
編 著 者	下	山	晴	彦
	森	田	慎	一郎
発 行 者	杉	田	啓	三
印 刷 者	坂	本	喜	杏

発行所　株式会社　ミネルヴァ書房
607-8494　京都市山科区日ノ岡堤谷町 1
電話代表 (075) 581 - 5191
振替口座 01020 - 0 - 8076

© 下山・森田ほか，2023　冨山房インターナショナル・新生製本

ISBN 978-4-623-08625-2

Printed in Japan

公認心理師スタンダードテキストシリーズ

下山晴彦・佐藤隆夫・本郷一夫　監修

全 23 巻

B 5 判／美装カバー／各巻 200 頁程度／各巻予価 2400 円（税別）

※黒丸数字は既刊

ミネルヴァ書房
https://www.minervashobo.co.jp/